D1722668

Hans-Jochen Vogel

Maß und Mitte bewahren

Reden des Münchner Oberbürgermeisters 1960–1972

Hans-Jochen Vogel

Maß und Mitte bewahren

Reden des Münchner Oberbürgermeisters
1960–1972

Mit einem Vorwort von
Oberbürgermeister Christian Ude

Herausgegeben für das Stadtarchiv München
von Andreas Heusler

 Herbert Utz Verlag

Bibliografische Information der Deutschen Nationalbibliothek:
Die Deutsche Nationalbibliothek verzeichnet diese Publikation
in der Deutschen Nationalbibliografie; detaillierte bibliografische Daten sind im Internet über http://dnb.d-nb.de abrufbar.

Copyright © Herbert Utz Verlag GmbH, München · 2010
www.utzverlag.de

Bildredaktion: Elisabeth Angermair
Titelgestaltung: Martin Heise
Satz und Layout: Martin Ende
Druck: PBtisk s.r.o., Pribram

ISBN 978-3-8316-0979-6

Printed in EC

Inhaltsverzeichnis

Vorwort von Oberbürgermeister Chistian Ude

Als mir Hans-Jochen Vogel im vergangenen Jahr seine berühmte »Rettet die Städte jetzt!«-Rede, die er 1971 als Städtetagspräsident gehalten hatte, mit der Bitte um eine Bewertung aus heutiger Sicht übergab, wurde mir schnell klar, dass diese kommunalpolitische Programmatik zum allergrößten Teil noch als brandaktuell einzuschätzen ist, ja in vielen Punkten in den seither vergangenen Jahrzehnten noch an Bedeutung und Überzeugungskraft gewonnen hat.

Ein geeigneter Zeitpunkt für die Veröffentlichung dieser und anderer Reden war leicht zu finden: Anfang Mai 2010 jährt sich zum 50. Mal der Amtsantritt von Hans-Jochen Vogel zum Münchner Oberbürgermeister. So ein herausragendes Jubiläum wird nur selten gefeiert. Denn erstens kommen nur wenige in so jungen Jahren in ein bedeutsames Amt, wie es Hans-Jochen Vogel vergönnt war. Zweitens sind nur wenige jenseits des 80. Lebensjahrs so fit wie er, um die Öffentlichkeit noch zu bewegen, als Granitfels in der Brandung zu stehen und rüstig genug zu sein, um ein umfangreiches Werk zu editieren. Vor allem aber sind nur ganz selten 40 oder 50 Jahre alte Reden von großem Interesse und frei von peinlichen Irrtümern längst vergangener Zeiten. Die Rückblicke Hans-Jochen Vogels in den 60er Jahren auf die deutsche Geschichte überzeugen heute noch genauso wie seine Prognosen für die Zukunft der Stadt in einer veränderten technisch-wissenschaftlichen Welt. Er war nicht völlig immun gegen die Moden seiner Amtszeit (Stichwort autogerechte Stadt), aber er hat sie früher kritisch hinterfragt und vor allem auch früher überwunden als andere.

Gerade jetzt, da sich Bayerns Landeshauptstadt erneut um Olympische Spiele bewirbt, wird wieder verstärkt Bezug genommen auf die großen Weichenstellungen, die Hans-Jochen Vogel vorgenommen hat, mit der Bewerbung um die Olympischen Spiele, dem vorgezogenen und beschleunigten Ausbau von U- und S-Bahn, der Umwandlung der Altstadt in ein Fußgängerparadies, der Schaffung des Olympiaparks und des Olympischen Dorfes, um nur die allerwichtigsten zu nennen. Dieses Buch gibt Auskunft über eine große Ära, die unserer Stadt gut getan hat.

Einleitung von Andreas Heusler

Was ist wichtig im Leben eines Politikers? Wahlerfolge? Ämter mit der Aura exklusiver Bedeutung? Spitzenpositionen in der innerparteilichen Nomenklatur? Kategorien wie: Macht, Einfluss oder Gestaltungsmöglichkeiten? Und innerhalb welcher gültigen Maßstäbe entfaltet sich politisches Handeln? Einer der viel darüber weiß, Hans-Jochen Vogel, hat Politik, so wie er sie versteht, einmal als »Einflussnahme auf die Ordnung und die Gestaltung des Gemeinwesens aufgrund bestimmter Wertvorstellungen und eines konkreten Menschenbildes« charakterisiert. Natürlich müsse »in der Politik auch gestritten und um Macht gekämpft werden. Aber nicht als Selbstzweck, sondern um mit der bewahrten oder erkämpften Macht die bessere Lösung duchzusetzen. Wichtig sind auch die Mittel, mit denen gekämpft wird, und die Einhaltung gewisser Spielregeln«.[1] Nicht wenige Berufspolitiker würden dieses einleuchtende, gleichwohl anspruchsvolle berufsethische Leitbild ohne langes Zögern unterschreiben. Danach zu handeln ist freilich eine andere Sache.

Politisches Handeln zielt seit jeher auf Wirkung und in nicht wenigen Fällen auf Effekt ab. Im grellen Scheinwerferlicht des politischen Auftritts verliert sich häufig die authentische Persönlichkeit der Akteure. Das hat natürlich Gründe. Heute lassen Medien, Öffentlichkeit und politische Gegner kaum eine erkennbare Schwachstelle unkommentiert, beobachten und vervielfältigen genüsslich vermeintliche oder tatsächliche Ausrutscher auf dem glatten Parkett der politischen Bühne, beschleunigen oder vernichten mitunter im Handumdrehen politische Karrieren. Nicht

---

1   Hans-Jochen Vogel, *Politik und Anstand. Warum wir ohne Werte nicht leben können. Im Gespräch mit Heribert Prantl, Freiburg/Basel/Wien 2005, S. 22.*

11

von ungefähr wirkt das Agieren vieler Beteiligter oft wie ein routiniertes Schaulaufen, ein durchchoreographiertes Rollenspiel mit einstudierter Gestik, Mimik und Rhetorik. Dass sich der politisch interessierte und der politisch tätige Mensch näherkommen, sich gegenseitig erkennen, gar verstehen, wird wohl zu Beginn unseres 21. Jahrhunderts umso unwahrscheinlicher, je höher der politische Protagonist im Ämter-Ranking steigt.

Das Unbehagen des *citoyen* über die ethische Orientierung der Politik hat der Soziologe Max Weber bereits 1919 in einem legendären Vortrag über »Politik als Beruf« artikuliert. Von Max Weber stammt auch der Hinweis auf die drei Qualitäten, die für einen Politiker »vornehmlich entscheidend« sind: Leidenschaft, Verantwortungsgefühl und Augenmaß.[2] Der damals in einer Schwabinger Buchhandlung vor linksliberalen Münchner Studenten gehaltene Vortrag Webers wurde schon früh in den Kanon wirkungsstarker politischer Grundlagentexte eingereiht und kann mit Recht Gültigkeit bis auf den heutigen Tag beanspruchen. Die hier formulierte Sorge um die Befindlichkeit der politischen Klasse ist im Grunde ein Begleitphänomen der modernen Demokratie. Das Unbehagen am Erscheinungsbild des Politischen entfaltete sich weitgehend im Gleichklang mit dem Werden bürgerschaftlicher Partizipation zu Beginn der 1920er Jahre und erreichte angesichts eines zerstörerischen politischen Extremismus von Links und Rechts einen Höhepunkt gegen Ende der Weimarer Republik. Vollends diskreditiert wurde die noch labile politische Kultur durch die Barbarei des Nationalsozialismus. Aktuell, im frühen 21. Jahrhundert, steigt das Unbehagen erneut, wobei es sich nun verstärkt aus einem geradezu revolutionären Wandel unserer Lebenswelt speist. Erlebnisgesellschaft und Eventkultur, Mediendemokratie und Reizüberflutung, informationelle Selbstpreisgabe in sozialen Netzwerken und

---

2 *Max Weber, Politik als Beruf, Berlin 1993, S. 51.*

scheinbar grenzenlose Verfügbarkeit von Wissens-, Informations-
und Unterhaltungsangeboten im Universum des Internet verändern auch Wahrnehmung und Praxis von Politik. Oder mit den
Worten des SPD-Vordenkers Peter Glotz: »Die Darstellungskunst
überwuchert in den modernen Mediengesellschaften immer stärker die Kunst der Politik.«[3] Eine Qualität, die noch Max Weber
als für den politischen Alltag unverzichtbar erachtet hatte, das
»langsame Bohren von harten Brettern mit Leidenschaft und Augenmaß zugleich«, ist im Aussterben begriffen. Der Wirkungsgrad
lautstarker Oberflächlichkeit erscheint im eventgesättigten Medi-
enalltag der Gegenwart quotenträchtiger als stille und beharrliche
Sacharbeit.

Gilt diese kritische Würdigung aktueller Politikphänomene
ebenso für die politische Repräsentanz auf der Ebene der Städte und
Gemeinden? Kommunalpolitik ist anders, wird mancher vielleicht
einwenden. Und dies zu Recht. Für den Politikwissenschaftler Dieter
Nohlen stellt sie »die unterste Stufe öffentlicher, auf eine räumliche
Einheit bezogener Aufgabenerledigung dar, und zwar nicht hoheit-
lich durch den Staat, sondern genossenschaftlich-gemeinschaftlich
vor Ort in eigener Verantwortung«.[4] Die spröde-akademische De-
finition hat es in sich. Benennt sie doch die Schlüsselbegriffe und
damit die zentralen Alleinstellungsmerkmale kommunaler Politik:
»genossenschaftlich-gemeinschaftlich«, »vor Ort« und »in eigener
Verantwortung«. Aus ihnen leitet sich kommunalpolitischer Alltag
ab, der markant von den konkurrenzdemokratischen Mustern höherer Ebenen abweicht. Politik ist im Kontext der Gemeinden und

---

3   Peter Glotz, Freiheitliche Demokratie in der globalen Informations-
gesellschaft, Vortrag auf dem Paderborner Podium des Heinz Nixdorf
MuseumsForums vom 7.5.1999; www.hnf.de/Veranstaltungen/Paderborner_
Podium/02_Freiheitliche_Demokratie/Freiheitliche_Demokratie_in_der_glo-
balen_Informationsgesellschaft.asp (Stand: 3.3.2010).

4   Dieter Nohlen (Hrsg.), Kleines Lexikon der Politik, München 2001, S. 236.

Städte und selbst in einer Millionenmetropole wie München anders getaktet. Vor allem folgt sie in ihrer alltagspraktischen Ausrichtung weit weniger der Dogmatik eines umfragesensiblen Anpassungsdrucks, wie dies der Politik auf Landes- und Bundesebene zugeschrieben werden muss. Die Gründe hierfür sind offensichtlich. So haben es die Protagonisten in den Rathäusern und Stadtparlamenten mit einem breit gestreuten Aufgabenfeld zu tun, das sich stets unverstellt und konkret an den Bedürfnissen des Gemeinwesens und der Lebenswelt der Bürgerinnen und Bürger orientiert. »Von der ersten Idee über die Planung und die Entscheidung bis zur Verwirklichung – immer stand man unmittelbar mit der Realität in Berührung«, so Hans-Jochen Vogel über seine Münchner Jahre. »Und es gab eigentlich keinen Lebensbereich, mit dem man nichts zu tun hatte. Ob Wohnungsbau, Wasserversorgung, Schienenschnellverkehr, Erholungsflächen, Schulprobleme, Sporthallen und -plätze, Krankenhausneubauten, Stadtbibliotheken, Polizeiangelegenheiten, wirtschaftliche Probleme, Volkshochschulen oder Probleme der Kammerspiele, des stadteigenen Theaters – stets war ich als Oberbürgermeister mit gefordert«.[5] Die Unmittelbarkeit der Akteure, die Orts- und Lebensnähe kommunalpolitischen Handelns, die enge Bezogenheit von Ursache und Wirkung, von Maßnahme und Ergebnis, insbesondere aber die durch einen festen räumlichen Bezugsrahmen vorgegebene Nähe zwischen Politikern und Bürgern gab und gibt den Akteuren in den gemeindlichen Gremien und Rathäusern eine profunde »Erdung«, unterstellt sie gleichzeitig aber auch einem sehr viel wirksameren bürgerschaftlichen System aus Beobachtung und Kontrolle. Die oft unmittelbare Rückkoppelung kommunalpolitischer Maßnahmen an ihre Urheber in den Gremien ohne langandauernde Phasenverschiebung ist eines der signifikanten Merkmale von Politik vor Ort.

---

5   *Vogel, Politik und Anstand, S. 39.*

Die Münchner Kommunalwahl von 1960 leitete nicht nur einen Politik-, sondern auch einen Generationenwechsel ein. Obwohl sich der neue sozialdemokratische Oberbürgermeister Hans-Jochen Vogel in Stil und Auftreten in mancherlei Hinsicht von seinem beinahe vier Jahrzehnte älteren Amtsvorgänger und Parteifreund Thomas Wimmer unterschied, verkörperten doch beide mit unterschiedlicher persönlicher Akzentuierung den in München so beliebten wie verehrten Typus des nicht nur volkstümlichen, sondern auch volksnahen Kommunalpolitikers. Zwar zeigte der promovierte, scharfsinnige Jurist Vogel wenig habituelle und phänotypische Parallelen zum hemdsärmlig-jovialen Wimmer, der sich mit seiner »Holzaktion« und dem legendären »Rama dama« zur Kriegsschädenbeseitigung fest ins kollektive Gedächtnis der Münchner eingeschrieben hat. Und dennoch praktizierte Vogel Bürgernähe im besten Sinne und agierte, ähnlich wie Wimmer, nicht als autoritärer Patriarch der Verwaltung, sondern als *primus inter pares,* als ein erster Bürger dieser Stadt.

Die Amtszeiten des Oberbürgermeisters Vogel umfassen den Zeitraum 1960 bis 1972. In diesen zwölf Jahren wurden Topographie und urbaner Charakter Münchens in einem Ausmaß neu und nachhaltig geprägt, dass der Begriff einer »Ära Vogel« nicht übertrieben ist. Die beiden Amtszeiten liegen gewissermaßen auf der Wasserscheide einer Phase urbanen Umbruchs, die entscheidend den Übergang von einer tradionellen Verwaltungsphilosophie im Geiste der Weimarer Jahre hin zu einem modernen Kommunalmanagement markierte. Richard Bauer, langjähriger Stadtarchivdirektor und wohlwollend-kritischer Historiker der Stadtpolitik, qualifiziert diesen Wandel mit Blick auf die OB-Jahre Thomas Wimmers als mutige »Aufweitung einer bislang eher hausväterlichsparsamen Stadtpolitik.«[6] Diese »Aufweitung« war zwingend er-

---

6 *Richard Bauer, Geschichte Münchens, München 2003, S. 213.*

forderlich, denn die 1960er Jahre konfrontierten die kommunalen Entscheidungsträger mit neuen, bislang unbekannten Herausforderungen. Das München dieser Zeit war eine Stadt im Zwischenzustand, strukturell durch die dramatischen Kriegszerstörungen immer noch zurückgeworfen und dennoch gezwungen, sich mit den Phänomenen einer diffusen, gleichwohl unausweichlichen Moderne konstruktiv zu befassen.

Dabei rückte insbesondere die Frage in den Mittelpunkt, wie die Probleme und Auswirkungen eines offenbar ungebremsten Wachstums und seiner Begleiterscheinungen wie zunehmende Automobilisierung, wachsender Individualverkehr, anhaltender Zuzug in die Städte, Wohnungsnot, Energiekrise, steigende Umweltbelastungen und der Trend zur gesichtslosen »Allerweltsstadt« mit dem erklärten Wunsch nach Bewahrung eines spezifischen Münchner Stadtcharakters in Einklang gebracht werden konnten. Als Oberbürgermeister hat sich Hans-Jochen Vogel regelmäßig und in klaren Worten zu diesem ernüchternden Problemkatalog geäußert: »Sind wir, als Stadt, auf dem richtigen Weg in die Zukunft? Welche Auswirkungen wird das neue Verkehrssystem nicht nur auf das Funktionieren des Stadtkörpers, sondern auch auf den Charakter dieser Stadt und auf das Bewusstsein ihrer Bürger und der Einwohner der Region haben? Werden unsere neuen Wohnviertel nicht nur Unterkünfte sein, sondern vor allem menschliche Heimat? Wird München im Ganzen, trotz aller Wandlungen, sein ihm eigenes Wesen bewahren?«[7]

In Anbetracht derart fundamentaler Fragen war es nicht mehr damit getan, Ist-Zustände zu evaluieren und bewährte Antworten aus einem überkommenen kommunalpolitischen Handlungsrepertoire zu präsentieren. Gefordert waren – neben Mut zu innovativen Veränderungen – mehr und mehr vorausschauende Ana-

---

7   *Rede zum Stadtempfang 1968, S. 225–231 in diesem Buch.*

lysen, wissenschaftlich abgesicherte Prognosen und, daraus abgeleitet, tragfähige konzeptuelle Leitlinien für Politikentscheidungen,
deren Wert oder Unwert sich freilich erst in der Zukunft würde
beweisen müssen. Vogel, 1960 jüngster Oberbürgermeister einer
deutschen Millionenstadt, hat dies bereits frühzeitig erkannt und
sich um zeitgemäße Antworten bemüht. »Über die Gefahren, die
modernen Städten drohen, sprach und diskutierte der Münchner
Oberbürgermeister meist früher als andere, über die Folgen einer
maßlosen Motorisierung, die rechtlichen und praktischen Probleme des Bodenrechts, die Notwendigkeit der Integration von
Zuwanderern, die Umweltverschmutzung«, so die Einschätzung
des Vogel-Biographen Hermann Rumschöttel.[8] Beispielhaft für
Vogels Ringen um einen »sinnvollen Wandel« des Lebensraums
Stadt steht seine Rede »Die Stadtregion als Lebensraum« vom Oktober 1969. Hier werden nicht nur die drängenden Zeitprobleme
ungeschönt benannt. Hier formuliert der Redner auch innovative
Angebote zur Problembewältigung, die bis dato noch nicht zum
kommunalpolitischen Handwerkszeug gerechnet werden konnten,
darunter »intensive Stadtforschung, durchdachte Leitbilder für
Stadtentwicklung, ein neues Verständnis der Stadtplanung, bessere
Verwaltungs- und Steuerungstechniken«. Neu war dabei insbesondere Vogels Ansatz, die Verwaltung bei der Anwendung dieser
Instrumente durch die Kompetenz externer Fachleute und wissenschaftlich ausgewiesener Experten zu unterstützen.[9]

Die Reden, die Hans-Jochen Vogel in seinen zwölf Münchner
Oberbürgermeisterjahren gehalten hat, sind thematisch sowohl
ein Spiegelbild des breiten kommunalpolitischen Aufgabenkanons

---

8   Hermann Rumschöttel, Hans-Jochen-Vogel, 1960–1972, in: Friedrich
H. Hettler/Achim Sing (Hg.), Die Münchner Oberbürgermeister. 200 Jahre
gelebte Stadtgeschichte, München 2008, S. 175.

9   Rede »Die Stadtregion als Lebensraum« von 1969, S. 239–263 in diesem
Buch.

wie auch der drängenden Zeitfragen, die vor allem dem urbanen Veränderungsdruck geschuldet waren. Vogel selbst schätzt die Zahl dieser Reden in seiner Autobiographie »Die Amtskette« auf etwa 1.000. Diese Zahl ist wohl kaum zu hoch gegriffen, denn der Oberbürgermeister hat, wie es scheint, selten einen Wunsch nach einem Grußwort, einem Redebeitrag oder einem Grundsatzreferat zurückgewiesen. Bemerkenswert ist, dass bei diesen öffentlichen Verlautbarungen kein Ghostwriter die Feder geführt hat: »Geschrieben habe ich meine Texte stets selber. Das hat mich viel Zeit – meistens an den Sonntagen oder auch im Urlaub, in dem ich auf Vorrat schrieb – gekostet. Aber meine Reden waren auf diese Weise immer *meine* Reden, nicht abgelesene Referentenarbeiten, die der Redner selbst erst wenige Minuten vorher zum ersten Mal überflogen hat. Das Publikum hat für diesen Unterschied ein zuverlässiges Gespür.«[10] Das Spektrum der öffentlichen Auftritte des Oberbürgermeisters war vielfältig. Es beinhaltete neben exponierten, hochkarätigen Repräsentationsaufgaben – etwa die Staatsbesuche von Charles de Gaulle und Königin Elizabeth II. – auch die kleine Form, die nicht ganz so mondäne Spielart des nachbarschaftlichen oder stadtviertelbezogenen Auftritts. Die uneitle Präsenz vor Ort, in den lebensräumlichen Milieus der Münchnerinnen und Münchner, schließlich die beharrlichen Bemühungen um das Gespräch mit den Menschen ist gleichermaßen ein Charakteristikum der Amtsführung des Oberbürgermeisters Hans-Jochen Vogel, das zweifellos auch für die anhaltende Beliebtheit des früheren Stadtoberhaupts ursächlich ist.

---

10 *Hans-Jochen Vogel, Die Amtskette. Meine 12 Münchner Jahre, München 1972, S. 264.*

Die in diesem Buch veröffentlichten Reden[11] sind zwangsläufig nur ein Minimalkorpus, eine kleine Auswahl aus dem reichhaltigen Text-Fundus, der insbesondere im Stadtarchiv München, aber auch in den Sammlungen des Bonner Archivs der sozialen Demokratie überliefert ist.[12] Mancher Leser wird dieses Lektüreangebot zu Recht als lückenhaft kritisieren. Aber es erschien wünschenswert, das Spektrum nicht allein auf stadtpolitische Großereignisse zu beschränken, sondern über die Vielfalt der Reden auch einen sprechenden Eindruck vom wechselvollen Tagesgeschäft des Oberbürgermeisters einer Millionenmetropole zu vermitteln. So finden sich neben Reden über wichtige Ereignisse und markante Schritte der Stadtentwicklung (etwa den U-Bahn-Bau, die Olympia-Bewerbung oder die Eröffnung der Fußgängerzezone) auch Texte, welche die Pluralität urbanen Lebens abseits der Großereignisse dokumentieren und damit einen spannenden Blick auf Handschrift und Haltung des Kommunalpolitikers Hans-Jochen Vogel ermöglichen. In der Rede-Agenda des Oberbürgermeisters spiegelt sich eben nicht nur die Brisanz von Zeitfragen, sondern auch eine Normalität des kommunalpolitischen Alltags: dazu gehören Vereinsjubiläen, Kongresseröffnungen, Begrüßung von Gästen, Sportereignisse, Straßenbenennungen, Grundsteinlegungen, Einweihungen, Ehrungen und Preisverleihungen. Auch diesen Ereignissen wird im vorliegenden Buch bewusst Rechnung getragen. Freilich sind dies keine Reden, welche die Welt im Großen und nachhältig verändert haben. Das war auch nicht ihre Intention. Es handelt sich nicht um epochemachende Wortmeldungen, die, wie Ikonen der politischen Rhetorik, auch noch von späteren Generationen sinn-

---

11 In den Reden wurde die alte Rechtschreibung beibehalten. Rechtschreibfehler wurden stillschweigend verbessert; Zahlenformate und Abkürzungen vereinheitlicht. Einige Reden wurden leicht gekürzt.

12 Das im Bonner Archiv der sozialen Demokratie verwahrte Depositum Hans-Jochen Vogel umfasst einen Umfang von 400 laufenden Metern.

gemäß wiedergegeben oder in einzelnen Formulierungen zitiert werden können. Statt dessen lassen sie die Bürgernähe des obersten kommunalen Repräsentanten deutlich zu Tage treten.

Es liegt in der Natur der kommunalpolitischen Sache, dass der Bedeutungshorizont der meisten Reden hinter dem Münchner Burgfrieden endet und ihr Inhalt nur selten außerhalb der Landeshauptstadt und dem engeren Umland zur Kennntnis genommen wurden. Ausnahmen sind dagegen die Bewerbungsrede vor dem Internationalen Olympischen Komitee in Rom (1966) und die programmatische Rede »Die Stadtregion als Lebensraum« (1969), die in modifizierter Form (»Rettet unsere Städte jetzt«) am 26. Mai 1971 auf der Hauptversammlung des Deutschen Städtetags gehalten wurde, und die beide beträchtliche überregionale Beachtung fanden.

Angesichts der inzwischen verstrichenen Zeit kann es nicht ausbleiben, dass manche der Reden heute überholt, in ihrer Fokussierung auf für uns Selbstverständliches gar antiquiert wirken. Für viele der jüngeren Leserinnen und Leser sind etwa »Evakuiertentag« oder auch »Kuratorium Unteilbares Deutschland« längst verschüttete, zumindest aber erklärungsbedürftige Stichworte aus einer vermeintlich weit zurückliegenden Zeit. Das hartnäckige und auch konfliktreiche Ringen um den Ausbau eines öffentlichen Nahverkehrssystems mutet uns, da wir U- und S-Bahn sowie Straßenbahn und Bus als vertraute Gegebenheiten eines modernen Großstadtlebens in die Selbstverständlichkeit unseres Alltags integriert haben, merkwürdig an und wird in seiner Brisanz allenfalls durch die aktuelle Debatte um einen zweiten S-Bahn-Tunnel einigermaßen verständlich. Ähnliches gilt für die Vorgeschichte des Stachus-Bauwerks, das wegen der Explosion der Baukosten zu einem Skandalon der späten 1960er Jahre wurde. Aktuell rückt das Stachus-Untergeschoß allerdings durch umfangreiche Renovierungs- und Umbauarbeiten erneut ins Bewusstsein der Münchnerinnen und Münchner. So nähern sich auch scheinbar überholte Sachverhalte immer wieder der Gegenwart, gewinnen manche vergessenen Themen der 1960er und -70er Jahre eine überraschende Aktualität. Andere Texte wiederum haben aufgrund ihrer Kernaussagen kaum etwas von ihrer überzeitlichen Gültigkeit verloren, etwa die Rede zum Volkstrauertag 1964 oder die Rede anlässlich der Gedenkstunde für die Widerstandskämpfer des 20. Juli im Jahr 1964. Wieder andere, etwa »Die Zukunft des sozialen Wohnungsbaues« (1966) oder die Rede anlässlich einer Kundgebung gegen Rechtsradikalismus (1971) lesen sich erstaunlich zeitgemäß und immer noch aktuell. So ist dieses Buch mit Reden auch ein besonderes Lesebuch zur Stadtgeschichte, das Dynamik und Wirkungsmacht historischer Phänomene unterstreicht, aber auch deutlich macht, dass viele Selbstverständlichkeiten der Gegenwart ohne eine oft spannungsreiche, bisweilen auch turbulente Vorgeschichte in der Vergangenheit nicht zu denken sind.

Abschließend sei vermerkt, dass sich in den Reden nicht nur die Münchner Stadtgeschichte der Jahre 1960 bis 1972 spiegelt, sondern natürlich auch die Persönlichkeit des Redners selbst. So geben die Texte jener Jahre den Blick frei auf manche Eigenschaft, die den späteren Bundespolitiker und Mitbegründer der Vereinigung »Gegen Vergessen – Für Demokratie« so charakteristisch kennzeichnen wird. Gemeint ist nicht nur die »knorrige Vorbildlichkeit«, die der Journalist Heribert Prantl dem Politiker Vogel zuspricht. Manche Reden zeigen einen sensiblen Zeitzeugen und Beobachter, der seine Erschütterung angesichts der millionenfachen Verbrechen, die von Deutschen und im deutschen Namen begangen wurden, nicht verbergen kann und will. Sie zeigen einen Politiker, der nicht nur konsequent einen glaubwürdigen Umgang mit der Geschichte anmahnt, sondern auch im gesellschaftlichen Miteinander eine klare Werteorientierung einfordert, um das demokratische Fundament dieser Gesellschaft nachhaltig zu stärken. Die Reden zeigen schließlich immer wieder auch einen humorvollen Oberbürgermeister, dessen Fähigkeit zur Selbstironie dem

Leser ein Lächeln ins Gesicht zaubert. Demnach gehört ein Oberbürgermeister »eben kraft Amtes zu den Leuten, die von mehr und mehr weniger und weniger wissen, bis sie von allem nichts wissen. Aber ich ziehe dieses Schicksal immer noch dem der Spezialisten vor, die von weniger und weniger mehr und mehr wissen, bis sie von nichts alles verstehen.«[13]

---

13 *Die Zukunft des sozialen Wohnungsbaues 1966, S. 185–202 in diesem Buch.*

Amtsübernahme als Oberbürgermeister
3. Mai 1960

Mit einem unerwartet hohen Stimmenanteil wird der erst 34-jährige Jurist Hans-Jochen Vogel bei der Kommunalwahl am 27. März 1960 zum Nachfolger des langjährigen und beliebten Oberbürgermeisters Thomas Wimmer gewählt. Vogel kann 64,3 Prozent der Stimmen auf sich vereinigen; sein Gegenkandidat Josef Müller (CSU) erreicht lediglich einen Stimmenanteil von 22,0 Prozent. Wenige Wochen später folgt der Stabwechsel an der Stadtspitze. Im Rahmen einer feierlichen Stadtratssitzung im Alten Rathaus überreicht Thomas Wimmer seinem Nachfolger die goldene Amtskette. Vogel wird in sein neues Amt eingeführt und vereidigt. Im Großen Sitzungssal des Neuen Rathauses wird die Sitzung nach einer kurzen Pause mit der Wahl der beiden Bürgermeister Georg Brauchle (CSU) und Albert Bayerle (SPD) fortgesetzt.

Hochverehrter Herr Altoberbürgermeister! Herr Ministerpräsident! Herr Staatsminister! Herr Regierungspräsident! Hohe Gäste! Verehrte Kolleginnen und Kollegen! Liebe Münchnerinnen und Münchner!

Als 14. Oberbürgermeister dieser Stadt seit der Schaffung des Amtes im heutigen Sinne habe ich soeben meinen Amtseid geleistet. Ich habe dabei in feierlicher Form Treue der Verfassung des Freistaates Bayern, Achtung den Gesetzen und gewissenhafte Erfüllung meiner Aufgabe versprochen und gelobt, die Rechte und Pflichten der Selbstverwaltung zu wahren und zu erfüllen. Diesem Versprechen habe ich nichts hinzuzufügen. Denn es umfaßt in knapper und klarer Formulierung alles, was ich der Stadt und ihren Bürgern zu geben vermag.

Erwarten Sie von mir in dieser Stunde keine grundsätzliche Rede, kein Regierungsprogramm. Ich habe in den vergangenen Wochen und Monaten fast täglich dargelegt, welche Aufgaben ich in unserer Stadt für die dringlichsten halte und wie sie angepackt werden sollen. Der Herr Regierungspräsident hat die wichtigsten Aufgaben soeben von dieser Stelle aus noch einmal umrissen. Ich glaube, es ist jetzt genug geredet worden. Unsere Bürgerschaft hat einen Anspruch darauf, daß wir nun unverzüglich ans Werk gehen. Daß wir auf Grund der Verhandlungen zwischen den Fraktionen und Gruppen im Stadtrat gemeinsam ans Werk gehen können, ist ein gutes Zeichen für die Zukunft und darf uns alle mit Genugtuung erfüllen. Ich möchte aber darüber hinaus alle Kräfte in unserer Stadt aufrufen, sich dem Beispiel der Parteien anzuschließen und mit uns eine große Arbeitsgemeinschaft für München zu bilden. Unsere Stadt München und die Wohlfahrt ihrer Bewohner ist ein solches Zusammenwirken wert. Daß wir nach Ihren Worten, Herr Regierungspräsident, dabei auch mit der Unterstützung und inneren Anteilnahme der Bayerischen Staatsregierung und der Regierung von Oberbayern rechnen können, erfüllt uns mit Zuversicht.

Zwischen Ihnen, Herr Altoberbürgermeister, und mir liegt ein Altersunterschied von 40 Jahren. Ich glaube, das gibt der Amtsübergabe eine über unsere Stadt hinausreichende Tragweite. Denn sie bringt besonders stark zum Bewußtsein, daß die Verantwortung in unserem Staate allmählich von Ihrer in der Weimarer Republik groß gewordenen Generation auf meine, erst in der Kriegs- und Nachkriegszeit herangewachsene Generation übergeht. Dieser Generationenwechsel, zu dem es in der Weimarer Republik eigentlich nie gekommen ist, hat schicksalsschwere Bedeutung. Gelingt er ohne Bruch, so hat unsere junge Demokratie einen mächtigen Schritt zu ihrer Festigung getan. Als Angehöriger der jüngeren Generation darf ich sagen: die Bewährungsproben, denen wir in unserem Leben bisher ausgesetzt waren, können sich mit denen Ihrer Generation, die bewußt durch alle Schrecknisse des Natio-

Oberbürgermeister Thomas Wimmer übergibt seinem Amtsnachfolger die goldene Amtskette, 3. Mai 1960. (Foto: Rudi Dix)

nalsozialismus hindurchgegangen ist, kaum messen. Wir gehen also ohne diese strenge Lebensprüfung ans Werk und können nur durch Arbeit, Fleiß und Phantasie und vielleicht ein wenig Glück auszugleichen versuchen, was uns an Erfahrung mangelt. Wir sind deshalb auch da, wo wir schon in die Verantwortung treten, auf den Rat und die Hilfe der Älteren angewiesen.

Es bleibt mir noch, Ihnen, Herr Altoberbürgermeister, als meinem Amtsvorgänger, von ganzem Herzen zu danken. Vor über 40 Jahren – genau am 28. November 1918 – sind Sie als Beamter in den Dienst der Stadt getreten. Seitdem haben Sie ihr als Beamter, als Stadtrat, als Bürgermeister und seit dem 1. Juli 1948 als Oberbürgermeister rastlos gedient. Nach Ihrer Wahl am 1. Juli 1948 sagten Sie wörtlich:

»München hat vor dem tausendjährigen Reich im Kranz der deutschen Städte und in Bayern einen ruhmvollen Platz eingenommen. Daß das wieder so werde, ist mein heißer Wunsch und diesem Ziel müssen wir unsere ganze Arbeit weihen.«

Ich glaube, dieses Ziel haben Sie wahrlich erreicht. München ist in Ihrer Amtszeit aus Schutt und Trümmern größer, schöner und strahlender wiedererstanden, und Sie selbst sind schon zu Ihren Lebzeiten ein Symbol dieses Wiederaufbaues geworden. Sie haben Ihren festen Platz in der Geschichte unserer Stadt und – was vielleicht noch wichtiger ist – auch in den Herzen der Münchnerinnen und Münchner.

Äußere Ehrungen sind Ihnen schon in großer Zahl zuteil geworden. Sie sind Ehrenbürger unserer Stadt; Träger hoher und höchster Auszeichnungen, uns bleibt deshalb nur noch eine Form der Ehrung die wir in all ihrer Schlichtheit für besonders würdig halten und die wir Ihnen als erstem zuteil werden lassen. Nämlich die Feststellung, die ich alle Anwesenden stehend anzuhören bitte, die Feststellung: Thomas Wimmer hat sich um die Landeshauptstadt München verdient gemacht. (...)

Bevor ich nun zum nächsten Punkt der Tagesordnung, der Vereidigung des neuen Stadtrates komme, möchte ich noch den Kolleginnen und Kollegen ein Wort des Dankes widmen, die dem neuen

Stadtrat nicht mehr angehören und als Ehrengäste an unserer heutigen Sitzung teilnehmen. (...) Sie haben sich in dieser Zeit große Verdienste um unsere Stadt erworben. Ich bin ganz sicher, daß Sie jetzt nicht resignieren, sondern Ihre Erfahrungen und Ihre erprobten Fähigkeiten in Ihren Lebens- und Tätigkeitsbereichen weiter zum Nutzen der Allgemeinheit einsetzen werden.

Grundsteinlegung für die Großsiedlung am Hasenbergl

25. Mai 1960

Die im Münchner Norden gelegene Siedlung Hasenbergl ist nach der 1956 fertiggestellten Parkstadt Bogenhausen ein weiteres, noch großräumiger angelegtes soziales Wohnungsbauprojekt der rasant wachsenden Landeshauptstadt. Mit der Planung der Großsiedlung hat sich der Stadtrat seit Frühjahr 1959 beschäftigt. Auf einem Areal von 900.000 qm ist die Errichtung von 5.500 Wohnungen für etwa 17.000 Menschen geplant. An dem Großprojekt sind mehrere Wohnungsbaugesellschaften beteiligt, darunter die Neue Heimat, die GWG und das Evangelische Siedlungswerk. Die feierliche Grundsteinlegung ist die erste bedeutsamere öffentliche Amtshandlung des neuen Oberbürgermeisters Vogel.

Im Namen der Landeshauptstadt München darf ich Sie alle, die sich heute hier eingefunden haben, auf das Herzlichste willkommen heißen. Der Anlaß, aus dem Sie gekommen sind, ist nicht alltäglich. Geht es doch darum, den Grundstein nicht nur für ein Haus oder mehrere Häuser, sondern für einen neuen Münchner Stadtteil, die Großsiedlung am Hasenbergl, zu legen; einem Stadtteil, der nach seiner Vollendung mehr Einwohner haben wird als Städte wie Fürstenfeldbruck oder Deggendorf. Ich glaube, ein solcher Anlaß rechtfertigt eine kurze Besinnung über zwei grundsätzliche Fragen – nämlich die Frage, ob die Entwicklung unserer Großstädte in dieser Zeit wirklich eine Fehlentwicklung ist – wie das in der Diskussion immer wieder behauptet wird – und die Frage, was in München zur endgültigen Behebung der Wohnungsnot geschehen kann.

»Weg von den Großstädten« und »Auflösung der Ballungszentren« – das sind Forderungen, die in den letzten Jahren häufig erhoben werden. Verstärkter Wohnungsbau in den Großstädten – so sagt man – mache die Großstädte nur noch attraktiver und fördere die Tendenz zur Vermassung. Schlechte Wohnbedingungen in den großen Städten würden hingegen den Zuzug verlangsamen oder gar völlig zum Erliegen bringen.

Diesen Äußerungen liegen offenbar zwei Überzeugungen zu Grunde. Einmal die Ansicht, daß die Übersiedlung in die Großstadt mehr oder weniger vom freien Belieben des Einzelnen abhängt und die Entscheidung für die Übersiedlung meist nur aus subjektiven Gründen, etwa der höheren Bequemlichkeit wegen, getroffen wird. Zum anderen – und das erscheint mir viel gefährlicher – verbirgt sich hinter solchen Äußerungen die Meinung, die Großstadt sei an sich etwas Böses, etwas Zersetzendes, Ungesundes, Unnatürliches.

Beide Auffassungen halten einer näheren Prüfung nicht stand.

Der Zug zu den Städten ist eine der großen Entwicklungslinien unserer Zeit, und zwar überall auf der Welt, in Europa ebenso wie in den Vereinigten Staaten, in Rußland oder in Südamerika. Die Ursachen dieser Entwicklung sind mannigfach, vor allem ökonomischer, aber auch soziologischer Natur. Sie lassen sich am ehesten auf den Nenner bringen, daß die große Stadt den Bedürfnissen der modernen Industriegesellschaft am meisten entspricht. Vielleicht deshalb, weil die großen Städte am ehesten die Kräfte aufbringen, die notwendig sind, um die Probleme menschlichen Zusammenlebens in der modernen Industriegesellschaft zu bewältigen.

Damit ist aber auch die These von der Minderwertigkeit der Großstädte bereits widerlegt. Eine Gemeinschaft, die ordnet, die individuelles Leistungsvermögen in noch überschaubaren Bereichen auf gemeinsame Ziele hinlenkt, die das wirtschaftliche, soziale und kulturelle Leben ihrer Mitglieder im Zusammenwirken aller so gestaltet, daß jedem Raum für eine verantwortliche

Grundsteinlegung für die neue Wohnsiedlung am Hasenbergl, 25. Mai 1960.
(Foto: Johann Meyer)

Lebensführung bleibt, eine solche Gemeinschaft trägt ihren Wert in sich. Alexander Rustow hat einmal gesagt »Alle Hochkultur ist Großstadtkultur«. Ein stolzes Wort, das wohl für alle Kulturepochen gegolten hat, in der unseren aber in besonderem Maße Geltung beansprucht.

Natürlich verschließen wir die Augen vor den Mängeln unserer Großstädte und ihren Gefährdungen nicht. Aber wir werden mit ihnen nicht fertig, indem wir uns einer Entwicklung entgegenstemmen und das Rad der Geschichte zurückzudrehen versuchen. Nicht Abschnürung und Abdrosselung unserer großen Städte, sondern ihre Auflockerung zu sinnvoll gegliederten, mit der Natur durch Grünschneisen und Grüngürtel verbundenen, auch über die

31

Burgfriedensgrenzen hinausreichenden Stadtlandschaften mit einem eindeutigen Hauptzentrum und mehreren Nebenzentren, die ein gewisses Eigenleben der einzelnen Stadtteile ermöglichen – das ist unser Ziel. Eine so verstandene Entballung, die auch die Sanierung der städtischen Altbaugebiete ins Auge faßt, wird unsere freudige Unterstützung finden.

München hat diesen Weg bereits eingeschlagen, und es hat eine gute Chance, ihn im Zuge seines Stadtentwicklungsplanes erfolgreich fortzusetzen. Vor allem hat unsere Stadt so viel Assimilationskraft und so viel prägende Individualität, daß sie auch als Stadtlandschaft, als Stadtregion nicht zu einer beliebig auswechselbaren Anhäufung von Menschen, Flächen und Gebäuden werden, sondern das eine, unverwechselbare München bleiben wird.

In diesem Rahmen muß auch die Münchner Wohnungsnot gelöst werden. Über 150.000 Menschen sind es, die trotz der gewaltigen Wiederaufbauleistungen in unserer Stadt heute noch auf eine angemessene und menschenwürdige Unterbringung warten. Die meisten von ihnen sind nicht erst in letzter Zeit zugewandert, sondern warten schon seit Jahren, weil sie zu den sozial schwächeren Bevölkerungskreisen gehören und die Kosten für frei finanzierte Wohnungen nicht aufzubringen vermögen. Wieviel Elend und Not es hier im zwölften Jahre des so oft berufenen Wirtschaftswunders noch mitten unter uns gibt, das zeigen mir die Briefe, die mich in ungelenker Schrift tagtäglich von verzweifelten Menschen und unglücklichen Familien erreichen. Ich glaube, die 50.000 Wohnungen, mit denen wir das gröbste Elend wenden könnten, sie lassen sich in absehbarer Zeit bauen, wenn alle Beteiligten zusammenwirken.

Die Stadt München arbeitet gegenwärtig an einem Programm, das die für die Errichtung weiterer Großsiedlungen in Betracht kommenden Flächen innerhalb unseres Burgfriedens und im Einvernehmen mit unseren Nachbarn auch außerhalb des Burgfriedens bezeichnet, den Finanzbedarf darlegt und auch zur Frage der Kapazität unserer Bauwirtschaft Stellung nimmt. Die Stadt

Blick auf den Stanigplatz am Hasenbergl mit der evangelischen Evangeliumskirche (links) und der katholischen St.-Nikolaus-Kirche, Juli 1965. (Foto: Rudi Dix)

München will damit einen neuen Anstoß geben, und wir sind im Hinblick auf zahlreiche Äußerungen und Erklärungen sicher, daß Bund und Land uns nicht im Stich lassen werden.

Die Großsiedlung Hasenbergl, mit deren Bau wir heute beginnen, soll sowohl für den modernen Städtebau, als auch für künftige Maßnahmen zur Behebung der Wohnungsnot beispielhaft werden. Freie Architekten, Bauträger, Bund, Land und Stadt haben zu diesem Zweck eng zusammengearbeitet. Nun sind die Pläne ausgereift, das Grundstück über 90 ha aus städtischem Eigentum bereitgestellt und die notwendigen Gelder erschlossen. Der eigentliche Bau kann beginnen, und es bleibt mir nur noch übrig, all denen, die sich um das Zustandekommen dieses neuen Stadtteils verdient gemacht haben, den Dank der Landeshauptstadt auszusprechen. Ihren schönsten Lohn werden alle, die daran beteiligt waren, aber in dem Bewußtsein finden, daß hier in dieser Großsiedlung in

33

Bälde 17.000 Menschen in über 5.400 Wohnungen in Licht, Luft und Sonne glücklicher und froher leben können als bisher.

In diesem Sinne lege ich nun den Grundstein für den jüngsten Stadtteil unserer Münchnerstadt. Möge er seinen künftigen Bewohnern

zur Heimat,

zum Mittelpunkt eines erfüllten Lebens

und zur Stätte des Friedens werden.

Verleihung des kulturellen Ehrenpreises 1959 an Generalmusikdirektor Bruno Walter in Wien
29. Mai 1960

Mit der Verleihung des Kulturellen Ehrenpreises an den Dirigenten Bruno Walter ehrt die Stadt München einen Künstler, der für das Musikleben der Stadt herausragende Bedeutung besitzt. Nach Engagements in Köln, Hamburg und Wien übernimmt Walter 1913 die musikalische Leitung der Münchner Staatsoper (bis 1922), die ihm ihre eigentliche »Glanzzeit« verdankt. Bleibende Marksteine von Walters künstlerischem Schaffen in München sind Werk-Uraufführungen von Gustav Mahler und Hans Pfitzner. Wegen seiner jüdischen Herkunft wird Bruno Walter nach 1933 von den Nationalsozialisten verfolgt und muss Deutschland verlassen.

Oberbürgermeister Vogel überreicht dem Geehrten den Preis in Wien vor dem Eröffnungskonzert der Festwochen. Die Preisverleihung findet in der österreichischen Hauptstadt statt, weil Bruno Walter aus gesundheitlichen Gründen eine Reise nach München absagen musste.

Hochverehrter Herr Generalmusikdirektor!

Die bayerische Landeshauptstadt München trägt neben vielen anderen Attributen mit besonderem Stolz seit langem den Titel einer Stadt der Kultur und der Künste. Sie weiß, daß sie diesen ehrenvollen Namen vor allem jenen außergewöhnlichen Persönlichkeiten verdankt, deren künstlerische Leistungen in München die Welt aufhorchen ließen. Als Zeichen der Dankbarkeit und der Verehrung verleiht die Stadt München seit dem Jahre 1958 solchen Persönlichkeiten ihren kulturellen Ehrenpreis.

Der Stadtrat zu München hat am 7. Januar 1959 einstimmig beschlossen, diesen Ehrenpreis für das Jahr 1959 Ihnen, sehr verehrter Herr Generalmusikdirektor, zu verleihen. (…) Einmal möchte ich der Freude darüber Ausdruck geben, daß wir Ihnen den Preis und die Urkunde mit Erlaubnis der Stadt Wien gerade hier in Wien überreichen dürfen. Sind Sie doch mit Ihrem eigenen Lebensweg ein treffliches Beispiel für die regen kulturellen Beziehungen und den fruchtbaren Austausch zwischen Wien und München.

Zum anderen darf ich Ihnen sagen, wie glücklich wir wären, wenn Sie Ihr Weg doch noch einmal nach München führen würde. Vielleicht dann, wenn die Bemühungen um den Wiederaufbau des Odeons, die ja unter Ihrer Schirmherrschaft stehen, zu einem guten Ende geführt haben und es gilt, das neue Odeon festlich einzuweihen. Der Glanz dieser Stunde und die Freude des Wiedersehens würde vielleicht manch bittere Erinnerungen an eine unselige und verabscheuungswürdige Vergangenheit wenn nicht auslöschen, so doch überstrahlen können.

In diesem Sinne darf ich Ihnen, sehr verehrter Herr Generalmusikdirektor, nun den kulturellen Ehrenpreis der Stadt München überreichen und Ihnen zu dieser Auszeichnung im Namen des Stadtrates und der Bürgerschaft von München, aber auch im eigenen Namen von Herzen gratulieren.

Verleihung des kulturellen Ehrenpreises 1960 an Martin Buber
13. Juli 1960

> Der Religionsphilosoph Martin Buber, Mitbegründer des New Yorker Leo Baeck Instituts, gilt als einer der bedeutendsten jüdischen Denker und als wichtiger Brückenbauer zwischen Juden und Christen nach der Shoa. Bereits in den 1950er Jahren hält sich Buber wiederholt zu Vorträgen in Deutschland auf, darunter auch mehrfach in München. Die feierliche Preisverleihung findet im Prinz-Carl-Palais statt.

Hochverehrter Herr Professor!

Die bayerische Landeshauptstadt München trägt neben vielen anderen Attributen mit besonderem Stolz seit langem den Titel einer Stadt der Kultur, der Künste und der Wissenschaften. Sie verdankt diesen ehrenvollen Namen sicherlich in erster Linie jenen Persönlichkeiten, die in München selbst Außergewöhnliches geleistet haben. Sie verdankt ihn aber auch der Tatsache, daß sie sich stets allen geistigen Strahlungen und Impulsen geöffnet hat. Es mag kaum einen Großen des Geisteslebens geben, dessen Gedanken nicht in München nachgedacht, dessen Ruf nicht in München gehört worden wäre. Wie kaum eine andere Stadt ist München verwoben in das weltweite Geflecht der kulturellen Wechselbeziehungen und Wechselwirkungen.

Es ist daher nur folgerichtig, daß der kulturelle Ehrenpreis unserer Stadt auch an solche Persönlichkeiten verliehen werden kann, die von außen das geistige und kulturelle Leben Münchens

Überreichung der Urkunde zum kulturellen Ehrenpreis 1960 an Martin Buber, 13. Juli 1960. (Foto: Georg Schödl)

befruchtet haben. Von dieser Möglichkeit hat der Stadtrat zu München heute erstmals Gebrauch gemacht, indem er einstimmig beschloß, den Ehrenpreis für das Jahr 1960 Ihnen, hochverehrter Herr Professor, zu verleihen. (…) Zwischen dem Volke, in dessen nationaler Heimstatt Sie heute leben und dessen geistiger Repräsentant Sie in so hohem Maß sind, und unserem Volke hat eine unselige Vergangenheit eine Kluft aufgerissen, vor der nur Unwissende oder

Gleichgültige die Augen verschließen und die nur Unwahrhaftige verschweigen können. Der Name unserer Stadt ist von einem verabscheuungswürdigen Regime mit dieser Vergangenheit identifiziert und so für viele Angehörige Ihres Volkes zu einem negativen Begriff geworden. Sagen Sie bitte in Ihrer Heimat, daß Sie in dieser Stadt Menschen gefunden haben, die darunter leiden und die danach trachten, die Kluft zu überbrücken und eines Tages ganz zu schließen, zu überbrücken durch Menschlichkeit und zu schließen durch innere Läuterung. Das Trachten dieser Menschen ist ein Bestandteil des kulturellen, des kulturell-ethischen Lebens unserer Stadt. Sie haben durch Ihre Besuche und Äußerungen diese Bestrebungen ermutigt und gefördert und so nicht nur durch Ihr Werk, sondern auch durch Ihre Persönlichkeit in einem ganz unmittelbaren Sinne auf das kulturelle Leben unserer Stadt eingewirkt. Auch und gerade dafür schuldet Ihnen München Dank.

In dieses Sinne darf ich Ihnen, sehr verehrter Herr Professor, nun den kulturellen Ehrenpreis der Stadt München überreichen und Ihnen zu dieser Auszeichnung im Namen des Stadtrates und der Bürgerschaft von München, aber auch im eigenen Namen von Herzen gratulieren.

Empfang zu Ehren des päpstlichen Legaten Testa im Alten Rathaussaal anlässlich des 37. Eucharistischen Weltkongresses 31. Juli 1960

Der 37. Eucharistische Weltkongress in München findet wider Erwarten ohne das katholische Kirchenoberhaupt Papst Johannes XXIII. statt. Vertreten wird der Heilige Vater durch den Kardinallegaten Gustavo Testa, der von Oberbürgermeister Vogel feierlich empfangen wird. Das internationale Katholikentreffen dauert eine Woche. Auf dem Oberwiesenfeld bietet eine Zeltstadt Platz für 60.000 Pilger, die von 1.200 freiwilligen Helfern betreut werden. Das Großereignis – bereits am zweiten Tag werden 150.000 Gläubige in der Stadt gezählt – versetzt die bayerische Landeshauptstadt in eine Art Ausnahmezustand.

Der Eucharistische Weltkongreß hat heute in München seinen Anfang genommen. Die Landeshauptstadt München hat sich erlaubt, Sie aus diesem Anlaß zu einem festlichen Empfang in den Alten Rathaussaal zu bitten. Sie haben dieser Einladung Folge geleistet und ich darf Sie alle im Namen der Bürgerschaft und des Stadtrates, aber auch im eigenen Namen auf das herzlichste willkommen heißen. Mein besonderer Gruß gilt zunächst dem Legaten und persönlichen Vertreter Seiner Heiligkeit des Papstes, Seiner Eminenz Kardinal Testa. Wie schon heute nachmittag bei der Ankunft Eurer Eminenz in München darf ich Euer Eminenz auch hier als einen Freund unserer Stadt verehrungsvoll willkommen heißen.

Ich begrüße weiter Ihre Eminenzen, die Herren Kardinäle, die aus Rom und aus allen fünf Kontinenten in unsere Stadt gekommen sind und durch ihre Anwesenheit dem früheren Namen unserer Stadt als eines deutschen Rom zu neuem Glanz verhelfen. Unter ihnen begrüße ich besonders Seine Eminenz, Herrn Kardinal Dr. Wendel, den Erzbischof von München und Freising, als Ortsordinarius. Ich begrüße Ihre Exzellenzen, die Herren Bischöfe, die Herren Ordensoberen und Äbte und alle anderen Würdenträger der katholischen Kirche, die aus allen Ländern der Erde nach München geeilt sind und unserer Stadt gemeinsam mit den in München weilenden Angehörigen ihrer Diözese den Charakter einer statio orbis verleihen. Mein besonderer Gruß gilt innerhalb dieses Kreises Seiner Exzellenz, Herrn Weihbischof Mgr. Neuhäusler, als dem Generalsekretär des Eucharistischen Kongresses. Ich begrüße ferner die gewählten und die ernannten Vertreter des Bayerischen Staates und der Bundesrepublik, an ihrer Spitze den Herrn Ministerpräsidenten und Ehrenbürger Dr. Ehard, den Herrn Landtags- und den Herrn Senatspräsidenten sowie die erschienenen Herren Bundes- und Staatsminister. Ich begrüße die Angehörigen des Konsularischen Corps. Ich begrüße ebenso alle Persönlichkeiten des öffentlichen, des geistigen, des wirtschaftlichen und kulturellen Lebens unserer Stadt, unter ihnen vor allem Herrn Landesbischof Dietzfelbinger und unsere weiteren Ehrenbürger, den Herrn Altministerpräsidenten Dr. Hoegner und den Herrn Altoberbürgermeister Thomas Wimmer. Ich begrüße schließlich die als Repräsentanten der Münchner Bürgerschaft erschienenen Stadträte der Landeshauptstadt.

Anlaß unserer Begegnung ist der Eucharistische Weltkongreß. Er ist der größte katholische Kongreß, den München in seiner 800-jährigen Geschichte bisher erlebt hat. Das gilt nicht nur für äußerlich Meßbares, so etwa für die Zahl ausländischer und inländischer Besucher oder den Umfang der materiellen Vorbereitungen. Es gilt auch für die innere Bedeutung dieses Kongresses als eines weltöffentlichen Bekenntnisses der katholischen Christenheit zum Geheimnis der Eucharistie und zur Einheit ihres Glaubens.

Empfang im Alten Rathaus anlässlich des Eucharistischen Weltkongresses. Kardinallegat Gustavo Testa trägt sich in das Goldene Buch der Stadt München ein, 31. Juli 1960; links der Erzbischof von München-Freising, Kardinal Joseph Wendel; rechts Bürgermeister Georg Brauchle. (Foto: Kurt Huhle)

Die Beachtung, die dieser Kongreß schon jetzt auch außerhalb der katholischen Welt findet, zeigt im übrigen, daß die Kirche am eindrucksvollsten in die Öffentlichkeit einwirkt, wenn ihr Zeugnis aus dem Kernbereich ihres Glaubens kommt und geleistet wird, aus jenem Bezirk, der ihr eigentümlich ist und der das Spezifische ihrer Überzeugung ausmacht. Wir erleben in den Tagen des Kongresses ein solches Zeugnis aus der Herzmitte katholischen Glaubens. Dieser Kongreß ist ein Zeichen für den legitimen Anspruch der Kirche, in der modernen Gesellschaft präsent zu sein. Ein Zeugnis, das vielleicht gerade deshalb so stark berührt, weil es aus dem ureigensten Auftrag der Kirche stammt.

München ist stolz darauf, der Veranstaltungsort eines solchen Kongresses zu sein. Es glaubt diese Wahl auf die Bedeutung zurückführen zu können, die München schon im Mittelalter für die katholische Christenheit besessen und seitdem eigentlich nie verloren hat. Es hofft, daß auch sein Ruf besonderer Gastfreundlichkeit diese Wahl beeinflußte. Und es sieht schließlich in der Wahl auch den Ausdruck des besonderen Wohlwollens, das der in die Ewigkeit eingegangene Papst Pius XII. als langjähriger Freund und Bewohner unserer Stadt stets für München gehegt und das sich ganz offenbar auch auf seine Heiligkeit, Papst Johannes XXIII., übertragen hat.

Für Sie, meine hochverehrten Gäste, ist München naturgemäß in erster Linie die Stadt der Welteucharistiefeier. Aber daneben wird sich Ihnen München auch als eine Stadt offenbaren, die dank des Fleißes ihrer Bürger und dank der Hilfe, die ihr von außen zuteil wurde, in den letzten 15 Jahren ein schweres Schicksal überwand und ungeachtet ihres beständigen Wachstums auch heute noch ihr eigenes Gesicht bewahrt hat. München, das ist keine beliebig auswechselbare Ansammlung von Gebäuden, Straßen und Menschen. Es ist vielmehr eine organisch gewachsene Gemeinschaft, in der sich die Menschen noch immer geborgen fühlen; ein Ort, an dem sie nicht nach Maßlosem streben, sondern die Mitte halten und ein wenig froher, glücklicher und erfüllter zu leben glauben als anderswo. Vielleicht ist dafür unser Dom, unsere Frauenkirche in seinem gedrungenen, in sich ruhenden, sich selbst bescheidenden Erscheinungsbild ein noch heute gültiges Symbol. Offenheit für die Welt und Offenheit für den Glauben vereinbart sich mit diesem Wesen unserer Stadt zu einer nahezu harmonischen Einheit, in der die vielfältigsten Individualitäten Platz haben. Dieses so beschaffene München darf aus der Begegnung mit dem Kongreß auf reiche Frucht hoffen. Sicherlich sind wir dabei vor allem Nehmende. Aber vielleicht vermögen auch wir zu geben und uns zu den alten Freunden neue in aller Welt zu gewinnen. Und ganz sicher wird sich mit

Empfang für Kardinallegat Gustavo Testa auf dem Marienplatz, 31. Juli 1960.
(Foto: Kurt Huhle)

dem Namen München für die nächsten acht Tage die Botschaft von einem Fest der Hoffnung, des Glaubens und des Einklangs von Menschen aller Rassen, aller Völker und Kontinente in der Verehrung des lebendigen Gottes verknüpfen. In dieser zerrissenen und furchtgeplagten, vor neuen Katastrophen bangenden Welt fürwahr eine köstliche Botschaft.

In diesem Sinne darf ich Sie noch einmal willkommen heißen und Ihnen in unserem Kreise Stunden der erbaulichen Begegnung und des guten Gespräches wünschen.

Trauerfeier für die Opfer der Münchner Flugzeugkatastrophe
20. Dezember 1960

Ein folgenschweres Flugzeugunglück erschüttert die Münchner Bürgerinnen und Bürger. Am 17. Dezember 1960 streift ein zweimotoriges amerikanisches Militärflugzeug den Hauptturm der Paulskirche an der Theresienwiese und stürzt ab. Durch auslaufendes Benzin entsteht ein Flammenmeer; der mit 18 Fahrgästen besetzte Anhänger einer stadtauswärts fahrenden Straßenbahn fängt Feuer und brennt komplett aus. 20 Flugzeugpassagiere sterben. Auch elf Fußgänger werden Opfer der Flammen. Bei dem Unglück kommen 49 Menschen ums Leben, 16 Menschen werden schwer verletzt. Die Trauerfeier findet in der Ausstellungshalle auf der Theresienhöhe statt.

Tieftrauernde Hinterbliebene!
Herr Ministerpräsident!
Verehrte Ehrengäste!
Verehrte Trauerversammlung!

Unsere Münchner Stadt ist am vergangenen Samstag von einer Katastrophe heimgesucht worden, die zu den schwersten zählt, die sie in Friedenszeiten je erlebt hat. 49 Menschen haben bei dieser Katastrophe 1000 Meter von hier entfernt ihr Leben verloren. 27 davon waren Bürger unserer Stadt. Zusammen mit drei anderen Opfern, die in München zu Besuch weilten, sind sie in unserer Mitte aufgebahrt. Ein weiterer Sarg, bedeckt mit den Farben der Vereinigten Staaten, steht hier stellvertretend für die Särge der 20 amerikani-

Flugzeugabsturz am 17. Dezember 1960, Absturzstelle an der Martin-Greif-Straße. (Foto: Berthold Fischer)

schen Studenten und Soldaten, die als Insassen des Unglücksflugzeuges den Tod fanden und deren sterbliche Überreste schon auf dem Wege in ihre ferne Heimat sind.

49 Menschenleben hat der unerbittliche Tod in wenigen Minuten ausgelöscht. Er hat nach Menschen gegriffen, deren Gedanken schon auf den Heiligen Abend gerichtet waren, die mit Weihnachtseinkäufen aus der Stadt zurück kehrten. Er hat Menschen aus dem Leben gerissen, die ebensowenig ans Sterben dachten, wie irgendeiner von uns. Und er hat vielen von ihnen ein qualvolles und grausames Ende bereitet. Ich glaube, die furchtbaren Bilder dieses

Trauerfeier für die Opfer der Flugzeugkatastrophe in der Ausstellungshalle auf der Theresienhöhe, 20. Dezember 1960. (Foto: Berthold Fischer)

schwarzen Samstags werden keinen, der sie an Ort und Stelle gesehen hat, je wieder loslassen.

Vor dem Ausmaß des Grauens und des Leides, das damit in unsere Stadt gekommen ist, versagen menschliche Worte. Als Oberbürgermeister dieser Stadt bleibt mir nur übrig, allen Hinterbliebenen zu sagen, daß ganz München mit ihnen fühlt und leidet. Wir fühlen uns denen in tiefer Trauer verbunden, die hier in unserer Mitte den Tod eines lieben Angehörigen oder Freundes beklagen.

Wir wollen sie in die Obhut unserer größeren Gemeinschaft nehmen und so die Last, an der sie tragen, ein wenig erleichtern. Unsere Teilnahme gilt aber ebenso den Hinterbliebenen in den Vereinigten Staaten, deren Erinnerung an ihre toten Männer, Töchter und Söhne in so tragischer Weise mit dem Namen unserer Stadt verknüpft bleiben wird. Unsere Trauer vereint sich über den Ozean und die Kontinente hinweg mit der ihren.

Und noch eines möchte ich ausdrücken: Nämlich das Gefühl, ja die Gewißheit, daß diese Katastrophe auch eine Mahnung an uns Lebende in dieser Stadt bedeutet. Die Mahnung, uns der Vergänglichkeit unseres Daseins bewußt zu sein und unser Leben auf das Wesentliche auszurichten. Die Mahnung auch, Maß zu halten und Menschengeist und Menschenwerk nicht für allmächtig anzusehen.

In diesem Sinne nehme ich für München Abschied von den Toten des 17. Dezember 1960. Sie alle hofften an Weihnachten Frieden für einige Stunden oder Tage zu finden – mögen sie den Frieden für immer gefunden haben.

München wird diese Toten nie vergessen.

Münchens europäische Aufgabe.
Rede vor der Delegiertenversammlung
des Rats der Gemeinden Europas
im Großen Sitzungssaal des Rathauses
27. Januar 1961

Vertreter aus neun europäischen Ländern sowie Gäste aus Skandinavien nehmen an den Beratungen des 1951 in Genf von französischen und deutschen Bürgermeistern gegründeten Rats der Gemeinden Europas teil. Das Gremium wurzelt in der europäischen Städtepartnerschaftsbewegung und hat sich die Annäherung und Verständigung der Völker Europas zu einem Zeitpunkt zum Ziel gesetzt, zu dem die Idee eines vereinten Europas noch nicht im Mittelpunkt der politischen Debatte steht.

Sie haben mich eingeladen, vor Ihrem Kreis über Münchens europäische Aufgabe zu sprechen. Ich darf Ihnen für diese Einladung sehr herzlich danken. Einmal weil sie mich auszeichnet, zum anderen aber deshalb, weil Sie durch Ihre Einladung den Münchner Oberbürgermeister ermuntert, aufgefordert, ja fast gezwungen haben, sich zumindest für ein paar Stunden von seinen alltäglichen Problemen zu lösen und statt über die Wohnungsnot, die Verlegung des Riemer Flughafens, den Gewerbesteuerfreibetrag und die Verkehrsmisere am Stachus über die größeren Zusammenhänge nachzudenken, in die München gebend und nehmend eingeordnet ist. Sie bringen mir damit einen Aspekt meines Amtes nahe, der mir zwar hin und wieder beim Empfang eines Besuches oder bei der Eröffnung eines Kongresses oder einer Tagung für einen Augenblick deutlich geworden, in seiner ganzen Breite aber erst im

Zusammenhang mit diesem Vortrag ins Bewußtsein getreten ist. Das Thema, das Sie mir gestellt haben, lautet: »Münchens europäische Aufgabe«.

Daraus wird schon deutlich, daß München – und ich meine damit nicht die Stadtverwaltung allein, sondern München als Inbegriff der Verhaltensweisen, Aktivitäten, Leistungen und Bestrebungen all seiner Bürger, ich meine München als nächst der Familie engste Gemeinschaft derer, die in München leben – mannigfache Aufgaben hat. So hat München zunächst ganz sicher die Aufgaben, die jeder örtlichen Gemeinschaft und jeder Kommune gestellt sind; nämlich seinem Bürger Raum und Voraussetzungen für eine angemessene Lebensführung zu geben und ihnen einen Boden zu bieten, in dem sie als Individuen wurzeln können. Als bayerische Landeshauptstadt und als drittgrößte Stadt Deutschlands hat München bestimmt auch eine bayerische und eine deutsche Aufgabe; das heißt, es hat gewisse Leistungen nicht nur für seine eigenen Bürger, sondern für alle Bewohner Bayerns und für alle Deutschen zu erbringen. Es wäre sehr reizvoll, diesen Aufgaben unserer Stadt eine eigene Betrachtung zu widmen. Aber hat München darüber hinaus noch eine europäische Aufgabe? Kann Europa, können die 450 Millionen Menschen, die heute in Europa leben, von München eine besondere Leistung, einen individuell geprägten Beitrag zur konkreten Wirklichkeit ihres Daseins und einen spürbaren Einfluß auf ihre wirtschaftliche, geistige und kulturelle Existenz erwarten?

Wer diese Frage beantworten will, muß wohl zunächst den Verknüpfungen und Verflechtungen nachgehen, die zwischen München und Europa auf den verschiedenen Lebensgebieten bestehen. Dann erst wird er sagen können, welche Kommunikationen mehr zufälliger Natur sind und genau so gut von irgendeiner anderen Stadt gespeist werden könnten und welche Leistungen unserer Stadt einen spezifischen, von der Eigenart Münchens geprägten Charakter haben. Dementsprechend werde ich bei meiner folgenden Untersuchung vorgehen. Um ein Mißverständnis zu vermeiden: Un-

Empfang der Stadt München für die Teilnehmer der Internationalen Delegiertenversammlung der Gemeinden Europas im Ratskeller, 27. Januar 1961. (Foto: Johann Meyer)

ter Europa verstehe ich dabei immer das ganze Europa, also auch den Teil Europas, der gegenwärtig hinter dem Eisernen Vorhang liegt – also nicht nur Frankreich und Italien, sondern auch Polen, Rumänien und Jugoslawien ebenso wie Portugal. Sicher ist unsere Verbindung mit diesen Teilen Europas vielfachen Hemmungen und Schwierigkeiten unterworfen. Aber wenn wir überhaupt eine europäische Aufgabe haben, dann haben wir sie gerade auch gegenüber Ost- und Südosteuropa und eine Aufgabe hört nicht auf zu bestehen, weil ihre Erfüllung mühselig oder zeitweise sogar unmöglich erscheint.

Wenden wir uns also nun zunächst den Tatbeständen zu, die München mit Europa verknüpfen. Als erster Tatbestand ist hier wohl die geographische Lage unserer Stadt zu nennen. Ein Blick auf die Landkarte zeigt uns, daß München im Herzen Europas liegt. Von München nach Madrid ist es fast ebenso weit wie von München nach Kiew und von München nach Stockholm braucht man kaum länger als von München nach Palermo. München ist überdies für den Süden und Südosten Europas die natürliche Einfallspforte nach Zentral-, Nord- und Westeuropa. Diese Gunst der geographischen Lage spiegelt sich in der Zahl und Bedeutung der Verkehrswege, die München mit ganz Europa verbinden. Drei Europastraßen, die E 6 von Rom nach Oslo, die E 11 von Salzburg nach Paris und als Zubringerroute die E 61 von Lindau berühren München. Zum Teil folgen sie uralten Routen, die schon im Mittelalter, ja teilweise bereits in der Römerzeit, benutzt wurden und deren Kreuzung in der Nähe des heutigen Feldkirchen ein wesentlicher Anlaß für die Gründung Münchens war. Die Eisenbahnlinien, die im Münchener Hauptbahnhof zusammenlaufen, stehen den Straßen an Bedeutung nicht nach. Durchgehende Personen- und Güterzüge verbinden München heute direkt mit insgesamt 15 europäischen Ländern, darunter auch mit Jugoslawien, Ungarn, Bulgarien und Rumänien. Neben der Straße und der Schiene rückt uns ein von Jahr zu Jahr dichter werdendes Luftverkehrsnetz die europäischen Zentren immer näher. 16 europäische Städte wurden 1960 von München aus im planmäßigen Linienverkehr unmittelbar angeflogen. Die entfernteste von ihnen, Istanbul, wird in sieben Stunden, die entfernteste europäische Hauptstadt, Stockholm, in fünfeinhalb Stunden erreicht. Dank seiner geographischen Lage und der stürmischen Entwicklung des modernen Verkehrs ist also kaum ein wichtiger Punkt in Europa von München weiter entfernt als 1 bis 2 Tagereisen.

Ein weiterer Tatbestand, der München mit Europa verknüpft, ist seine Geschichte. Anders als Paris, Rom, Wien oder Berlin ist München zwar kaum ein Zentrum der europäischen Politik gewesen, vielleicht von der Regierungszeit Kaiser Ludwigs des Bayern und den Jahren des Kurfürsten Maximilian abgesehen. Aber die Politik, die in München getrieben wurde, stand eigentlich immer unter europäischen Gesichtspunkten. Sie war nie übertrieben nationalstaatlich oder gar chauvinistisch. Allerdings dürfen wir in diesem Zusammenhang nicht übersehen, daß auch ein Abschnitt unmenschlicher und europafeindlicher Politik auf den guten Namen unserer Stadt einen Schatten geworfen hat, nämlich die Periode der nationalsozialistischen Gewaltherrschaft. Merkwürdigerweise haftet dieser Schatten nicht so sehr an dem hochtrabenden Titel einer Hauptstadt der Bewegung, sondern eher daran, daß unsere Stadt dem Münchner Abkommen vom November 1938 den Namen gab.

Ertragreicher als die politische Geschichte ist für unsere Untersuchung die wirtschaftliche und kulturelle Geschichte unserer Stadt. So war der Salzhandel und der ihn später ablösende Weinhandel Münchens stets ein Handel über weite Distanzen. Wenn München im Mittelalter und in der beginnenden Neuzeit auch nicht zu den ganz großen europäischen Handelsmetropolen vom Range Augsburgs und Nürnbergs gehört hat, so erstreckten sich die Beziehungen seiner Kaufmannsgeschlechter wie der Liegsalz, der Pütrich, der Ridler, der Barth und der Schrenk von Paris bis Wien und von Venedig bis Antwerpen. Sehr lebhaft war zu allen Zeiten der Handel mit Italien, ein Umstand, der hauptsächlich im 17. und 18. Jahrhundert viele italienische Kaufleute dazu veranlaßte, ganz nach München zu übersiedeln. Die Namen Ruffini, Morassi, Maffei, Dall'Armi und Tambosi erinnern noch heute daran.

In kultureller Hinsicht kann ohne Übertreibung behauptet werden, daß München spätestens vom Ausgang das 16. Jahrhunderts an ein Hauptort Europas war und diesen Rang seitdem behauptet hat. Ein besonderes Kennzeichen war dabei die Bereitwilligkeit, mit der sich München zu jeder Zeit Impulsen anderer europäischer, vor allem der romanischen Völker geöffnet und das Empfangene seinerseits weiterentwickelt hat. Ohne Anspruch auf Vollständigkeit verweise ich dabei nur auf die in Italien gebildeten Niederländer Sustris, Peter Candid und Hubert Gerhard, auf die Italiener Orlando di Lasso, Barelli und Zuccali und den Wallonen Cuvilliés. Sie alle haben in München gewirkt und hier eine Reihe europäischer Kunst- und Stilformen zu einer besonderen Blüte geführt, so die Renaissance in der Michaelskirche, das Barock in der Theatiner-kirche und das Rokoko im Residenztheater, der Amalienburg und den Reichen Zimmern. Umgekehrt ging der Durchbruch zur euro-päischen Moderne in entscheidendem Maße von München als der Stadt aus, in der der Jugendstil entstand, Wassilij Kandinsky 1909 das erste abstrakte Bild schuf, Richard Strauß komponierte und in der Stefan George, Rainer Maria Rilke und Thomas Mann ihre literarischen Zirkel bildeten und ihren Ruhm begründeten. Aber nicht nur in der Kunst, auch für Forschung, Lehre und Bildung war München jedenfalls seit der zweiten Hälfte des letzten Jahrhun-derts Zentrum eines europäischen Kraftfeldes. Drei Namen mögen hier für alle diejenigen stehen, die auf diesem Gebiet von München aus ganz Europa beeinflußten: Justus von Liebig, Oskar von Miller und Georg von Kerschensteiner.

Schon relativ früh kristallisierte sich München auch als eines der Zentren der europäischen Arbeiterbewegung heraus. Ich darf mich darauf beschränken, in diesem Zusammenhang den Namen des Landtags- und Reichstagsabgeordneten Georg von Vollmar zu nennen, der im Jahre 1889 auf dem Gründungskongreß der 2. In-ternationale in Paris als einer der Sitzungspräsidenten fungierte und im Jahre 1907 auf dem internationalen Sozialistenkongreß in Stuttgart eine vielbeachtete Rede hielt. Heute stellt die Arbeit der Gewerkschaften in München als Teil der Gewerkschaftsbewegung in der Bundesrepublik einen Faktor dar, der über die Grenzen der Bundesrepublik hinauswirkt und Münchens Tradition in diesem Lebensbereich fortsetzt.

So ist also auch die Geschichte unserer Stadt ein Band, das München mit Europa verknüpft, und zwar durchaus im Sinne ei-nes gegenwärtigen Tatbestandes. Denn diese Geschichte und die ihr innewohnenden Kräfte wirken auch heute auf das Bewußtsein unserer Stadt, sei es als Bildungsmächte, als Überlieferungen oder als fortdauernde, in unserer Mitte präsente Schöpfungen.

Schenken wir unsere Aufmerksamkeit nunmehr einer Reihe weiterer Verflechtungstatbestände, die in der Gegenwart wurzeln. Hier nenne ich zuerst die wirtschaftlichen Wechselbeziehungen. Sie sind am ausgeprägtesten im Bereich des Münchner Handels, des Bank- und Versicherungs- und des Ausstellungswesens. Beim Handel dominiert der Umschlag von Obst, Gemüse, Südfrüchten und Schlachtvieh. Nicht weniger als siebzehn europäische Länder, vornehmlich des Südens und des Südostens liefern die Hälfte aller von der Bundesrepublik überhaupt eingeführten Agrarprodukte nach München, von wo aus sie ihren Weg nicht nur in die Münchner Haushaltungen, sondern nach ganz Westdeutschland nehmen. Zwei städtische Einrichtungen, nämlich die Großmarkthalle und der Schlacht- und Viehhof sind die Schleusen dieser europäischen Warenströme und zugleich Kristallisationspunkte für zahlreiche ausländische Handelsvertretungen und Niederlassungen. Eine ähnliche Bedeutung kann der Münchner Kunsthandel und auch der Buchhandel beanspruchen, für dessen Bereich München stellvertretend Funktionen ausübt, die bis Kriegsende Leipzig wahrgenommen hat. Münchens Banken und Versicherungen, insbesondere die beiden in München ansässigen Rückversicherungen, wirken ebenfalls weit über die Grenzen der Bundesrepublik hinaus. Europäische Beachtung haben sich auch eine Reihe regelmäßiger Münchner Messen und Ausstellungen erworben; so die Internationale Kolonialwaren- und Feinkostausstellung mit Ausstellern aus vierzehn, die Internationale Gaststättenschau mit Ausstellern aus acht und die Handwerksmesse mit Teilnehmern aus 21 europäischen Ländern.

In der Münchner Industrie spielt der Europa-Export für die feinmechanischen, die elektrotechnischen und die optischen Werke die größte Rolle. Gerade in den Jahren nach dem Krieg und der Währungsreform ist München auch in dieser Hinsicht in die

Gruppe der europäischen Zentren vorgestoßen. Eine erstaunliche Entwicklung, wenn man das Fehlen fast aller Rohstoffvorkommen und die Revierferne Münchens bedenkt. Das Schwergewicht des Münchner Handwerks liegt demgegenüber naturgemäß mehr im örtlichen Bereich. Zumindest beim Kunsthandwerk reichen aber nicht nur das Ansehen, sondern auch die geschäftlichen Beziehungen weit bis in andere Länder hinein.

Wie nach dem kurzen geschichtlichen Rückblick nicht anders zu erwarten, sind Münchens europäische Verflechtungen auf kulturellem Gebiet auch in der Gegenwart besonders eng. An der Spitze stehen hier wohl Münchens Hochschulen und Akademien, an denen dank ihres Weltrufes im Jahr 1960 nicht weniger als 3.000 Ausländer studierten. 1.600 von ihnen stammten aus europäischen Ländern. Ein deutlicher Akzent liegt dabei auf den technischen und naturwissenschaftlichen Disziplinen, die nicht zuletzt durch die Münchner Max-Planck-Institute, den Forschungsreaktor in Garching und das Deutsche Museum eine gesteigerte Anziehungskraft auf die europäische Jugend ausüben. Mannigfache europäische Kontakte besitzt ferner die Bayerische Akademie der Wissenschaften und das ihr angegliederte Deutsche Institut für die Erforschung des Mittelalters. Schließlich sind in diesem Zusammenhang noch die zahlreichen wissenschaftlichen Tagungen und Kongresse zu nennen, die jeweils Teilnehmer aus ganz Europa in München vereinigen. Auch die Stadtverwaltung leistet hier mit den von ihr regelmäßig veranstalteten geisteswissenschaftlichen Kongressen einen wirklichen Beitrag.

Im Reich der Kunst wirkt München heute vor allem durch seine großen Sammlungen, von denen die Alte Pinakothek und jedenfalls seit den Kandinsky-Erwerbungen auch die Städtische Galerie europäischen Rang beanspruchen. Gefestigt wird diese Stellung Münchens durch die Fülle internationaler Kunstausstellungen, bei denen nach dem Krieg die Werke von zahlreichen europäischen Malern, so von Toulouse-Lautrec, Munch, Picasso, Cézanne, van

Gogh, Gauguin, Renoir und Ausschnitte aus dem kulturellen Schaffen vieler europäischer Völker gezeigt wurden. Eine dieser Ausstellungen bedarf wegen ihrer Bedeutung und ihres europäischen Charakters der Hervorhebung – nämlich die Jubiläumsausstellung von 1958 »Europäisches Rokoko«. International und europäisch ist aber auch das Münchner Musik- und Theaterleben. Das gilt für die Staatsoper, deren Festspiele sich neben Salzburg und Bayreuth durchaus ihren eigenen Platz gesichert haben und jeweils ein europäisches Publikum nach München führen. Es gilt für die Mozartaufführungen im Cuvilliés-Theater, für die es überhaupt kaum ein Gegenstück geben dürfte. Es gilt aber auch für den von Falkenberg begründeten Ruf unserer Kammerspiele im Schauspielhaus, das Staatstheater, die Staatsoperette und die vorzüglichen Orchester des Staates, des Rundfunks und der Stadt.

Der Tatbestand der kulturellen Verknüpfungen wäre nicht vollständig erfaßt, wenn ich in diesem Zusammenhang nicht auch die Münchner Publizistik und die Massenmedien Film, Funk und Fernsehen erwähnen würde. Münchens Tages- und Wochenzeitungen und die zahlreichen Zeitschriften, die hier erscheinen, bringen uns gemeinsam mit dem Funk und dem Fernsehen die Ereignisse und Vorgänge in Europa ebenso nahe, wie sie umgekehrt dank ihrer weiten Verbreitung draußen vom Münchner Leben Zeugnis geben. Die Intensität gerade dieser Verbindung zeigt am besten die Tatsache, daß der Leserbrief aus Österreich, Frankreich, England oder Italien in den Münchner Zeitungen und Zeitschriften keineswegs zu den Seltenheiten gehört. Ähnliches gilt – wenn auch mit Einschränkungen – von der Münchner Filmproduktion, bei der Koproduktionen mehrerer europäischer Hersteller in jüngster Zeit eine größere Rolle spielen.

Ein letzter Tatbestand bleibt noch zu betrachten – der der unmittelbaren menschlichen Verbindungen und Kontakte. Er scheint mir von besonderer Bedeutung zu sein. So ist es für unser Thema sicherlich nicht gleichgültig, daß in München gegenwärtig etwa

51.000 europäische Ausländer leben. Unter ihnen stellen die Österreicher und die Polen mit je etwa 8.000, die Italiener mit 5.300 und die Ungarn und Jugoslawen mit je 4.400 Menschen die größten Kontingente. Fragt man nach den Gründen, aus denen diese Menschen in München leben, so zeichnen sich drei Gruppen ab: die Flüchtlinge und Emigranten vor allem aus Osteuropa, die Studenten und Volontäre, die nur vorübergehend in München weilen, und diejenigen, die aus beruflichen Gründen in München wohnen. Während in dieser Gruppe früher die Kaufleute und kaufmännischen Angestellten überwogen, sind es jetzt mehr und mehr Bau- und Industriearbeiter, die aus Italien, Griechenland und Spanien zu uns kommen. Der großen Zahl von Ausländern in München entspricht die große Zahl von acht Generalkonsulaten und zehn Konsulaten, die von europäischen Ländern in München unterhalten werden.

Aber nicht nur nach der Zahl seiner ausländischen Bürger, sondern auch nach der Zahl seiner ausländischen Besucher und Gäste steht München an der Spitze aller Städte der Bundesrepublik. Im Jahr 1959 haben sich 313.651 Fremde aus den europäischen Ländern ein oder mehrere Tage in München aufgehalten. Am stärksten waren dabei gemessen an der Einwohnerzahl des betreffenden Landes die Österreicher, die Schweizer, die Italiener und die Franzosen vertreten. Die Stärke der Berührung mit unserer Stadt war sicherlich bei den Einzelnen je nach ihrer Individualität und dem Anlaß des Aufenthalts verschieden. Aber kaum ein Ausländer, der dienstlich oder geschäftlich, als Kongreß- oder Tagungsteilnehmer oder auch einfach als Tourist nach München gekommen ist, wird nach Hause zurückgekehrt sein, ohne etwas vom Fluidum und der Lebensart dieser Stadt verspürt zu haben. Über den Strom, der sich umgekehrt von München aus, vor allem während der Urlaubszeit, in die Länder unseres Kontinents ergießt, fehlen mir konkrete Unterlagen. Verschiedene Anzeichen lassen aber darauf schließen, daß die Münchner nicht weniger reiselustig sind als ihre europä-

ischen Gäste und sich auch an Ort und Stelle mit den Lebensge-
wohnheiten ihrer Nachbarn vertraut machen. Ich verweise nur auf
die große Beliebtheit, denen sich die vielen ausländischen Lokale in
unserer Stadt bei den Münchnern erfreuen.

In den Bereich der menschlichen Kontakte gehören endlich
auch die freundschaftlichen Beziehungen, die München mit seinen europäischen Schwesterstädten Edinburgh und Verona pflegt;
denn sie sollen sich ja nicht an offiziellen Besuchen erschöpfen,
sondern auch zu Lehrer- und Schulaustausch und zu einem gegenseitigen Interesse der Bürgerschaften führen.

Sie sehen, ich bin bei der Aufzählung der Verflechtungen zwischen Europa und München sehr stark ins Detail gegangen. Aber
das erscheint mir als unumgänglich. Denn die Erfahrung lehrt,
daß allgemeine und unsubstantiierte Europa-Begeisterung leicht
ins Unwirkliche abgleitet und dann bald erlischt. Wirkliche Fortschritte können nur auf dem Boden der Tatsachen erzielt werden.
Und auch eine Stadt kann sich über ihre spezifische europäische
Aufgabe nur klar werden, wenn sie zuvor ihre Möglichkeiten und
ihre Grenzen erforscht hat.

Um gleich mit den Grenzen zu beginnen: München kann sicherlich keine große europäische Politik machen, um so die Einigung
des Kontinents voranzutreiben. Es kann auch nicht in die Verhandlungen zwischen EWG und EFTA mit eigenen Vorschlägen eingreifen. Es erscheint mir auch zweifelhaft, ob München berufen ist,
Europa zur Sache einer Massenbewegung zu machen. Münchens
europäische Aufgabe liegt auf anderem Gebiet. Auf einen einfachen Nenner gebracht, liegt sie im Tatsächlichen, im Faktischen.
Sie besteht darin, möglichst viele Tatsachen zu schaffen, die die
Bewohner Europas einander näher rücken, Hemmungen und Mißverständnisse zwischen ihnen beseitigen und die Europa fähiger
machen, den ihm gemäßen Platz in der Welt zu behaupten und den
ihm auferlegten Beitrag für die Wohlfahrt der ganzen Menschheit
zu leisten. Wie kann München dieser Aufgabe gerecht werden?

Eingangs habe ich die Fülle der Beziehungen dargestellt, die München mit Europa verbinden. In ihrer Summe ergeben sie ein Gewebe, das München so eng mit Europa verflicht, wie kaum eine andere deutsche Stadt. Mag Frankfurt mehr europäische Handelsbeziehungen, Stuttgart mehr europäischen Export, Aachen mehr europäische Geschichte und der Raum Köln – Bonn – Godesberg mehr Kontakte an der europäischen Politik besitzen – München übertrifft sie in der Universalität seiner Verknüpfungen. München sollte alles tun, um diese Verknüpfungen noch weiter auszudehnen und zu vertiefen. Folgende Schwerpunkte zeichnen sich dabei ab:

In wirtschaftlicher Beziehung sollte München vor allem seine Handelsposition als Tor zum Süden und Südosten weiter ausbauen. München wird künftig außerdem an einer Nahtstelle zwischen der EWG und den EFTA-Ländern Österreich und Schweiz liegen. Hier fällt ihm eine neue wichtige Mittlerrolle zu, die auch unter dem Aspekt des Zusammenwachsens dieser beiden europäischen Organisationen gesehen werden muß.

In kultureller Hinsicht wird sich München dem Ausländerstudium noch mehr zu öffnen haben. Dabei ist auch die verstärkte Aufnahme von Studenten und Volontären aus den Entwicklungsländern eine europäische Aufgabe. Denn München hat hier die Chance und die Verpflichtung, diese Menschen erstmals mit europäischen Lebensformen und Anschauungen vertraut zu machen. Außerdem muß München fortfahren, seinen künstlerischen Rang zu wahren, und zwar nicht nur durch die Pflege seiner Tradition und die Darstellung der Schöpfungen früherer Generationen, sondern auch durch die Leistungen der Gegenwart. Ein ständiger Gedanken-, Ideen- und Persönlichkeitsaustausch mit den übrigen europäischen Zentren ist daher ebenso Voraussetzung wie der Mut, Neues anzupacken und Ungewöhnliches zu übernehmen. Münchens Aufgabe könnte hier vor allem in der Auseinandersetzung mit dem kulturellen und gesellschaftlichen Wert der modernen Massenmedien liegen.

Die zentrale europäische Aufgabe Münchens scheint mir aber die zu sein, unsere Stadt noch mehr zum Treffpunkt Europas zu machen, das Fremdenverkehrszentrum zum Ort der Begegnung für ganz Europa werden zu lassen. Die starke europäische Kolonie in München, die phänomenale Anziehungskraft unserer Stadt, ihre geographische Lage und ihre Weltoffenheit prädestinieren München geradezu für eine solche Entwicklung. Wenn wir diese Aufgabe ernst nehmen, sind folgende Schritte geboten:

1. Wir müssen uns mehr um die Europäer kümmern, die schon in unserer Stadt wohnen, das gilt vor allem für die Arbeitskräfte, die erst in jüngster Zeit gekommen sind. Unterbringung im Massenquartier und gesellschaftliche Isolierung wird sie nicht davon überzeugen, daß wir sie als Freunde und willkommene Mitarbeiter betrachten. Es gilt aber auch für die Emigranten aus Osteuropa. Sie bringen uns sicherlich manche Probleme. Aber Abwehr und Negation helfen hier nicht weiter. Wir sollten ihnen vielmehr ihr Schicksal erleichtern und ihnen besonders die Pflege ihres heimatlichen Kulturgutes ermöglichen.

2. Wir müssen uns noch stärker um Kongresse, Tagungen und Ausstellungen von europäischem Gewicht bemühen. Der im Gang befindliche Ausbau unseres Ausstellungsgeländes ist ein Schritt in dieser Richtung. Wir sollten auch den Austausch verwandter Berufs- und Ausbildungsgruppen fördern, so von Schülern, Lehrern, Wissenschaftlern, Angehörigen bestimmter Organisationen, Künstlern.

3. Wir müssen den Fremdenverkehr noch weiter beleben. Zugleich müssen wir nach Wegen suchen, wie wir unseren Gästen zu einer wirklichen Begegnung mit unserer Stadt verhelfen; jedenfalls denen, die nicht nur einen Punkt auf ihrer Reiseliste abhaken, sondern unsere Stadt wirklich kennenlernen wollen.

Die Verwirklichung eines solchen Programmes setzt allerdings eine ganze Reihe weiterer Anstrengungen voraus, die zum Teil wieder in unsere alltäglichen Sorgen einmünden. Ich nenne nur das Sprachenproblem, die Preiswürdigkeit und Leistungsfähigkeit unserer Gastronomie und nicht zuletzt die Verbesserung der Verkehrsverhältnisse in unserer Innenstadt.

Meine Damen und Herren!

Europa ist nicht Vereinheitlichung und Konformismus, ist nicht Zusammenfinden durch Wegstreichen all dessen, was über den größten gemeinsamen Teiler hinausgeht. Nein, Europa ist schon von seiner Urheimat Griechenland her Vielfalt, Mannigfaltigkeit, Reichtum an Gedanken, Ideen, Lehrmeinungen, Institutionen und Persönlichkeiten. Deshalb ist die vielleicht europäischste Aufgabe unserer Stadt auch bei dem notwendigen und von ihr zu fördernden Zusammenschluß ganz Europas ihre Eigenart zu wahren, eine Städtepersönlichkeit zu bleiben, die Gegenpol und Partner anderer europäischer Zentren zu sein vermag, damit auf der Palette Europas die Farbe Münchens nie fehle.

Veranstaltung »75 Jahre Automobil«
3. Juli 1961

> Bereits in den frühen 1960er Jahren steht die Zukunft des Automobils als Massenverkehrsmittel außer Zweifel. Für die Politik wird diese Entwicklung zu einer der wichtigsten Herausforderungen der Zeit. Vor allem Erscheinungsbild und Charakter der großen Städte werden durch den zunehmenden Individualverkehr drastisch verändert. Die Zahl der in München zugelassenen Kraftfahrzeuge steigt zwischen 1950 und 1960 von 54.400 auf 180.600 Fahrzeuge an. Auch die Zahl der Verkehrsunfälle nimmt deutlich zu.

Es gibt wohl nur wenig Jubilare, die es in 75 Jahren zu solchem Ansehen und solcher Popularität, aber auch zu solcher Macht und solcher Unentbehrlichkeit gebracht haben, wie der, zu dessen Ehren wir heute hier zusammengekommen sind. Millionen von Menschen halten ihn für einen selbstverständlichen Bestandteil ihres Lebens, andere Millionen verdanken ihm Arbeit und Brot. Er regiert ganze Volkswirtschaften, er beherrscht den Alltag der Menschen, er greift manchmal sogar nach ihrem Leben und ihrer Gesundheit, und es ist wohl keine Übertreibung, wenn ich sage, daß unser Jubilar, daß das Automobil in den 75 Jahren seiner Existenz das Gesicht der Welt und die Lebensweise der Menschen verändert hat.

Auch München hat allen Anlaß, diesem Jubilar seine Reverenz zu erweisen. Zunächst gibt es da einen sehr speziellen, sozusagen einen persönlichen Anlaß. Denn das Automobil ist zwar in Mannheim geboren worden und hat dort am 3. Juli 1886 das Licht der Welt erblickt. Aber aus der Taufe gehoben wurde es hier in München. Um seine Erfindung einer breiteren Öffentlichkeit zu präsentieren, brachte Karl Benz seinen Motorwagen nämlich im Jahre

1888 nach München und stellte ihn am Isartorplatz – kaum einen Kilometer von hier entfernt – in der Kraft- und Arbeitsmaschinenausstellung für das Deutsche Reich zur Schau. Nachdem die königliche Polizeidirektion ihr anfängliches Widerstreben gegen einen pferdelosen Wagen überwunden und Benz eine entsprechende Erlaubnis erteilt hatte, fuhr er mit seinem »mittels Ligroin-Gas zu betreibenden Veloziped« – wie man damals sagte – auch täglich zwei Stunden durch die Straßen unserer Stadt. Die Münchener waren sehr beeindruckt, das Preisgericht der Ausstellung verlieh Benz die große goldene Medaille, und die Zeitungen in aller Welt berichteten ausführlich über das unerhörte Ereignis. Nur die Wissenschaft blieb skeptisch. Im Jahrbuch der Naturwissenschaften 1888/89 hieß es z. B.: »Auch hat Benz einen Benzinwagen gebaut, welcher auf der Münchner Ausstellung Aufsehen erregt hat. Diese Anwendung der Benzinmaschine dürfte indessen ebenso wenig zukunftsreich sein, wie die des Dampfes auf die Fortbewegung von Straßenfuhrwerken.« Vielleicht ist das auch der Grund, warum trotz aller Begeisterung kein Münchner sich entschließen konnte, den ausgestellten Wagen zu kaufen.

Vielmehr erwarb ihn ein Franzose, der von den Münchner Fahrten gehört hatte. Später kam er in ein Museum nach London, und erst 1958 zur 800-Jahrfeier war der gleiche Wagen noch einmal hier in München, um beim Verkehrsfestzug die Parade der Automobile anzuführen. Wenn die sprichwörtliche Münchner Bescheidenheit das nicht verbieten würde, könnten wir das Automobil also fast als ein Münchner Kindl in Anspruch nehmen.

Nun, aus dem ersten Automobil, das im Jahre 1888 wohl Publicity aber keinen Käufer fand, sind inzwischen in unserer Stadt über 200.000 Kraftfahrzeuge geworden. Und das ist der zweite Anlaß, dem Jubilar unsere Reverenz zu erweisen. Denn das Automobil ist heute auch für München eine Großmacht. Eine Macht, die unsere Wirtschaft befruchtet und den Menschen in unserer Stadt Lebensfreude spendet, indem sie ihnen alle Schönheiten unserer Um-

Oberbürgermeister Hans-Jochen Vogel mit dem Motorrad- und Autorennfah-
rer Ernst Henne in einem Oldtimer anlässlich des Jubiläums, 3. Juli 1961.
(Foto: Rudi Dix)

gebung naherückt und alle Entfernungen schrumpfen läßt. Aber auch eine Macht, die unser in Jahrhunderten gewachsenes München zu sprengen und das aufzulösen droht, was für uns das Wesen der Stadt ausmacht. Deshalb ist es mit der Reverenz allein nicht getan. Vielmehr sind wir gerade heute aufgerufen, diese Macht zu bändigen und dafür zu sorgen, daß sie unserer Stadt zum Segen und nicht zum Fluche wird. Ein Anfang dazu ist mit der Vorlage der jüngsten Empfehlungen für die Innenstadt gemacht. Und ich glaube zuversichtlich, daß auch zwischen Stadt und Kraftfahrzeug keine natürliche Gegnerschaft gesetzt ist, sondern daß es uns gelingen wird, beide auf die Dauer miteinander zu versöhnen.

In diesem Sinne huldigt auch die bayerische Landeshauptstadt dem Automobil als einer der großen Schöpfungen des menschlichen Geistes und damit den Männern, die mit ihrer Erfindung ihren Mitmenschen das Dasein schöner und glücklicher machen wollten.

Kundgebung des Kuratoriums »Unteilbares Deutschland« auf dem Marienplatz
17. August 1961

Am 13. August 1961 beginnen Soldaten und Polizeikräfte der DDR mit dem Bau der Berliner Mauer. Die Regierung in Ost-Berlin zementiert mit dieser Maßnahme die deutsche Teilung und provoziert eine Verschärfung des hochbrisanten Ost-West-Konflikts. In der Rede von Oberbürgermeister Vogel spiegelt sich die Dramatik dieser Tage. Bei dem 1954 gegründeten »Kuratorium Unteilbares Deutschland« handelt es sich um einen überparteiliche Vereinigung mit dem erklärten Ziel der deutschen Wiedervereinigung »in Freiheit«. Zwischen 1954 und 1967 hat der Sozialdemokrat Paul Löbe den Vorsitz inne.

Münchnerinnen und Münchner! Bürger dieser Stadt!

Vier Tage sind vergangen, seit die kommunistischen Machthaber in Mitteldeutschland quer durch eine andere deutsche Stadt, quer durch die deutsche Hauptstadt Berlin einen 35 km langen Stacheldrahtzaun gezogen haben. Mit dieser Gewaltmaßnahme ist die letzte Verbindung zwischen dem unfreien und dem freien Teil Deutschlands brutal durchschnitten worden. Und zugleich haben Ulbricht und seine Gehilfen ihren Machtbereich endgültig in einen großen Kerker verwandelt, aus dem es kein Entrinnen mehr gibt. Sie haben unseren Schwestern und Brüdern den letzten und äußersten Rest ihres Selbstbestimmungsrechtes und ihrer Freiheit genommen – nämlich, die Möglichkeit, der Gewalt und der Unfreiheit, der Lüge und der Hoffnungslosigkeit durch die Flucht zu entrinnen.

Das ist ein ungeheuerlicher Vorgang, zu dem wir im freien Teil Deutschlands, zu dem wir hier in München nicht schweigen dürfen.

Nein, wir wollen unsere Stimme erheben gegen das Unrecht, das hier geschieht. Wir müssen es laut und deutlich beim Namen nennen. Einmal schon ist in diesem Lande geschwiegen worden, als Unrecht geschah und die Freiheit unterdrückt wurde. Das soll sich nicht wiederholen.

Vor allem aber wollen wir unsere Sympathie mit den Menschen in Berlin und der Zone ausdrücken. Wir wollen ihnen zurufen, daß wir sie nicht vergessen haben und daß wir Anteil nehmen an ihrem Schicksal. Das, was ihnen heute widerfährt, hätte genausogut uns geschehen können. Denn sie sind keine schlechteren Deutschen als wir, und wir haben den letzten Krieg genauso verloren wie sie. Der Stacheldrahtzaun, der sich heute durch Berlin zieht – er könnte ebensogut quer durch München laufen und statt des Potsdamer Platzes den Marienplatz in zwei Teile trennen.

Es geht heute und hier nicht um Politik. Es geht auch nicht um die Frage, wie es zu der jetzigen Situation gekommen ist. Nein – es geht jetzt und hier um Menschlichkeit. Es geht darum, daß wir nicht nur Lippenbekenntnisse ablegen, sondern helfen. Daß wir gerade jetzt Briefe schreiben und Pakete in die Zone schicken und daß wir den Flüchtlingen, die in den letzten Wochen zu uns gekommen sind, mit offenen Armen und offenen Herzen begegnen. Es geht darum, daß wir den Menschen im freien Berlin den Rücken stärken. Und es geht nicht zuletzt darum, daß wir uns Mühe geben, unser eigenes Zusammenleben hier zu einem Vorbild von Freiheitlichkeit, Duldsamkeit und Füreinandereinstehen zu machen und Egoismus, Überheblichkeit und Rechthaberei in uns und in unserem Gemeinschaftsleben zurückdrängen.

In diesem Sinne heiße ich die Sprecher unserer heutigen Kundgebung in München herzlich willkommen. Ich grüße den Bundesminister für gesamtdeutsche Fragen Ernst Lemmer, ich grüße den

Oberbürgermeister Hans-Jochen Vogel bei seiner Ansprache auf dem Balkon des Rathauses am 17. August 1961; in der Mitte der Bundesminister für gesamtdeutsche Fragen Ernst Lemmer. (Foto: Kurt Huhle)

Innensenator Jochen Lipschitz, der unmittelbar aus Berlin zu uns gekommen ist, und ich grüße Herrn Dr. Schütz, den Vorsitzenden des Bundeskuratoriums Unteilbares Deutschland. Wir werden jetzt zunächst Herrn Senator Lipschitz hören, dann wollen wir in einem Schweigemarsch durch die Weinstraße, den Odeonsplatz und die Brienner Straße zum Platz der Opfer des Nationalsozialismus ziehen. Dort wird Herr Bundesminister Lemmer und zum Abschluß Herr Dr. Schütz zu uns sprechen.

71

Münchnerinnen und Münchner! Diese machtvolle Kundgebung ist ein Zeichen dafür, daß die Bürger unserer Stadt die Bedeutung dieser Stunde erkannt haben, daß die Not ihrer Mitmenschen sie erschüttert und bewegt. Wir alle empfinden das in diesem Augenblick, und wir spüren den starken Anruf, der von hier ausgeht.

Ich sagte es schon – mit Lippenbekenntnissen ist es in dieser Stunde nicht getan. Ich werde deshalb als der Oberbürgermeister, als der Sprecher dieser Stadt sobald als möglich nach Berlin fliegen und den Bürgern von Berlin die Grüße Münchens überbringen.

Enthüllung des Berliner Bären an der Autobahneinfahrt München-Freimann 4. Juni 1962

Die Enthüllung dieses Denkmals ist Teil des mehrtägigen Veranstaltungsprogramms »Berlin in München«, mit dem sich die Stadt an der Spree einem breiten Münchner Publikum präsentiert und an die besondere Rolle Berlins im aufgeladenen Ost-West-Konflikt erinnert. An der Spitze der Berliner Delegation steht der Regierende Bürgermeister Willy Brandt, der auch bei einer Abendkundgebung des »Kuratoriums Unteilbares Deutschland« auf dem Marienplatz spricht. Teil des Programms sind darüber hinaus auch Theateraufführungen, Vorträge und eine Ausstellung im Stadtmuseum.

Wir Münchner lassen uns nicht gern auf den Arm nehmen und auch nicht gern einen Bären aufbinden. Diese Regel ist in diesen Tagen in doppelter Hinsicht durchbrochen. Überall hängen die Plakate, auf denen der Berliner Bär das Münchner Kindl voll Freude in seinen Armen hält. Und wir Münchner leiden es gerne, weil darin deutlich wird, wie wohl sich Berlin in München fühlt und wie herzlich sich die Bürger beider Städte heute begegnen.

Wir lassen uns aber auch ausnahmsweise willig einen Bären aufbinden – nämlich den Sintenis-Bären, den die Bayerische Staatsregierung aus Anlaß der Berlin-Woche gestiftet hat und den Sie, Herr Regierender Bürgermeister, in wenigen Minuten hier enthüllen werden. Dieser Bär wird für uns eine bleibende Erinnerung an den Besuch Berlins in München sein. Aber er wird für alle, die hier auf der Autobahn an ihm vorbeifahren, auch eine Mahnung bedeuten – eine Mahnung an die Tatsache, daß diese Autobahn zwischen

Enthüllung des Berliner Bären an der Autobahneinfahrt München-Freimann, 4. Juni 1962; von links: der bayerische Innenminister Alfons Goppel, der Bundesminister für gesamtdeutsche Fragen Ernst Lemmer, der Regierende Bürgermeister von Berlin Willy Brandt, Oberbürgermeister Hans-Jochen Vogel und der Präsident des Berliner Abgeordnetenhauses Otto Bach.
(Foto: Johann Meyer)

München und Berlin zweimal durch Stacheldraht und Todesstreifen unterbrochen ist, daß sie mehr ein Sinnbild der Zerrissenheit und der Spaltung als ein Symbol der Verbindung zwischen zwei Teilen des gleichen Vaterlandes darstellt. Und der Bär wird uns auch mahnen, daß wir uns mit diesem Zustand nicht abfinden und uns an das Unrecht nicht gewöhnen dürfen.

Nun – Bären sind mutige und starke Tiere. Sie sind auch listig und beharrlich und lassen sich nicht so leicht von einem Ziel abbringen. Von einem Menschen sagt man bisweilen, er habe Bärenkräfte. Alle diese Eigenschaften haben auch die Berliner in den Jahren seit 1945 bewiesen. Der Bär als Wahrzeichen Berlins hat so noch eine tiefere Bedeutung gewonnen.

In diesem Sinne heiße ich den Berliner Bären in München willkommen. In diesem Sinne danke ich der Staatsregierung und auch der Künstlerin. Ich bin sicher, daß sich dieser Bär in München wohlfühlen wird.

Schwabinger Krawalle – Stellungnahme im Straßenverkehrs- und Polizeiausschuss des Stadtrats
5. Juli 1962

Eine zunächst harmloser nächtlicher Auftritt einiger junger Musiker an der Leopoldstraße führt am 21. Juni 1962 zu einer bis dahin unbekannten Eskalation der Gewalt und zu außergewöhnlich heftigen, mehrtägigen Auseinandersetzungen zwischen Demonstranten und Polizeikräften. Mehrere Zehntausend Menschen, zumeist Jugendliche und Studenten, liefern sich vier Tage lang im Umfeld der Universität Straßenschlachten mit einer Polizei, die dieser neuen Form von Massenprotest ratlos gegenübersteht und in ihrer Hilflosigkeit mit überzogenen Mitteln, mit Schlagstöcken und berittenen Einsatzkräften, reagiert. Die Erfahrungen der »Schwabinger Krawalle« führen zur Entwicklung der »Münchner Linie«, die durch bessere Kommunikation und mit neuen Methoden, etwa polizeipsychologische Schulungen, künftig deeskalierend auf derartige Gewaltphänomene wirken soll. Die Polizei ist zu diesem Zeitpunkt städtisch; der Oberbürgermeister ihr oberster Dienstherr. In seinem Redebeitrag deuten sich intensive Ursachenforschung und die Suche nach denkbaren Szenarien zur Konfliktvermeidung bereits an.

Da das Wort nicht mehr gewünscht wird, darf ich als Oberbürgermeister noch folgendes sagen: Ich habe in den Tagen seit diesen Ereignissen wiederholt Gelegenheit gehabt, der breiten Öffentlichkeit bei Rundfunkinterviews und insbesondere auch bei Fernsehinterviews – ich verweise auf das letzte am Dienstag dieser Wo-

Schwabinger Krawalle, Auseinandersetzungen der Demonstranten mit der Polizei, Juni 1962. (Foto: Rudi Dix)

che – meine Auffassung zu diesen Vorkommnissen darzulegen. Ich habe bereits in der ersten Pressekonferenz am Sonntag erklärt, daß Übergriffe und rechtswidrige Handlungen nicht gedeckt, sondern untersucht werden. Sie werden untersucht von einer Stelle, die nicht unter dem Einfluß der Landeshauptstadt steht. Das ist geschehen und das wird jetzt durchgeführt. Wir haben auch alle Vorschläge gesammelt, die im Anschluß an diese Ereignisse in der Öffentlichkeit, im Rundfunk, beispielsweise in der Diskussion, die gestern abend gesendet wurde, die in der Presse und in Briefen an mich herangetragen wurden. Sie werden sorgfältig und korrekt geprüft werden. Allerdings glaube ich, daß das nur die eine Seite der notwendigen Prüfung ist. Es wird auch untersucht werden müssen, wie es möglich ist, daß aus geringfügigsten und kleinsten Anlässen Tausende – nicht Einzelne, nicht eine Handvoll, sondern

Polizeipräsident Anton Heigl und Oberbürgermeister Hans-Jochen Vogel bei der Sitzung des Polizeiausschusses zu den Schwabinger Krawallen im großen Sitzungssaal des Rathauses, 5. Juli 1962. (Foto: Rudi Dix)

Tausende – außer der eigenen Kontrolle geraten und bereit sind, Rowdies und Ruhestörer gewähren zu lassen, und ihnen durch ihre Anwesenheit und ihr Zuschauen sogar noch die Ruhestörung zu erleichtern. Ich glaube, daß hier ernste psychologische, zum Teil massenpsychologische Probleme liegen und daß wir diesen Dingen mit aller Sorgfalt nachzugehen haben. Wir müssen diesen Dingen auch deswegen nachgehen, weil wir sonst vor der Gefahr stehen, daß sich Derartiges aus ähnlich nichtigem Anlaß wiederholt. Ich glaube, nichts wäre dem Ansehen der Stadt schädlicher, als wenn aus diesem einmaligen Vorfall etwa eine Kette sich wiederholender Vorfälle würde.

Ich möchte in dieser Stunde an alle Vernünftigen und Einsichtigen in unserer Stadt den Appell richten, daß wir auch diesen Gesichtspunkt nicht aus den Augen verlieren und durch vernunftgemäßes Verhalten Wiederholungen derartiger Dinge verhindern.

Ich fühle mich legitimiert, eine solche Empfehlung nicht nur vom Grünen Tisch des Rathauses aus zu geben; denn ich habe in der ersten Stunde, in der es mir möglich war, den Versuch gemacht, auf die Menschen dort einzuwirken. Ich muß wiederholen: Ich habe zu meiner Freude bei vielen Menschen dort unten mit meinen Ausführungen ein positives Echo gefunden und den Willen, sich zu entfernen und Vernunft walten zu lassen sowie die Dinge in leidenschaftsloser Atmosphäre zu erörtern.

Das ist mir bei einer zweiten Gruppe, von der die Störungen unmittelbar und sichtbar ausgingen, nicht gelungen. Das bedaure ich. Aber das war anscheinend in dem Zeitpunkt nicht mehr möglich. Ich glaube, das legitimiert mich, an alle Gutwilligen zu appellieren, daß sie auch dieser Seite der Sache ihre Aufmerksamkeit schenken.

Ich frage den Herrn Polizeipräsidenten, ob er dazu noch etwas sagen will. – (Pol.Präs. Heigl: Nein, danke, Herr Oberbürgermeister!) – Dann ist die Aussprache über diesen Punkt zunächst beendet. Damit kein Mißverständnis entsteht, wiederhole ich das, was in den Erklärungen der drei Sprecher schon zum Ausdruck gekommen ist, daß die Diskussion und die Beratung über den ganzen Komplex mit seinen beiden Punkten nicht von der Tagesordnung abgesetzt ist, sondern so lange fortgesetzt wird, bis wir zu konkreten, greifbaren und realisierbaren Vorschlägen und Maßnahmen kommen. Mit dieser Feststellung darf ich diesen Punkt abschließen.

Evakuiertentag im Salvatorkeller
14. Juli 1962

Zum Schutz vor den zunehmenden Bombenangriffen und wegen des kriegsbedingten Verlusts von Wohnraum waren während des Zweiten Weltkriegs Zehntausende von Münchnerinnen und Münchner vor allem ins oberbayerische Umland evakuiert worden. Nach 1945 erlaubte jedoch der angespannte Wohnungsmarkt nicht allen die sofortige Rückkehr in ihre Heimatstadt. Viele Rückkehrwillige sind gezwungen, jahrelang in ihren »Gastgemeinden« auszuharren, wo sie von den Einheimischen mitunter als unwillkommene Kostgänger und Fremdkörper gesehen werden. Nun empfängt die Stadt 2.300 Evakuierte, die nach Stadtrundfahrten und Mittagessen im Salvatorkeller an der Hochstraße zusammenkommen.

Sehr verehrte Ehrengäste!
Meine lieben Kolleginnen und Kollegen vom Stadtrat!
Liebe Münchnerinnen und Münchner!

Einer Anregung des Kollegen Brentano-Hommeyer folgend hat der Stadtrat der Landeshauptstadt alle noch immer evakuierten Münchnerinnen und Münchner zu einem eintägigen Besuch in ihre Heimatstadt eingeladen. Sie haben dieser Einladung Folge geleistet und ich darf Sie hier im Namen der Münchner Bürgerschaft und des Münchner Stadtrats aber auch im eigenen Namen auf das herzlichste willkommen heißen. Zugleich möchte ich Ihnen sagen, wie sehr wir uns alle über Ihren Besuch freuen. Denn wir wissen, daß gerade die evakuierten Münchner ganz besonders an ihrer Heimat hängen und zu den treuesten Söhnen und Töchtern der Münchnerstadt gehören. Wir haben Ihnen heute im Laufe des Tages diese Münchnerstadt des Jahres 1962 gezeigt. Sicherlich haben Sie gefunden, daß sich seit Ihrem Weggang von München vieles geändert hat. Die Wunden des Krieges sind verheilt, der Wiederaufbau ist nahezu abgeschlossen. Die Stadt ist darüber hinaus in stürmischem Tempo gewachsen. Wo früher etwas über 800.000 Menschen lebten, wohnen heute mehr als 1,1 Millionen. Die Zahl der Gebäude ist 1,7 mal so groß als vor dem Kriege. Ganze Stadtviertel sind neu entstanden, andere sind kaum mehr wiederzuerkennen. Der Verkehr hat energisch sein Recht gefordert und sich in breiten Straßenzügen neue Bahnen gebrochen. Auch die wirtschaftliche Struktur Münchens hat sich geändert. Neben dem Handel, den Banken und Versicherungen, der Verwaltung und dem Handwerk hat sich die Industrie mächtig entwickelt und München zu einem europäischen Wirtschaftszentrum werden lassen.

Dennoch, trotz all dieser Änderungen und Wandlungen ist die innere Tradition dieser Stadt nicht abgerissen. Vielmehr hat sie ihre Eigenart behauptet und ist sich selbst und ihrem Wesen treu geblieben. Noch immer gilt die Anrede »Herr Nachbar« und noch immer genügt Geld allein nicht, um sich Ansehen bei seinen Mitbürgern zu verschaffen. Noch immer gilt der Grundsatz »leben und leben lassen« und unverändert gilt die Feststellung eines klugen Mannes, daß der Münchner die Liebenswürdigkeit des Preußen mit der Pünktlichkeit des Österreichers verbinde. Daran vermögen auch die Vorfälle, die sich jüngst in Schwabing ereigneten, nichts zu ändern. Denn das, was sich dort zugetragen hat, ist nicht typisch für München und allzu viele von denen, die dort einer mißverstandenen Freiheit huldigten, waren Zeitgenossen, die ihr Gastrecht in München gröblich mißbraucht haben und von denen man den einen oder anderen gegen einen evakuierten Münchner austauschen sollte.

Vor dieser unserer Münchner Stadt liegen große Aufgaben. Stadtplanung, Zusammenarbeit mit den Nachbargemeinden und Nachbarlandkreisen, Wohnungsbau, Verkehrsausbau, Schaffung

Treffen der Evakuierten auf dem Königsplatz zum Beginn der Stadtrund-
fahrten, 14. Juli 1962. (Foto: Fritz Neuwirth)

eines unterirdischen Massenverkehrsmittels, Anpassung unserer kommunalen Gemeinschaftseinrichtungen an die steigenden
Bedürfnisse unserer Bürger. Eine dieser Aufgaben und nicht die
geringste ist die Sorge für Sie, für die noch immer evakuierten
Münchner. Zwei Dinge stehen dabei im Vordergrund. Nämlich
einmal unser Bestreben, daß die Verbindung zwischen Ihnen und
Ihrer Stadt nicht abreißt. Zu diesem Zweck lassen wir Ihnen regelmäßig den Münchner Stadtanzeiger zustellen und zu diesem
Zweck veranstalten wir ja auch den heutigen Evakuiertentag. Und

zum anderen bemühen wir uns nach Kräften, daß alle die Evakuierten, die nach München zurückkehren wollen, nun endlich bald
eine Wohnung finden. Die Schwierigkeiten, die wir dabei zu überwinden haben, sind riesengroß, vor allem, wenn Wohnungen für
eine erschwingliche Miete zu haben sein sollen. Aber immerhin
haben seit 1953 bereits 9.801 Evakuierte zurückkehren können,
davon allein 622 im letzten und bisher 348 in diesem Jahr. Dabei
ist die Hilfe des Bürgervereins Alte Heimat, der zur Errichtung der
Evakuiertensiedlung an der Zschokkestraße über 2,6 Millionen
DM beitrug, schwer ins Gewicht gefallen. Nach der jüngsten Erhebung wollen ca. 6.000 Evakuierte nach München zurückkehren.
Ich möchte keine leeren Versprechungen machen und auch keine
festen Termine nennen. Aber ich erkläre ausdrücklich, daß für
uns die Münchner Wohnungsnot erst behoben ist, wenn der letzte
heimkehrwillige Evakuierte in München eine Wohnung hat.

In diesem Sinne wünsche ich Ihnen nun noch ein paar fröhliche
Stunden hier im Salvatorkeller und dann eine gute Rückkehr in die
Städte und Dörfer, in denen sie gegenwärtig leben. Und nehmen
Sie vor allem die Gewißheit mit, daß München Sie nicht vergessen
wird.

Eintragung des französischen Staatspräsidenten Charles de Gaulle in das Goldene Buch der Stadt München 8. September 1962

Im Prozess der Wiedereingliederung Deutschlands in die Gemeinschaft der Völker spielt die deutsch-französische Freundschaft eine herausragende Rolle. Mit dem französischen Staatspräsidenten kommt nun einer der wichtigsten Protagonisten der Verständigung auch nach Bayern, wo er von unzähligen jubelnden Münchnerinnen und Münchnern empfangen wird. Nach einer feierlichen Kranzniederlegung am Grabmal des Unbekannten Soldaten im Hofgarten trägt sich de Gaulle im Rathaus in das Goldene Buch der Stadt ein. Bei einer sich anschließenden Kundgebung auf dem Odeonsplatz beschwört der Staatspräsident vor 100.000 Zuhörern auf deutsch die Freundschaft zwischen Frankreich und Bayern.

Die Bürger Münchens haben Euer Exzellenz bereits heute vormittag einen überaus herzlichen und warmen Empfang bereitet. Nunmehr darf ich Euer Exzellenz und Ihre Begleitung im Namen der Münchner Bürgerschaft und des in festlicher Sitzung versammelten Stadtrats im Rathaus unserer Stadt in aller Form willkommen heißen.

Es bedeutet für unsere Stadt eine hohe Ehre und Auszeichnung, daß Euer Exzellenz ihr einen gesonderten Besuch abstatten. Es ist das erste Mal in der Geschichte unserer Stadt, daß München ein französisches Staatsoberhaupt als Freund in Friedenszeiten begrüßen kann. Wir erblicken darin ein Zeichen für den tiefgreifenden Wandel, der sich in dem Verhältnis zwischen Ihrem Volk und dem

Begrüßung des französischen Staatspräsidenten Charles de Gaulle im Kleinen Sitzungssaal des Rathauses durch Oberbürgermeister Hans-Jochen Vogel, 8. September 1962. (Foto: Johann Meyer)

unseren in den beiden letzten Jahrzehnten vollzogen hat. München empfindet diesen Wandel, diese Erneuerung der französisch-deutschen Beziehungen besonders dankbar und hat sie durch mancherlei Veranstaltungen nach Kräften gefördert. Ich denke dabei an die französische Kulturwoche des Jahres 1959, an den immer lebhafter werdenden Jugendaustausch mit französischen Städten, aber auch an die gegenseitigen Besuche der Sorbonne und der Münchner Universität in den Jahren 1955 und 1956. Ich denke ferner an Wilhelm Hausenstein, der unserer Stadt eng verbunden als erster deutscher Nachkriegsbotschafter in Paris so viel zur französisch-deutschen Verständigung beigetragen hat. München hat besonderen Anlaß, so zu denken. Denn zu der Eigenart Münchens gehört, was wir der Berührung mit Frankreich und den Künstlern und Wissenschaftlern verdanken, die aus Frankreich kamen und bei uns heimisch wurden. Statt vieler Beispiele nenne ich nur Francois Cuvilliés, den

Menschenmenge am Odeonsplatz anlässlich der Rede des französischen Staatspräsidenten Charles de Gaulle zur Münchner Bevölkerung, 8. September 1962. (Foto: Georg Schödl)

Architekten aus Soignies, dessen Meisterwerk – das nach ihm benannte Theater – Euer Exzellenz heute Abend sehen werden und das wohl mit Recht als das schönste Kleinod des europäischen Rokokos gilt. München bejaht die französisch-deutsche Freundschaft aber auch deshalb aus ganzem Herzen, weil es die europäische Einigung wünscht. München ist bereit für Europa; für ein Europa der Vielfalt, in dem für alle Individualität Raum ist, für ein Europa der Freiheit, der Gleichheit und der Brüderlichkeit.

Euer Exzellenz sind der oberste Repräsentant des französischen Volkes. Als Sprecher dieser Stadt darf ich Sie bitten, für das Volk die freundschaftlichen Empfindungen und Grüße der Bürgerinnen und Bürger Münchens entgegenzunehmen. Ich darf Euer Exzellenz aber auch für Ihr eigenes schweres und verantwortungsvolles Amt Kraft, Stärke und Erfolg wünschen. Schließlich darf ich Euer Exzellenz bitten, als Ehrengeschenk der bayerischen Landeshauptstadt diese Nachbildung einer Moriskenfigur des Erasmus Grasser entgegenzunehmen. Diese Tänzer haben im Mittelalter dafür gesorgt, daß nach Wochen und Monaten schwerer Alltagsarbeit die Lebensfreude in unserer Stadt wieder zu ihrem Recht kam. Sie sind so ein Symbol für das, was die Freunde Münchens an unserer Staat besonders lieben: Ihre ungebrochene Lebenskraft und Individualität, ihre Lebensfreude und Lebenskunst.

Und nun darf ich Euer Exzellenz einladen, sich in das Goldene Buch einzutragen, um damit auch späteren Generationen die Erinnerung an ein historisches Ereignis in der Geschichte unserer Staat zu überliefern.

Rede zum Stadtentwicklungs- und Gesamtverkehrsplan der Landeshauptstadt München
4. Juli 1963

Stadtentwicklungs- und Gesamtverkehrsplan sind zentrale kommunalpolitische Strategiepapiere, denn sie beinhalten zahlreiche programmatische Leitlinien und Zielvorgaben, mit denen die Entwicklung der Stadt für die nächsten drei Jahrzehnte vorgezeichnet wird. Im Kern beschreibt der Plan die bis zum Jahre 1990 anzustrebende städtebauliche und verkehrsmäßige Ordnung. Am 10. Juli 1963 wird der Stadtentwicklungsplan in der Vollversammlung des Stadtrats gegen fünf Stimmen angenommen. Der hier abgedruckte Vortrag wurde kurz zuvor in der öffentlichen Sitzung des Stadtplanungsausschusses gehalten.

Meine sehr geehrten Damen und Herren!

Auf der Tagesordnung unserer heutigen Sitzung steht im Grunde nur ein einziger Punkt, nämlich der Stadtentwicklungsplan der Landeshauptstadt München. Dieser Gegenstand hat uns in den vergangenen Jahren in zahllosen Sitzungen, Beratungen und Besprechungen beschäftigt. Die heutige Sitzung unterscheidet sich von all diesen früheren Zusammenkünften; denn heute geht es nicht mehr um vorbereitende Erörterungen und um vorläufige Ergebnisse, heute geht es um die endgültige Entscheidung, um das Votum der berufenen Vertretung der Münchner Bürgerschaft, das den Entwurf zum verbindlichen Beschluß und die in den Ihnen vorgelegten Texten und Plänen dargestellte Ordnung unseres Gemeinwesens zum Leitbild für die nächsten drei Jahrzehnte erheben soll. Es liegt mir fern, die Bedeutung dieses Vorganges zu dramatisieren, aber ich glaube, wir alle spüren die besondere Verantwortung, die in diesen Stunden auf uns lastet. Mein gegenwärtiger Vortrag soll Ihre Beratung einleiten und Ihre Entscheidung vorbereiten. (…)

Entstehungsgeschichte des Stadtentwicklungsplanes

Der Stadtrat der Landeshauptstadt hat bekanntlich bereits im Juli 1956 beschlossen, die städtischen Planungen alsbald durch unabhängige Sachverständige prüfen und begutachten zu lassen. Das ist hinsichtlich der im Sommer 1958 vorliegenden städtischen Planwerke, nämlich des Wirtschaftsplanes vom 30. Januar 1958, des Generalverkehrsplanes vom 2. Juli 1958 und der Planungen für den Ausbau des Massenverkehrsmittels durch die Herren Professoren Dr. Guther, Dr. Leibbrand und Steiner in der Zeit vom Januar 1959 bis anfangs 1960 geschehen. Auf Grund der von diesen Herren abgegebenen Stellungnahme hat der Stadtrat in seiner Sitzung vom 16. März 1960 beschlossen, daß für die Landeshauptstadt München ein Stadtentwicklungsplan ausgearbeitet wird, der die bis zum Jahre 1990 anzustrebende städtebauliche und verkehrsmäßige Ordnung der Stadt wiedergibt. Zugleich hat er Richtlinien gutgeheißen, die für die Aufstellung des Stadtentwicklungsplanes maßgebend sein sollen. Im Vollzug dieses Beschlusses hat die Landeshauptstadt eine Arbeitsgemeinschaft sachverständiger Persönlichkeiten ins Leben gerufen, die zunächst aus den Herren Professoren Dr. Leibbrand und Guther und Herrn Diplomarchitekten Hartmann und ab 1. November 1961 aus Herrn Stadtbaurat Professor Jensen und den Herren Hartmann und Diplomingenieur Hidber bestand und mit den erforderlichen Hilfskräften ausgestattet wurde. Im Einvernehmen mit der Landeshauptstadt wurden von der Arbeitsgemeinschaft ferner als Berater für einzelne Fragen Herr Stadtbaurat Professor Hillebrecht und Herr Direktor Dr.

Vollversammlung des Stadtrates zum Stadtentwicklungsplan und zum Gesamtverkehrsplan für München, die im Stadtplanungsausschuss vorberaten worden waren, 10. Juli 1963. (Foto: Johann Meyer)

Lehner zugezogen. Außerdem hat die Landeshauptstadt im Einvernehmen mit der Arbeitsgemeinschaft zwei wissenschaftliche Untersuchungen über die voraussichtliche bevölkerungsmäßige und wirtschaftliche Entwicklung Münchens in Auftrag gegeben. Nach dem zwischen der Landeshauptstadt und der Arbeitsgemeinschaft Stadtentwicklungsplan abgeschlossenen Vertrag hat es diese sodann übernommen, unter Beachtung der oben erwähnten Richtlinien und unter Auswertung der Entwicklungsstudien sowie eigener Verkehrsprognosen, den Entwurf eines Stadtentwicklungsplanes, eines Gesamtverkehrsplanes und eines neuen Flächennutzungsplanes zu erarbeiten.

Als erstes Teilstück ihrer Arbeiten hat die Arbeitsgemeinschaft Stadtentwicklungsplan am 29. Juni 1961 den Entwurf der Grundzüge eines Gesamtverkehrsplanes für die Innenstadt übermittelt. Dieser Entwurf ist in der zweiten Hälfte des Jahres 1961 von allen in Betracht kommenden Stellen geprüft und auch in der Öffentlichkeit lebhaft erörtert worden. Nach gründlichen Beratungen hat ihn schließlich die Vollversammlung des Stadtrats mit einer Reihe von Änderungen in der Sitzung vom 14. Februar 1962 gebilligt.

Im weiteren Verlauf der Arbeiten sind im Stadtplanungsausschuß zunächst am 4. Oktober 1962 die Ergebnisse der von dem Institut für angewandte Sozialwissenschaften in Bad Godesberg und der Prognos-AG erarbeiteten Entwicklungsstudien vorgetragen worden. Sodann hat die Arbeitsgemeinschaft als zweites Teilstück ihrer vertragsgemäßen Leistung am 5. Oktober 1962 den Entwurf eines Stadtentwicklungsplans und eines Gesamtverkehrsplans vorgelegt. Dieser Entwurf ist hinsichtlich seines Massenverkehrsteils am 22. Februar 1963 durch eine vom Stadtplanungsamt geführte Untersuchung zur Entwicklung des Massenverkehrsmittels in der Landeshauptstadt ergänzt worden, die auch die vom Stadtrat geforderte vergleichende Darstellung der beiden Lösungsvorschläge A und B enthielt.

Der Stadtplanungsausschuß hat von dem Entwurf und der ergänzenden Untersuchung Kenntnis genommen und beschlossen, den Entwurf und die Untersuchung von den zuständigen städtischen Stellen prüfen zu lassen und den an der Planung interessierten öffentlichen und privaten Institutionen Gelegenheit zu geben, sich zu den Vorschlägen zu äußern. Zugleich wurde dem Stadtplanungsamt der Auftrag erteilt, über das Ergebnis der Prüfung unter Würdigung der eingehenden Äußerungen und unter Stellung konkreter Anträge zu berichten.

An der Prüfung haben sich siebzehn städtische Referate und Dienststellen beteiligt, ferner haben sich 52 öffentliche und private Institutionen außerhalb der Stadtverwaltung zu den Entwürfen geäußert und dabei eine große Anzahl eigener Anregungen und Vorschläge gemacht. Alle Äußerungen der städtischen und der nicht städtischen Stellen sind den Fraktionen und überdies den Mitgliedern der Planungskommission in Abdruck zugegangen. Ihr wesentlicher Inhalt ist außerdem in der Beilage 2 und hinsichtlich der Massenverkehrslösung im Teil IV der Untersuchung noch einmal stichwortartig zusammengestellt.

Auftragsgemäß hat das Stadtplanungsamt alle Äußerungen gewürdigt und dem Stadtentwicklungsplan sodann die dieser Würdigung entsprechende endgültige Fassung gegeben, die Sie aus der Beilage 1 ersehen wollen. Die Gründe, aus denen das Stadtplanungsamt dabei den einzelnen Anregungen und Vorschlägen gefolgt oder nicht gefolgt ist, ergeben sich ebenfalls aus der Beilage 2 und dem Teil IV der Untersuchung.

In diesem Zusammenhang möchte ich auf die Studie »City München, eine Untersuchung der wirtschaftlichen Struktur und Dynamik der Münchner Innenstadt« verweisen; die Studie wurde im Auftrag der Arbeitsgemeinschaft Stadtentwicklungsplan und im Einvernehmen mit der Landeshauptstadt München vom Institut für angewandte Sozialwissenschaften Bad Godesberg hergestellt. Sie stellt eine Art von Begründung zu dem Ausschnitt des Stadtentwicklungsplanes dar, der sich mit Vorschlägen über die künftige Gestaltung, das erwartete Wachstum und die spätere Ausdehnung der Innenstadt, der City, befaßt. Die Studie ist den Mitgliedern des Planungsausschusses bereits am 12. Juni 1963 übergeben worden.

Bedeutung und wesentlicher Inhalt des Stadtentwicklungsplanes

Aus meinen bisherigen Ausführungen ergibt sich, daß die in der Beilage 1 zusammengefaßten Texte, Pläne und Tabellen den Stadtentwicklungsplan im eigentlichen Sinn darstellen. Dieser Plan umfaßt die bis zum Jahre 1990 anzustrebende städtebauliche und verkehrsmäßige Ordnung unseres Gemeinwesens. Er gelangt zu diesem Ordnungsbild, indem er

1. den gegenwärtigen städtebaulichen Bestand erhebt,

2. die voraussichtliche bevölkerungsmäßige, wirtschaftliche und verkehrsmäßige Entwicklung Münchens bis 1990 darlegt,

3. seine Vorstellungen von der rechten Ordnung einer städtischen Gemeinschaft in der zweiten Hälfte des 20. Jahrhunderts entwickelt

und

4. diese Ordnungsvorstellungen auf die konkreten Münchner Gegebenheiten anwendet.

Das Ergebnis ist kein Prokrustesbett, sondern ein Leitbild. Der Stadtentwicklungsplan ist keine Rechtsnorm, er ist deshalb weder für den einzelnen Bürger, noch für die Planungsträger unmittelbar verbindlich. Es soll jedoch den Organen und den Dienststellen der Landeshauptstadt München als allgemeine Richtschnur für alle Maßnahmen dienen, die sich auf die städtebauliche Entwicklung auswirken. Er soll darüber hinaus allen Beteiligten Auskunft geben über die generellen Absichten der Landeshauptstadt und es ihnen so ermöglichen, ihr Vorgehen von vorneherein auf die Vereinbarkeit mit den grundsätzlichen Planungsvorstellungen zu überprüfen, und diesen ein- und notfalls unterzuordnen. Im Einzelnen wird die Stadt den Stadtentwicklungsplan bei der Aufstellung des Flächennutzungsplans und der Bebauungspläne und bei der Aufstellung ihrer Investitionsprogramme zu beachten haben. Ferner wird der Plan ihr bei der Mitarbeit im Planungsverband Äußerer Wirtschaftsraum München und in dem die Stadt berührenden Raumordnungsplan als Richtlinie dienen. Die Landeshauptstadt München wird auch sonst bei der Ausübung ihrer hoheitlichen und privaten Befugnisse dieses Planwerk im Rahmen ihres pflichtgemäßen Ermessens würdigen und in Vollzug bringen. Soweit zum Grundsätzlichen. (…)

Beschluß des Stadtrats:
Der Stadtentwicklungsplan einschließlich Gesamtverkehrsplan wird in der Fassung der Beilage 1 gebilligt.

Er dient künftig den Organen, Dienststellen und Einrichtungen der Landeshauptstadt München als Richtschnur für alle Maßnahmen, die sich auf die städtebauliche und gesamtverkehrliche Entwicklung der Stadt auswirken oder auswirken können. Er ist der Aufstellung des Flächennutzungsplanes, aller Bebauungspläne und der Investitionsprogramme zugrunde zu legen. Die Ordnungsvorstellungen des Stadtentwicklungsplanes haben der Mitarbeit der Landeshauptstadt München im Planungsverband Äußerer Wirtschaftsraum München sowie allen München berührenden Raumordnungsplänen als Richtlinie zu dienen. Der Stadtentwicklungsplan ist bei der Ausübung hoheitlicher und privater Befugnisse der Landeshauptstadt im Rahmen des pflichtgemäßen Ermessens zu berücksichtigen. Dementsprechend ist in allen städtebauliche und gesamtverkehrliche Gesichtspunkte berührenden Fällen, die der Entscheidung des Stadtrates oder eines seiner Ausschüsse unterliegen, ausdrücklich im Vortrag festzustellen, ob der zur Entscheidung gestellte Vorgang mit den Ordnungsvorstellungen und dem Leitgedanken des Stadtentwicklungsplanes übereinstimmt.

Mit der Billigung des Stadtentwicklungsplanes entscheidet sich die Landeshauptstadt München unter Aufhebung früherer Beschlüsse für das Massenverkehrsprojekt. Sie trifft diese Entscheidung im Vertrauen auf den von der Deutschen Bundesbahn bekundeten Willen, an der Schaffung eines neuzeitlichen Münchner Massenverkehrssystems mitzuwirken und im Vertrauen auf die Erklärungen von Bund und Land über ihre Bereitschaft zu besonderen finanziellen Hilfen.

Das Stadtplanungsamt wird beauftragt, auf der Grundlage des von der Arbeitsgemeinschaft Stadtentwicklungsplan München erarbeiteten Entwurfs nunmehr die Arbeiten am Flächennutzungsplan in Übereinstimmung mit dem Stadtentwicklungsplan fortzuführen und so rechtzeitig abzuschließen, daß der Flächennutzungsplan dem Stadtrat spätestens im Herbst 1963 zur Billigung und zur Einleitung des formellen Verfahrens nach dem Bundesbaugesetz vorgelegt werden kann.

Das Stadtplanungsamt wird weiter beauftragt, die Arbeiten der Arbeitsgemeinschaft Stadtentwicklungsplan über die konkrete Gestaltung von Fußgängerbereichen fortzuführen und alsbald zum Abschluß zu bringen.

Über die jährlichen Investitionsprogramme hinaus ist für alle städtischen Bereiche ein aus dem Stadtentwicklungsplan abgeleitetes und aufeinander abgestimmtes Mehrjahresprogramm aufzustellen.

Der Trassenführung des Altstadtringes wird für die Teilstücke Prinzregentenstraße – Von-der-Tann-Straße – Oskar-von-Miller-Ring – Gabelsbergerstraße – Barer Straße – Karlsplatz nach Maßgabe der Abbildung 24 der Anlage 1 (Stadtentwicklungsplan) zugestimmt.

Das Direktorium – Stadtplanungsamt wird beauftragt, unverzüglich sofort den Bebauungsplan für den Altstadtring Nord und West zwischen Galeriestraße und Karlsplatz auf der genannten Trasse im Entwurf aufzustellen und bis Herbst 1963 der Vollversammlung des Stadtrates zur Billigung und damit zur Einleitung des förmlichen Verfahrens vorzulegen.

Das Kommunalreferat wird unter Bezugnahme auf die Anweisung der Vollversammlung des Stadtrates vom 14. Februar 1962 (Abschnitt III Nummer 12) beauftragt, den für diesen Abschnitt des Altstadtringes erforderlichen Grund nach Maßgabe der ihm vom Stadtplanungsamt zuzuleitenden Planunterlagen zu erwerben.

Das Direktorium – Stadtplanungsamt wird beauftragt, die von der Arbeitsgemeinschaft Stadtentwicklungsplan München erarbeiteten Varianten über die Führung des Altstadtringes Ost im Abschnitt Angertorstraße – Isartorplatz abschließend zu überprüfen und der Vollversammlung des Stadtrates unter Darlegung der für und gegen jede Variante sprechenden Gründe den Entwurf eines Bebauungsplanes zur Billigung und zur Einleitung des formellen Verfahrens vorzulegen. Dabei ist die Schonung des Viktualienmarktes und die Schaffung eines Fußgängerbereiches auf dem Viktualienmarkt anzustreben.

Vertragsunterzeichnung
zum U-Bahn-Projekt in München
18. November 1963

Die zunehmende Motorisierung und das steigende Verkehrsaufkommen in der jungen Millionenmetropole führen Ende der
1950er Jahre zu konkreten Überlegungen, den öffentlichen Perso-
nennahverkehr durch ein U- und S-Bahn-System zukunftstauglich
zu machen. Nach intensiven und schwierigen Vorverhandlungen
unterzeichnen Vertreter des Freistaats, der Bundesbahn und der
Landeshauptstadt im Kleinen Sitzungssaal des Rathauses einen
Vertrag über die Gründung einer Gesellschaft zur »Förderung des
Baues unterirdischer Massenverkehrsanlagen« – es ist die Geburtsstunde der Münchner U-Bahn. Am 1. Februar 1965 vollziehen der
bayerische Ministerpräsident Alfons Goppel und Oberbürgermeister Hans-Jochen Vogel am Bahnhof Nordfriedhof an der Ungererstraße den ersten Spatenstich für das ambitionierte Vorhaben.

Der Freistaat Bayern, die Deutsche Bundesbahn und die Landeshauptstadt München haben sich vertraglich dazu verbunden,
den Bau unterirdischer Massenverkehrsanlagen in München zu
fördern. Dieser Vertrag, dem inzwischen die Bayerische Staatsregierung, der Hauptvorstand der Deutschen Bundesbahn und der
Stadtrat zugestimmt haben, soll heute unterzeichnet werden. Zu
diesem Zweck haben sich Herr Staatsminister Eberhard als Vertreter des Freistaats Bayern und Herr Bundesbahnpräsident Lettau als
Vertreter der Deutschen Bundesbahn hier im Rathaus eingefunden. Im Namen des Münchner Stadtrats und im eigenen Namen

Unterzeichnung des Vertrages zur »Förderung des Baues unterirdischer Massenverkehrsanlagen« durch den bayerischen Finanzminister Rudolf Eberhard, Oberbürgermeister Hans-Jochen Vogel und den Präsidenten der Bundesbahndirektion Willi Lettau, 18. November 1963. (Foto: Johann Meyer)

darf ich beide Herren und die in ihrer Begleitung erschienenen Persönlichkeiten (…) herzlich willkommen heißen.

Der Weg von den ersten Überlegungen hinsichtlich eines unterirdischen Massenverkehrsmittels in München bis zum heutigen Vertrag war lang und zeitweise recht beschwerlich. Er war auch nicht frei von Irrungen und Mißverständnissen. Aber all das gehört heute der Vergangenheit an. Denn der Freistaat Bayern, die Deutsche Bundesbahn und die Landeshauptstadt München sind heute in allen für die Verwirklichung des Projekts maßgebenden Punkten einig. Sie sind insbesondere einig

über das Projekt selbst, nämlich ein von der Deutschen Bundesbahn und der Landeshauptstadt zu betreibendes System von S- und U-Bahnen,

Einbringen des ersten Trägers für den U-Bahn-Tunnel an der Baustelle Ungererstraße / Schenkendorfstraße mit Ministerpräsident Alfons Goppel und Oberbürgermeister Hans-Jochen Vogel, 1. Februar 1965. (Fotos: Georg Schödl)

über die Grundzüge seiner Finanzierung und

über die Notwendigkeit, die Baumaßnahmen durch gemeinsame Institutionen vorbereiten und durchführen zu lassen.

Diese Einigung hat im Vertragsdokument ihren Niederschlag gefunden. Die Landeshauptstadt hat deshalb allen Anlaß, denen, die am Zustandekommen des Vertrages mitgewirkt haben, in aller Form zu danken. Ich darf in diesem Zusammenhang insbesondere

Sie, Herr Staatsminister, und Sie, Herr Bundesbahnpräsident, und Herrn Ministerialdirigenten Dr. Freudling nennen. Mein Dank gilt aber in ganz besonderem Maße auch Herrn Ministerpräsidenten Goppel, der die Verhandlungen in einer kritischen Situation durch sein entschiedenes Eingreifen gefördert hat, den Herren Staatsministern Schedl und Junker und Herrn Präsidenten Prof. Oeftering, der an vielen Beratungen und Verhandlungen persönlich teilgenommen hat und zahlreiche Hindernisse durch unkonventionelle und moderne Vorschläge überwinden half. Schließlich danke ich stellvertretend für alle beteiligten städtischen Mitarbeiter Herrn Bürgermeister Brauchle, der mit nimmermüder Geduld und Ausdauer dem gemeinsamen Vorhaben einen erheblichen Teil seiner Kraft gewidmet hat.

Meine Damen und Herren! Bei aller Freude über den erzielten Fortschritt dürfen wir jedoch nicht die Augen davor verschließen, daß vor dem Beginn der Bauarbeiten und erst recht vor der Fahrt des ersten S- oder U-Bahnzuges noch manche Probleme zu lösen sind. So gilt es, die finanziellen Leistungen der drei Partner im Einzelnen festzulegen. Es gilt, die Bundesregierung davon zu überzeugen, daß zumindest der Zusammenschluß der von München ausgehenden Bundesbahnstrecken auch im Interesse des Bundes liegt. Und es gilt, die Bauverfahren so zu wählen, daß die Belastungen der Bürgerschaft während der Bauzeit einigermaßen erträglich bleiben. Vor allem aber gilt es, bald mit dem Bau zu beginnen. Denn die Verkehrsnot in unserer Stadt und ihrem weiten Einzugsbereich wird täglich größer, und nur das leistungsfähige und attraktive Massenverkehrsmittel vermag diese Not endgültig zu beheben und das drohende Chaos abzuwenden. Möge der heutige Vertrag uns diesem Ziel ein gutes Stück näherbringen. Das ist mein Wunsch, das ist der Wunsch des Stadtrats, und das ist sicher auch der Wunsch der gesamten Münchner Bürgerschaft in dieser Stunde.

Trauerfeier für Altoberbürgermeister und Ehrenbürger Thomas Wimmer im Kongress-Saal des Deutschen Museums 21. Januar 1964

Am 18. Januar 1964, nur wenige Tage nach seinem 77. Geburtstag, stirbt Münchens Alt-Oberbürgermeister Thomas Wimmer. Bereits während der Weimarer Republik hatte sich der Sozialdemokrat Wimmer in München kommunalpolitisch betätigt. An dieses Engagement knüpfte Wimmer, der während der NS-Zeit wiederholt schikaniert und verhaftet worden war, nach 1945 an. Im Sommer 1948 wurde er von einer parteiübergreifenden Stadtratsmehrheit zum Oberbürgermeister gewählt. Thomas Wimmer hatte dieses Amt annähernd zwölf Jahre inne. Er gilt nicht nur als Symbolfigur für den Wiederaufbau des kriegszerstörten München, sondern steht wie kein anderer für eine bürgernahe und bodenständige Politik.

Bürgerschaft und Stadtrat der Landeshauptstadt München verneigen sich in Trauer, Dank und Ehrerbietung vor diesem Sarg. In ihm ruht, was sterblich war an Thomas Wimmer, dem langjährigen Oberhaupt und Ehrenbürger unserer Stadt. Unsere Trauer vereint sich mit der seiner Witwe und seiner Angehörigen. Ihnen vor allem gilt in dieser Stunde unser Mitgefühl und unsere Anteilnahme.

Das Leben, das in der Mittagsstunde des 18. Januar so plötzlich zu Ende ging, umspannt mehr als Dreiviertel eines ganzen Jahrhunderts. Es begann am 7. Januar 1887, als Thomas Wimmer als Sohn eines Huf- und Wagenschmiedes und einer Arbeiterin auf einem Bauernhof in der Nähe von Erding zur Welt kam. Seine Jugend war hart und entbehrungsreich. Die Armut seiner Eltern verbot dem aufgeweckten und strebsamen Buben nicht nur den Besuch des Gymnasiums, sondern zwang ihn auch, die Lehre als Holzbildhauer aufzugeben. So nahm der 16-Jährige, der inzwischen die Prüfung als Schreinergeselle mit Auszeichnung bestanden hatte, sein Schicksal selbst in die Hand und übersiedelte 1903 auf eigene Faust nach München. Hier machte er in seinem Beruf schon bald gute Fortschritte. Er erkannte aber auch, daß die Arbeiterschaft ihren Platz im Staat und ihre soziale und politische Gleichberechtigung nur aus eigener Kraft erkämpfen würde. Deshalb schloß er sich 1907 dem Deutschen Holzarbeiterverband und 1909 der Sozialdemokratischen Partei Deutschlands an.

Seine politischen Freunde wurden bald auf den jungen, aber tatkräftigen und zuverlässigen Handwerker aufmerksam, der unablässig an der Vervollständigung seines Wissens arbeitete und sich in den Wirren des Zusammenbruchs 1918 als verantwortungsvolle und zielbewußte Persönlichkeit bewährte. 1919 trat er an die Spitze der Münchner Sozialdemokraten, 1925 zog er zum ersten Mal als ehrenamtlicher Stadtrat in das Münchner Rathaus ein. In den folgenden Jahren widmete er sich vor allem dem sozialen Wohnungsbau und den städtischen Finanzen und legte so den Grund zu seinen phänomenalen Haushaltskenntnissen, mit denen er seine Gesprächs- und Verhandlungspartner immer aufs neue verblüffte.

Er sah aber auch das nationalsozialistische Unheil heraufziehen und stemmte sich ihm in jenen Jahren entschlossen entgegen, um seiner Stadt und dem Volk die Freiheit zu erhalten und sie vor Unterdrückung und Krieg zu bewahren. Jedoch vergebens. 1933 wird er als einer der ersten verhaftet und aus seinem Amte gejagt. Er wird nach Stadelheim, Landsberg und Dachau gebracht und mit kleinlichen Schikanen verfolgt. Aber er bleibt seiner Überzeugung treu und verkörpert inmitten der sogenannten Hauptstadt der Bewegung mit vielen anderen zusammen ein Stück des wahren und wirklichen Münchens.

Dann gehen die Schrecken des Krieges über München hinweg.

Oberbürgermeister Hans-Jochen Vogel im Trauerzug für den verstorbenen Altoberbürgermeister Thomas Wimmer vom Rathaus zum Deutschen Museum, 21. Januar 1964. (Foto: Johann Meyer)

Das Gewaltregime versinkt und läßt München als Trümmerhaufen zurück. Das ist Thomas Wimmers große Stunde. Ohne Zögern folgt er dem Rufe des damaligen Oberbürgermeisters, seines verdienten Amtsvorgängers Scharnagl, zunächst als dritter, dann als zweiter Bürgermeister. Rastlos arbeitet er, um seinen Mitbürgern zu helfen und München wieder erstehen zu lassen. Die Holzaktion, die er persönlich leitet, macht ihn in der ganzen Stadt bekannt. Später greift er selbst zur Schaufel, um die Schutträumung in Gang zu bringen. 1948, zwei Wochen nach der Währungsreform, wird er vom Stadtrat zum Oberbürgermeister gewählt. Zweimal, 1952 und 1956, bestätigt die Bürgerschaft diese Wahl mit überwältigenden Mehrheiten.

In diesen 12 Jahren wird er zum Symbol des Münchner Wiederaufbaus und zum volkstümlichsten Stadtoberhaupt, das München je besaß. Viele Ereignisse in diesen Jahren sind auf immer mit seinem

Namen verbunden, so das Richtfest der Peterskirche, das 18. Deutsche Turnfest, die Fertigstellung der 100.000sten neuen Wohnung, die Geburt des millionsten Münchners und die 800-Jahrfeier. Und in diesen Jahren wächst er, der seine Herkunft und seine politische Heimat nie vergaß und der mit Recht von sich sagte, »Ich bin, was ich war und ich bleibe, was ich bin«, weit über seine Partei und seinen Ursprung hinaus und wird zum Repräsentanten der gesamten Bürgerschaft und der ganzen Stadt.

1960 scheidet er hochgeehrt aus seinem Amt. Als Altoberbürgermeister nimmt er an allen Ereignissen seiner Stadt lebendigen Anteil. Aber dann überfällt ihn die Krankheit, und er, der alle Kräfte der Stadt und der Allgemeinheit gewidmet hat, vermag ihr nicht lange zu widerstehen. Schon fürchten seine Freunde um ihn; da flackert sein Lebensmut zu Beginn dieses Jahres noch einmal auf, aber ein rascher Tod läßt die Flamme jäh verlöschen. Dieses Leben war ein Leben für München. Es war ein hartes, aber ein erfülltes Leben. In dieses Leben sind alle Impulse, Spannungen und Kräfte einer Zeit eingegangen, in der sich die Welt und unsere Stadt schneller verändert haben als in Jahrhunderten zuvor. Und wer es recht zu sehen vermag, dem ist dieses Leben zugleich ein Lehrstück der politischen Geschichte unseres Vaterlandes und unserer Stadt. Ein Lehrstück, in dem der Weg der Arbeiterschaft zu Gleichberechtigung und Mitverantwortung ebenso enthalten ist wie der Widerstand gegen Diktaturen von rechts und links und Zeiten des Zusammenbruchs, des Hungers und der Not ebenso wie Zeiten des Wiederaufbaus und des relativen Wohlstands.

Es ist Thomas Wimmer in diesem Leben aber auch nichts erspart geblieben. Es ist ihm nichts in den Schoß gefallen, und kein Leid, kein Kummer und keine Enttäuschung blieb ihm fremd. Aber er hat all das überwunden mit seiner schier unerschöpflichen Kraft, mit seiner Rechtschaffenheit und seiner Pflichttreue und vor allem mit seiner Güte und Menschlichkeit und mit dem Humor, der ihn nie verlassen hat. Und wenn wir heute eine Bilanz dieses Lebens

Trauerfeier für Alt-Oberbürgermeister Thomas Wimmer im Kongress-Saal des Deutschen Museums, 21. Januar 1964. (Foto: Fritz Neuwirth)

ziehen, dann ergibt sich ein gewaltiger Überschuß, ein Überschuß an Leistungen und Erfolgen und ein Überschuß an Liebe, Dankbarkeit und Verehrung, wie ihn wohl kaum ein anderer Bürger dieser Stadt verzeichnen kann.

All das hat in äußeren Ehrungen seinen Niederschlag gefunden. Thomas Wimmer war Ehrenbürger Münchens und Träger hoher und höchster Auszeichnungen. Der Stadtrat hat überdies anläßlich seines Eintritts in den Ruhestand in feierlicher Sitzung festgestellt, daß er sich um die Landeshauptstadt München verdient gemacht hat. Aber schwerer noch wiegt, daß er einer der Männer war, die der Demokratie und der verfassungsmäßigen Ordnung in unserem Lande Blut, Leben und gefühlsmäßige Wärme gaben. Daß er ein Vorbild und Beispiel setzte, daß er zeigte, was ein elementarer Bestandteil unseres Volkes, nämlich die Arbeiterschaft, an Persönlichkeit und Kraft hervorzubringen vermag. Und daß er bei all dem

107

ein stets hilfsbereiter, ein schlichter und gütiger Mensch und ein Münchner blieb, der der Eigenart und dem Wesen seiner Stadt die Treue hielt.

Und darum haben ihn die Münchner nicht nur hochgeachtet und anerkannt, sondern geliebt und verehrt. Darum nannten sie ihn bei seinem Vornamen, wenn sie von ihm sprachen und sich von seinen geraden und derben Aussprüchen erzählten. Und darum jubelten sie ihm zu, wenn er auf dem Nockherberg bei der Salvatorprobe das Lied vom Münchner im Himmel sang oder wenn er beim Oktoberfestzug in der Kutsche durch seine Stadt fuhr. Und so soll er auch in unserer Erinnerung fortleben: Als ein wahrer Volksbürgermeister und als ein guter Vater unserer Stadt, der schon zu seinen Lebzeiten in die Geschichte Münchens eingegangen ist.

Bericht über die Israel-Reise
vor dem Stadtrat
15. April 1964

Auch annähernd 19 Jahre nach Ende des Zweiten Weltkriegs und dem Menschheitsverbrechen Shoa ist die Reise eines hochrangigen deutschen Politikers nach Israel keine Selbstverständlichkeit. Die singuläre Schuld der Deutschen beim Massenmord an den Juden belastet das Verhältnis der beiden Staaten in hohem Maße. Durch das Engagement Einzelner und durch persönliche Begegnungen kommt jedoch ein Dialog zustande, der einen Prozess der Verständigung und Versöhnung in Gang setzt. Der Bericht des Münchner Oberbürgermeisters über seine Tage in Israel (vom 19. bis 31. März 1964) dokumentiert die frühzeitigen Bemühungen der Stadtspitze, diesen Prozess zu begleiten und aktiv zu befruchten. Ein besonderes Anliegen Hans-Jochen Vogels ist dabei der Kontakt zu den ehemaligen Münchnerinnen und Münchnern, die nach 1933 aus Deutschland vertrieben worden waren. Als eine der ersten deutschen Städte organisiert München seit 1960 ein Besuchsprogramm für ehemalige jüdische Bürgerinnen und Bürger.

Meine sehr geehrten Kolleginnen und Kollegen!

Die Mannigfaltigkeit unserer kommunalen Probleme und die internationalen Verflechtungen unserer Stadt lassen einen regelmäßigen Erfahrungsaustausch über die Grenzen der Bundesrepublik hinaus und auch die Pflege unserer Beziehungen mit ausländischen Städten geboten erscheinen. Ich habe deshalb grundsätzlich in jedem Jahr meiner bisherigen Amtszeit eine Auslandsreise un-

ternommen und im Jahre 1960 Wien, 1961 aus Anlaß der Welt-
konferenz der Städte und Gemeinden Washington und New York
und im Jahre 1962 die Städte Kopenhagen und Helsinki sowie zwei
weitere Städte in Finnland besucht. In diesem Jahre habe ich einer
bereits im Vorjahr ausgesprochenen, dann aber wegen des Todes
des damaligen israelischen Staatspräsidenten verschobenen Einladung der Israel-Mission Folge geleistet und mich zusammen mit
meiner Frau in der Zeit vom 19. bis 31. März 1964 in Israel aufgehalten. Ich halte mich für verpflichtet, Ihnen auch diesmal über
die wesentlichsten Eindrücke meiner Reise, die neben dem Erfahrungsaustausch vor allem auch der Wiederanknüpfung menschlicher Beziehungen zwischen dem jüdischen und dem deutschen
Volke dienen sollte und die sich gerade deshalb von den vorher-
gehenden Reisen unterschied, zu berichten. Dabei möchte ich zunächst mit einigen Bemerkungen auf die allgemeine Situation Israels eingehen (I), sodann die mit unseren kommunalen Problemen
vergleichbaren Tatbestände in den israelischen Städten erörtern
(II), anschließend in aller Kürze das gegenwärtige Verhältnis zwischen Israel und Deutschland behandeln (III) und endlich noch
ein paar Gedanken darüber hinzufügen, was München zur Verbesserung der Beziehungen mit dem jüdischen Volk und mit Israel
tun kann (IV).

I. Allgemeine Situation Israels

Mein Aufenthalt in Israel dauerte insgesamt elf Tage. Innerhalb
dieses Zeitraumes habe ich das Land von Norden nach Süden und
von Osten nach Westen durchquert und alle größeren Städte des
Landes kennengelernt. Darüberhinaus hat mir eine Fülle schriftlichen Materials und persönlicher Unterhaltungen mit Menschen
aus allen Schichten der Bevölkerung zusätzliche Eindrücke vermittelt. Daraus ergibt sich ein zumindest umrißhaftes Bild der gegenwärtigen Lage Israels, das ich durch eine gedrängte Darstellung der

Oberbürgermeister Hans-Jochen Vogel als Ehrengast der Gemeinde »Ichud Schivat Zion« im Dan Hotel in Tel Aviv, 28. März 1964; hier im Gespräch mit emigrierten Münchnerinnen und Münchnern.

Hauptprobleme des Landes mit allen Vorbehalten wiederzugeben versuche.

1. Als zentrales Problem des Landes erschien mir das seiner militärischen Sicherheit. Infolge seines überaus ungünstigen Zuschnitts besitzt das Land bei einer Fläche von 20.700 qkm (das entspricht etwa der Fläche Hessens) Grenzen mit einer Gesamtlänge von 1.205 km. Davon entfallen 1.007 km auf Grenzen gegenüber den benachbarten arabischen Staaten und 198 km auf das Mittelländische und das Rote Meer. Kein Punkt Israels ist weiter als 50–60 km von einer Grenze entfernt. Der Landkorridor, der Galiläa und die Täler des Nordens mit der Judäischen Ebene und dem Negev verbindet, ist an mehreren Stellen weniger als 20 km breit.

Zwischen Israel und seinen Nachbarn besteht unverändert Kriegszustand, der lediglich durch eine Reihe von der UNO überwachter Waffenstillstandsabkommen modifiziert ist. Alle Grenzen sind – von einem Übergang in Jerusalem abgesehen – geschlossen und militärisch bewacht. Grenzzwischenfälle sind häufig. Gerade während meines Aufenthalts in Jerusalem wurde ein Schweizer Tourist in der Nähe der Demarkationslinie von einem jordanischen Soldaten erschossen. Die Bevölkerungszahl Israels beträgt 2,3 Millionen, die der in der Arabischen Liga zusammengeschlossenen arabischen Staaten rund 63 Millionen.

Es grenzt an ein Wunder, daß sich Israel angesichts dieser Fakten im Kriege 1947 bis 1949 durchsetzen und seitdem behaupten konnte. Das Hauptverdienst daran wird der aus der jüdischen Selbstschutzorganisation der Mandatszeit hervorgegangenen israelischen Armee zugeschrieben, die sich als überaus schlagkräftig und leistungsfähig erwies und deren Selbstbewußtsein durch ihre Erfolge im Sinai-Feldzug 1956 noch gestärkt worden ist.

2. An zweiter Stelle steht für Israel das Problem der Integration der Einwanderer. Am 15. Mai 1948, dem Tage der Staatsgründung, hatte Israel 650.000 jüdische Einwohner. Seitdem sind über 1 Mill. Juden aus 85 verschiedenen Ländern der Erde neu nach Israel gekommen. Diese Menschen sprechen fast ebensoviel verschiedene Sprachen und stammen aus den unterschiedlichsten Kultur- und Zivilisationsstufen. Zum Teil haben sie einen Entwicklungsunterschied von mehreren 100 Jahren zu überwinden.

Die daraus resultierenden Schwierigkeiten liegen auf der Hand. Israel sucht ihrer mit allen Mitteln, insbesondere mit Hilfe eines großen Erziehungs- und Bildungsprogramms und der Wiederbelebung des Hebräischen, das zur Zeit mehr Kinder- als Muttersprache ist, Herr zu werden. Auch die Armee, in der alle jungen Israeli – Frauen wie Männer – dienen müssen, spielt hierbei eine erhebliche Rolle. Ihre staatsbürgerliche und zivilisatorische Aufgabe und ihre Mitwirkung bei der Kultivierung des Landes wird für ebenso wichtig gehalten wie ihre militärische. Die Erfolge dieser großen Anstrengungen sind unverkennbar. Dennoch ist der Verschmelzungsprozeß noch keineswegs abgeschlossen und noch voller Risiken.

3. Die dritte große Aufgabe Israels ist die der Landesentwicklung, die wiederum in die der Fruchtbarmachung bisher nicht kultivierter Gebiete, in die Industrialisierung und in den Ausbau von Wissenschaft und Forschung zerfällt. Auf allen drei Gebieten hat Israel erstaunliche und eindrucksvolle Leistungen aufzuweisen. Das gilt vor allem für die Kultivierung. Hier sind im wahrsten Sinne des Wortes in kurzer Zeit Wüsten in blühende Gärten verwandelt worden. Die künftigen Fortschritte hängen jetzt von der Lösung der Wasserfrage ab, das heißt davon, ob es gelingt, das Jordanwasser in den Negev zu leiten oder die bereits laufenden Versuche zur Entsalzung des Meerwassers zu einem ökonomisch tragbaren Verfahren zu entwickeln. Überraschend ist auch die Energie, mit der Israel seine Universität in Jerusalem, die technische Hochschule in Haifa und die mit unseren Max-Planck-Instituten vergleichbaren Forschungsstätten des Weizmann-Instituts in Rechowot ausbaut. Ich glaube, daß kein anderer Staat mit 2,3 Millionen Einwohnern auf so engem Raum eine solche Fülle von wissenschaftlichen Einrichtungen besitzt. Wie mir wiederholt gesagt wurde, ist es die erklärte Absicht Israels, seinen Mangel an »Manpower« durch »brain-power« auszugleichen. Hinsichtlich des Standes der Industrialisierung konnte ich mich nicht vollständig informieren. Man sieht zwar überall im Lande neue Produktionsstätten entstehen. Nach der Handelsbilanz ist Israel gegenwärtig aber noch nicht im Stande, seinen Bedarf an industriellen Erzeugnissen im Lande zu decken. Das mag auch auf den Mangel an Rohstoffen und Erdöl zurückzuführen sein.

4. Wichtig für das Verständnis der gesellschaftlichen Wirklichkeit in Israel erscheint mir der Umstand, daß Israel erst 1948 wieder ein Staat geworden ist. Es gibt deshalb viele vorstaatliche Zusammenschlüsse, die schon zur Zeit der Türkenherrschaft und dann vor allem in der Mandatszeit geschaffen wurden und für den jüdischen Bevölkerungsteil staatsähnliche Funktionen wahrnahmen. Diese Organisationen haben ihre Bedeutung auch nach

der Staatsgründung beibehalten und bestimmen die Entwicklung des Landes in starkem Maße. Das gilt für die Histadrut, den israelischen Arbeiterverband, dem fast 90 Prozent aller israelischen Arbeiter angehören und die nicht nur als Gewerkschaft in unserem Sinne, sondern auch als Trägerin zahlreicher wirtschaftlicher Unternehmungen, von Ein- und Verkaufsgenossenschaften, von Wohnungsgesellschaften, Bauunternehmungen, Banken, einer mit zahlreichen Krankenhäusern ausgestatteten Gesundheitsorganisation und der Krankenversicherung tätig ist. Das gilt weiter für die zionistische Organisation, den Nationalfonds und vor allem die sogenannten Kibbuzim, die Genossenschaftssiedlungen, auf die ich leider an dieser Stelle nicht näher eingehen kann, die ich aber wegen ihrer entscheidenden Bedeutung für die Entstehung und Entwicklung des heutigen Israels und wegen des Interesses, das sie unter soziologischen, ökonomischen, pädagogischen und gesellschaftspolitischen Gesichtspunkten beanspruchen können, Ihrer besonderen Aufmerksamkeit empfehlen möchte.

II. Kommunale Verhältnisse

Auf kommunalem Gebiet ergaben sich folgende Beobachtungen:

1. Die Gemeindeverfassung entspricht mit einigen Modifikationen der englischen. Die Bürgermeister werden vom Stadtrat gewählt, sind berufsmäßig tätig und vereinigen in der Regel in ihrer Person die Funktionen des Ratsvorsitzenden und des Leiters der Verwaltung. Die Zahl der Stadträte ist geringer als bei uns und beträgt im äußersten Falle 31 Mitglieder. Die Zuständigkeit der Städte ist weniger umfassend als in der Bundesrepublik. Eine Reihe von Hoheitsaufgaben, die bei uns den Städten zumindest im übertragenen Wirkungskreis anvertraut sind, hat sich der Staat vorbehalten. Andere Aufgaben werden von der Histadrut oder ihr angeschlossenen Genossenschaften wahrgenommen. So der Massenverkehr, das Krankenhauswesen, soziale Einrichtungen und

gelegentlich auch die Wasserversorgung. Die Elektrizitätsversorgung ist Sache einer für das ganze Land zuständigen staatlichen Gesellschaft.

Die Finanzverfassung unterscheidet sich wesentlich von der unsrigen. Haupteinnahmequelle der Städte ist eine Wohnungssteuer. Die Verschuldung ist weniger weit fortgeschritten als bei uns. Der ordentliche Haushalt der Stadt Tel Aviv für das Jahr 1964 beträgt 117 Millionen israelische Pfund, das sind etwa 157 Millionen DM. Das Volumen bleibt also hinter dem unsrigen (852,4 Mio. DM) zurück, wenn man berücksichtigt, daß München etwa dreimal soviel Einwohner besitzt als Tel Aviv.

2. Die israelischen Städte wachsen – schon infolge der enormen Einwanderung – außerordentlich rasch. So stieg die Einwohnerzahl von 1948 bis Ende 1962 in Tel Aviv, das erst 1909 gegründet wurde, von 248.000 auf 393.000, in Haifa von 98.600 auf 191.200 und im israelischen Teil von Jerusalem von 84.000 auf 175.000. Die Hauptstadt des Negev, Beerschewa, hatte Ende 1962 51.600 Einwohner, 1948 war die Stadt nach der Flucht der Araber menschenleer. Mehrere neu gegründete Städte sind auf älteren Karten noch gar nicht verzeichnet, so etwa Ashdot und Eilat. Heute haben sie 18.000 und 12.000 Einwohner.

3. Stadtplanung gewinnt in Israel zunehmend an Bedeutung. Ihre Erfolge sind unterschiedlich. Vorbildlich wirken die neuen Stadtviertel von Haifa und Beerschewa, die neu gegründeten Städte Ashdot und Eilat und das neue Universitäts- und Regierungsviertel von Jerusalem. In Tel Aviv war hingegen die Entwicklung offenbar zeitweise so stürmisch, daß sie den Verantwortlichen aus der Hand glitt. Dort ist im übrigen auch das Problem der Stadtregion schon aktuell, da die soziologische Einheit Tel Aviv bereits acht Gemeinden mit insgesamt 750.000 Einwohnern umschließt. Eine starke Erleichterung für die Landesplanung und auch die Stadtplanung bedeutet es, daß der größte Teil des noch nicht besiedelten Grund und Bodens dem Nationalfonds und damit der öffentlichen Hand

gehört. Er wird nicht veräußert, sondern nur im Erbbau- oder Erbpachtrecht ausgegeben.

4. Der Wohnungsbau hat in Israel enorme Leistungen aufzuweisen. Genauere Zahlen stehen mir nicht zur Verfügung, doch schätze ich, daß etwa 75 Prozent des gesamten Wohnungsbestandes in den letzten 15 Jahren entstanden sind. Die Fertigbauweise überwiegt. Der Wohnungsstandard steigt, liegt aber noch unter dem des sozialen Wohnungsbaus. Man sieht neuerdings auch viele Hochhäuser. Die meisten Wohnungen sind Eigentumswohnungen, deren Erwerb durch günstige Bedingungen und staatliche Hilfe erleichtert wird. Fast jedes neue Haus verfügt über einen sogenannten Sonnenboiler, der auf dem Dach montiert ist und mit Hilfe von Sonnenspiegeln ohne jegliche Betriebskosten erhitztes Warmwasser liefert.

5. Infolge einer starken Motorisierung haben einige Städte, vor allem Tel Aviv, bereits ernste Verkehrsprobleme. Die wenigen Eisenbahnlinien spielen im Nahverkehr keine Rolle. Der innerstädtische Massenverkehr und auch der Überlandverkehr wird ausschließlich mit Autobussen und Taxis abgewickelt, die zum Teil im Linienverkehr die gleichen Strecken befahren wie die Autobusse. Tel Aviv untersucht zur Zeit, ob der Verkehrsnot durch eine Allwegbahn oder sogar eine Untergrundbahn abgeholfen werden kann. Haifa besitzt, wahrscheinlich als einzige Stadt der Welt, eine unterirdische Drahtseilbahn, die das Industrieviertel am Hafen mit den neuen Siedlungen auf dem Karmel verbindet und dessen 1,8 km langer Tunnel auch Luftschutzzwecken dient.

6. Von den übrigen kommunalen Gemeinschaftseinrichtungen sind mir die Schulen besonders aufgefallen. Ihnen wird offenbar eine hohe Priorität eingeräumt. So gibt z. B. die Stadt Jerusalem 1964 nicht weniger als 25 Prozent ihres ordentlichen Budgets für ihr Schulwesen aus und will damit unter anderem sechs neue Schulen mit je 16 Klassen bauen.

III. Das gegenwärtige Verhältnis zwischen Israel und Deutschland

Bei einer Betrachtung des Verhältnisses zwischen Israel und Deutschland müssen die Nachwirkungen der Vergangenheit und die aktuellen politischen Probleme unterschieden werden.

A) Die Schatten der Vergangenheit lasten noch immer schwer auf jeder Begegnung zwischen Juden und Deutschen. Das, was im Namen und auf Anordnung einer deutschen Regierung von Deutschen Millionen von Juden in Europa in den Jahren von 1933 bis 1945 angetan wurde, ist bei uns aus mancherlei Gründen schon wieder etwas in den Hintergrund getreten. In Israel ist die Erinnerung daran unverändert lebendig. Das kann nicht überraschen. Denn wohl jeder vierte Israeli hat seine Angehörigen in deutschen Vernichtungslagern verloren oder selbst schwere persönliche Verfolgungen erlitten. Ich gestehe, daß diese Überlegung in mir ein Gefühl der Beklemmung ausgelöst hat, das mich während meiner ganzen Reise nicht verließ. Auch als entschiedener Gegner der Theorie von der Kollektivschuld kann man sich als Deutscher der kollektiven Scham über das, was geschehen ist, nicht erwehren. Ich halte es für geboten, das auch an dieser Stelle auszusprechen.

Auf diesem Hintergrund wird in Israel alles, was Deutschland betrifft, sehr sorgfältig und kritisch verfolgt. Das gilt vor allem für die Prozesse gegen diejenigen, die sich an der Vernichtung und Verfolgung von Juden beteiligt haben. Über den Auschwitzprozeß wird in den Zeitungen ausführlich berichtet. Darüber, ob es richtig war, die Wiedergutmachungsleistungen anzunehmen, wird auch heute noch diskutiert. Einzelne Kreise lehnen noch immer jeden Kontakt mit Deutschland und den Deutschen ab. Auch die Zahl der Kibbuzim, die sich weigern, deutsche Gruppen aufzunehmen, ist noch groß. Dennoch ist meines Erachtens eine Mehrheit heute bereit, zumindest mit der jüngeren deutschen Generation wieder

117

ins Gespräch zu kommen. Allerdings wird es noch vieler Anstrengungen bedürfen, um den Graben, der zwischen Juden und Deutschen aufgerissen worden ist, langsam einzuebnen. Wer sich darüber wundert, möge sich nur für einen Augenblick in Gedanken auf die andere Seite des Grabens stellen.

B) Auch die aktuellen politischen Probleme können von diesem Hintergrund nicht völlig abgetrennt werden. Drei stehen gegenwärtig im Mittelpunkt des Interesses:

1. die Aufnahme der diplomatischen Beziehungen zwischen Deutschland und Israel. Maßgebende israelische Kreise warten hier ganz offenbar auf eine deutsche Initiative. Fast jeder Israeli, dem ich begegnet bin, hat mich darauf angesprochen. Man würde in einem solchen Schritt ein Zeichen für den Willen Deutschlands zur Normalisierung des Verhältnisses erblicken. Das deutsche Zögern wird nicht so sehr als eine Folge der deutschen Spaltung, sondern als ein Anzeichen dafür betrachtet, daß man in Deutschland eben noch immer nichts von den Juden wissen wolle. Als äußersten Zeitpunkt sieht man die Jahreswende 1965/1966 an, weil dann nach Auslaufen des Wiedergutmachungsvertrages die Israel-Mission in Köln geschlossen werden müßte.

2. die Mitwirkung deutscher Wissenschaftler an militärischen Forschungen und Entwicklungen in Ägypten, die man in Israel für außerordentlich bedrohlich hält. Mir gegenüber wurde wiederholt scharf kritisiert, daß die Bundesrepublik so lange mit der Verabschiedung der Novelle zum Paßgesetz warte und sich nicht schärfer von diesen Wissenschaftlern distanziere.

3. die Möglichkeiten einer israelisch-deutschen Zusammenarbeit auf dem Gebiet der Entwicklungshilfe. Israel hat hier mit geringem Geldaufwand vor allem in Afrika und in Persien erhebliche Erfolge erzielt. Dies vor allem deshalb, weil es sich in vielen Punkten den gleichen Problemen gegenübersieht wie die Entwicklungsländer. Auch versetzt gerade die in den Kibbuzim gewonnene

Erfahrung viele Israeli in den Stand, an Ort und Stelle nicht nur zu raten, sondern selbst praktische Arbeit zu leisten.

Es liegt mir ferne, in diesem Hause in außenpolitische Erörterungen einzutreten. Ich glaube aber persönlich, daß die israelischen Auffassungen zu den beiden ersten Fragen eine sehr ernsthafte Würdigung verdienen und daß wir durch eine stärkere Zusammenarbeit auf dem Gebiet der Entwicklungshilfe Geld sparen und den Nutzen unserer Maßnahmen dennoch vermehren könnten.

IV. Was kann München zur Verbesserung der Beziehungen mit dem jüdischen Volk und mit Israel tun?

Bei den Bemühungen unserer eigenen Stadt um die Verbesserung des jüdisch-deutschen Verhältnisses sollte auch in Zukunft die Wiederanknüpfung menschlicher Beziehungen und der Austausch von Informationen über Israel und über das neue Deutschland im Vordergrund stehen. Zu diesem Zweck empfehle ich

1. die Entsendung von Lehrer- und Schülergruppen nach Israel fortzusetzen. Unsere bisherigen Gruppen haben im Kibbuz Nir Am einen guten Eindruck hinterlassen. Es erscheint möglich, in absehbarer Zeit statt einer Gruppe jährlich zwei Gruppen zu schicken.

2. den Kontakt mit den aus München vertriebenen jüdischen Bürgern weiterhin zu pflegen und sie zu einem Besuch in München zu ermuntern. Was die Stadt in dieser Richtung bislang getan hat, hat ein sehr günstiges Echo gefunden. Im übrigen ist es immer wieder rührend und fast beschämend, wie diese ehemaligen Bürger noch heute an ihrer alten Heimatstadt hängen.

3. künftig auch Gruppen junger Israeli zu Besuchen nach München einzuladen. Eine erste Gruppe wird vielleicht noch in diesem Jahr nach München kommen.

4. von Fall zu Fall Experten und Persönlichkeiten des öffentlichen Lebens einzuladen. Ich denke dabei beispielsweise an den

israelischen Städteverband, an Professoren und an Leiter von Bibliotheken und Museen.

Zur Förderung dieser Kontakte kann in beschränktem Umfang auch materielle Hilfe erforderlich werden. So habe ich beispielsweise einer jüdischen Gemeinde in Tel Aviv, die fast nur aus ehemaligen Deutschen, darunter sehr vielen Münchnern, besteht, als ersten Baustein für ein neues Gemeindezentrum eine Spende von 5.000.-- DM überbracht. Es dürfte sich empfehlen, dieser Gemeinde nach Maßgabe des Baufortschritts weitere Hilfe angedeihen zu lassen. Ferner sollten wir einer kürzlich an uns ergangenen Bitte entsprechen, bei der Ausstattung einer neuen Berufsschule zu helfen.

Meine sehr verehrten Damen und Herren! Mein diesjähriger Reisebericht unterscheidet sich nach Länge und Inhalt von seinen Vorgängern, weil er gerade in diesem Fall kein Routinebericht sein konnte. Auch als Stadtrat und als Einzelne sollten wir über unseren eigenen Sorgen und Alltagsproblemen die Aufgabe eines Neubeginnens zwischen dem jüdischen und dem deutschen Volke nicht vergessen. Es ist eine zutiefst menschliche Aufgabe.

Gedenkstunde für die Opfer
des 20. Juli 1944
20. Juli 1964

Seit dem mutigen Versuch des Tyrannenmords durch Offiziere der
Wehrmacht sind erst zwei Jahrzehnte verstrichen. Nicht nur in der
Münchner Erinnerungskultur besitzt das Gedenken an das »andere
Deutschland«, das auch im militärischen Widerstand gegen den
Nationalsozialismus zum Ausdruck kam, einen hohen Stellenwert.
Aber es gibt auch laut vernehmbare Stimmen, die den widerstän-
digen Akteuren die Verleugnung der soldatischen Treuepflicht und
Hochverrat vorwerfen. Noch wirkt die Vergangenheit durch Zeitge-
nossenschaft und eigenes Miterleben stark in die Gegenwart, sind
die physischen aber auch die emotionalen Spuren und Narben, die
durch das NS-Regime geschlagen wurden, allenthalben sichtbar.
Bereits 1960 hatte die Landeshauptstadt erstmals an den militärischen Widerstand erinnert. Die Gedenkrede hielt der Münchner
Religionsphilosoph Romano Guardini.

Die Landeshauptstadt München hat Sie gemeinsam mit der Lud-
wig-Maximilians-Universität, der Technischen Hochschule, der
Akademie für politische Bildung und der Standortkommandantur
München zu dieser Gedenkstunde aus Anlaß der 20. Wiederkehr
des 20. Juli 1944 eingeladen. Sie haben dieser Einladung Folge geleistet, und ich darf Sie deshalb im Namen aller Veranstalter willkommen heißen.

Der 20. Juli 1944 ist ein Teil unserer Geschichte. Das Besondere
an diesem Tag ist nicht, daß an ihm sechs Deutsche gegen Hitler
und sein Gewaltregime Widerstand geleistet und dafür ihr Leben

geopfert haben. Das ist vor und nach dem 20. Juli 1944 geschehen, und wir würden den vielen Einzelnen, die in den Gefängnissen, den Zuchthäusern und den Konzentrationslagern des Dritten Reiches einsam und oft sogar namenlos starben, Unrecht tun, wenn wir das übersehen würden. Das Besondere am 20. Juli 1944 ist vielmehr, daß die Protestbewegung des inneren Widerstands an diesem Tage aus ihrer heimlichen Existenz heraustrat und vor aller Welt sichtbar Zeugnis für das andere Deutschland ablegte. Und das Besondere ist auch, daß sich zur Erhebung des 20. Juli Deutsche aller Berufe, aller politischen Richtungen und aller Konfessionen zusammengefunden haben. Die Motive, aus denen sie das taten, waren vielschichtig und mannigfaltig. Eines aber einigte sie: die Überzeugung nämlich, daß ein Staat, der der Gerechtigkeit entbehrt, einer Räuberbande gleicht und daß der Mensch nicht vom Brot allein lebt, sondern der Freiheit, der Güte und der Achtung bedarf.

Dem Verzweiflungsschritt der Männer vom 20. Juli 1944 ist der äußere Erfolg versagt geblieben. Er endete für die meisten in einem grausamen Tod. Dennoch war ihr Tun nicht umsonst. Denn es wirkt weiter als ein Anruf an uns Lebende, als ein Anruf, es nie wieder zu einem Gewaltregime in unserem Lande kommen zu lassen und als eine Mahnung, die Grundsätze der Gerechtigkeit, der Menschenwürde und der Freiheit nicht erst in extremen Situationen, sondern hier und jetzt in unserem Alltag zu praktizieren.

Diese Mahnung gilt auch für uns hier in München. Und ich freue mich, daß schon seit Jahren Institutionen wie die Akademie für politische Bildung, die Landeshauptstadt, der Kreisjugendring, die Universität, die Bundeswehr und die Technische Hochschule zusammenwirken, um diese Mahnung jeweils am 20. Juli zu bekräftigen und zu erneuern. Die Institutionen, die ich genannt habe, beweisen damit, daß sie nicht nur vordergründige Ziele verfolgen, daß sie die Grundwerte unserer Verfassung nicht nur darstellen, erläutern und der etwaigen Sanktionen wegen beachten, sondern sich ihnen innerlich verbunden fühlen. Den Verantwortlichen dieser Institutionen dafür zu danken ist mir ein Bedürfnis; daß unser gemeinsames Streben Erfolg haben und auch durch den heutigen Abend gefördert werden möge, mein Wunsch und meine Hoffnung.

Ansprache anlässlich
des Volkstrauertages 1964
15. November 1964

> Der zweite Sonntag vor dem ersten Advent wird als Volkstrauertag
> begangen. In schlichten Zeremoniellen wird der Opfer von Krieg
> und Gewaltherrschaft gedacht. Veranstalter ist der Volksbund Deut-
> sche Kriegsgräberfürsorge e. V. Nach dem Ersten Weltkrieg hatte
> der Volksbund einen nationalen Trauertag angeregt. Das Motiv war,
> Solidarität mit den Hinterbliebenen der Gefallenen zu zeigen. 1922
> fand im Berliner Reichstag die erste offizielle Feierstunde statt.

Wir sind hier zusammengekommen, um am heutigen Volkstrauer-
tage 1964 öffentlich der Opfer der beiden Weltkriege und der nationalsozialistischen Gewaltherrschaft zu gedenken. Viele Volks-
trauertage sind vorausgegangen, viele werden folgen. Der diesjäh-
rige Volkstrauertag aber ragt heraus unter seinen Vorgängern und
Nachfolgern. Denn er fällt in das Jahr, in dem sich der Ausbruch
des Ersten Weltkrieges zum 50. Male und der des Zweiten Weltkrieges zum 25. Male jährt.

Heute vor 50 Jahren, am 15. November 1914, hatte der erste
Weltkrieg bereits eine halbe Million Menschenleben gekostet. Und
doch war das nur der Anfang des Blutstromes, der sich bis 1918
über die Welt ergoß. Heute vor 25 Jahren, am 15. November 1939
waren im Zweiten Weltkrieg schon mehr als 100.000 Menschen getötet worden. Und doch war dies nur ein winziger Posten in der
blutigen Bilanz, die der Tod 1945 aus diesem Kriege zog.

Ja, ein Meer von Blut ist in diesen beiden Kriegen über unsere
Stadt, über unser Land und über die ganze Erde hinweggeflossen.

Allein aus unserer Stadt sind fast 13.000 Soldaten im Ersten und über 22.000 Soldaten im Zweiten Weltkrieg gefallen, 10.900 andere Soldaten sind vermißt. 8.300 von ihnen sind inzwischen für tot erklärt worden. Und von den übrigen werden wir heute die allermeisten ebenfalls zu Gefallenen und Toten rechnen müssen. Über 6.600 Münchnerinnen und Münchner sind zwischen 1939 und 1945 von den Bomben des Luftkrieges erschlagen worden. Und tausende von Münchner Bürgern haben ihr Leben durch die inneren Gewaltmaßnahmen des Dritten Reiches verloren. Für ganz Deutschland wird die Zahl der Opfer beider Kriege auf über 6 Millionen und für ganze Welt auf über 65 Millionen geschätzt.

40.000 gefallene Münchner, tausende ermordete Münchner, Millionen tote Deutsche, Millionen Kriegsopfer in aller Welt. Das sind furchtbare Zahlen. Das sind Zahlen, die die ganzen Schrekken und die ganze Sinnlosigkeit des Krieges deutlich machen. Aber hinter diesen Zahlen verbirgt sich noch mehr. Hinter diesen Zahlen steht die unendliche Summe von Einzelschicksalen. Jeder von diesen Tausenden und Millionen von Toten war ein lebendiger Mensch, ein Mensch voller Hoffnungen und Zuversicht, ein Mensch mit dem gleichen Anrecht auf sein Leben und auf Glück und Geborgenheit wie wir. 40.000 gefallene und tausende ermordeter Münchner allein im Zweiten Weltkrieg. Das ist schnell ausgesprochen und ebenso schnell wieder vergessen. Aber es waren doch Menschen, die in dieser Stadt mitten unter uns lebten, bis ein grausames und menschenunwürdiges Regime die einen auf den Schlachtfeldern Europas in den Tod jagte und die anderen in seinen Zuchthäusern und Konzentrationslagern elend zugrunde gehen ließ. Jeder von ihnen hat einzeln für sich die Qual des Todes durchlitten, fern von seiner Familie, seinen Eltern, seiner Frau, seinen Kindern.

Wir wollen heute dieser Toten gedenken. Das heißt, wir wollen uns ihrer erinnern, sie vor unserem geistigen Auge wiedererstehen lassen. Gedenken – das heißt, wir wollen unsere Gedanken auf sie

Gedenken an die Opfer von Krieg und Gewaltherrschaft am Kriegerdenkmal im Hofgarten, 15. November 1964. (Foto: Fritz Neuwirth)

richten, sie wenigstens für diese Stunde dem Vergessen entreißen, in dem sie mehr und mehr zu versinken drohen.

Gehen wir mit unseren Gedanken hinaus zu ihren Gräbern in Rußland und am Atlantik, am Nordkap und in der lybischen Wüste, in Dachau, in Auschwitz, in Mauthausen und in Plötzensee. Wie mahnende Finger ragen die Grabkreuze der Toten überall aus der Erde. Was wollen sie uns Lebenden sagen?

Ich glaube, sie wollen uns mahnen! Sie rufen uns zu: Nehmt Euer Leben ernst. Erkennt, daß es nicht Euer Verdienst ist, daß wir tot sind und Ihr noch lebt. Deshalb: Vergeudet Euer Leben nicht, sondern wendet es an Wesentliches. Gewinn und Genuß sind nicht die

127

Mitte des Daseins. Leben heißt, sich an Werten orientieren und die eigene Persönlichkeit verantwortungsbewußt zu entwickeln, heißt sich selbst im Zaum zu halten und in dem Mitmenschen nicht ein Mittel zum Zweck, sondern ein Wesen gleicher Würde zu sehen.

Sie mahnen uns auch: Vergeßt unsere Witwen und Waisen nicht. Und kümmert Euch um die, die zwar lebend zurückkehrten, aber die Spuren des Krieges oder der Gewaltherrschaft für immer an ihrem Körper tragen. Redet nicht einmal im Jahr wohlfeile Worte, sondern handelt, helft dem Schwachen und Hilfsbedürftigen auch um den Preis der eigenen Bequemlichkeit. Wir haben mehr geopfert als ihr.

Und sie mahnen uns weiter: Denkt nicht nur an uns, die Toten Eurer Stadt, Eures Volkes. Denkt an die Toten aller Völker. Ein deutscher Soldat, der im Dezember 1941 in Rußland fiel, hat in einem Brief kurz vor seinem Todes diese Mahnung schon damals in die Worte gefaßt: »Brutale Gewalt ist das Kennzeichen für unser Jahrhundert, und so werden wir auch mitleiden müssen mit allen unseren Brüdern und Schwestern, wir, denen Recht, Humanität und Menschenliebe eine Verpflichtung sind. Mitleiden – vor allem deshalb, weil es uns verwehrt bleibt, zu helfen, weil wir Hunderttausende, ja Millionen von Menschen leiden und hungern sehen, ohne die Möglichkeit zu haben, mit Wort und Werk gegen dieses Elend einzuschreiten. Welch ein unseliger Krieg ist dieses Menschenmorden im Osten Europas! Ein Frevel an der Menschheit!«

Und noch etwas rufen sie uns zu. Sie sagen: Es genügt nicht, sich einmal im Jahr zu versammeln und unser zu gedenken. Ihr müßt von diesem Gedenken Kräfte mitnehmen und Maßstäbe für Euer eigenes Tun. Denn an Euch liegt es, ob die Dämme der Menschlichkeit und der Gerechtigkeit noch einmal brechen oder ob sie künftig in unserem Lande standhalten. Deshalb wehret den Anfängen. Laßt es nicht mehr zu, daß sich totalitäre Systeme Eurer bemächtigen und Diktatoren Euch beherrschen. Erkennt Eure Verantwortung für den Frieden, die Freiheit und eine gerechte Ord-

Oberbürgermeister Vogel vor der Ruine des ehemaligen Armeemuseums
bei seiner Ansprache zum Volkstrauertag, 15. November 1964.
(Foto: Fritz Neuwirth)

nung in der Welt. Und laßt Euch nie mehr verblenden und verfüh-
ren von denen, die dem Machtrausch verfallen sind.

Ich habe gesagt, alle Toten mahnen uns. Diejenigen, die draußen an den Fronten im Kampf gefallen sind und diejenigen, die
im Widerstand gegen Hitler ihr Leben ließen. Sie mahnen uns
gemeinsam. Es ist kein Gegensatz zwischen dem, der mit gutem
Gewissen sein Vaterland zu verteidigen glaubte und dem, der mit-
helfen wollte, der nationalsozialistischen Herrschaft so bald wie
möglich ein Ende zu bereiten. Beide folgten der Stimme ihres Ge-
wissens und beide waren letztlich Opfer desselben unmenschlichen
Systems. »Wir harren auf unseren Posten aus«, schrieb ein Soldat
1943 von der Ostfront, »auch wenn es hier kein für Etwas mehr gibt,
sondern nur noch ein gegen Etwas. Ist es meine Schuld, wenn ich
falsch orientiert bin? Verflucht die Schuldigen!«. Der Krieg, so hieß

129

es einmal, sei der Vater aller Dinge. Nun, der letzte Krieg – er war schon beinahe das Ende aller Dinge. Ein neuer Weltkrieg wird es mit Sicherheit sein. Der Krieg ist der Mörder allen Lebens, so muß das Sprichwort für unsere Generation lauten. Darum ist es unsere gemeinsame Aufgabe, alles zu tun, um den Krieg zu verhindern. Dazu gehört, daß man den Angriffslustigen nicht zur Überrumpelung ermuntert. Dazu gehört aber auch das Streben nach kontrollierter Abrüstung. Dazu gehört weiter das Bemühen um die Wiedervereinigung unseres Vaterlandes, dessen unnatürliche Spaltung so viele Gefahren in sich birgt. Dazu gehört das Fortschreiten auf dem Weg zur Einigung Europas und das Zurückdrängen nationalstaatlicher Egoismen. Und dazu gehört ebenso, daß man alles tut, um die eigene Lebens- und Gesellschaftsordnung so zu gestalten, daß sie wegen ihrer Gerechtigkeit, Sittlichkeit und Menschlichkeit den Menschen aller Völker erstrebenswert erscheint und deshalb im Wettstreit mit totalitären Systemen zu bestehen vermag. Nicht zu sterben, sondern für die Mitmenschen, die Gemeinschaft, die Zukunft des eigenen Volkes und aller Völker zu leben, sinnvoll und wirksam zu leben – das ist das Gebot unserer Zeit. Ein Gebot, das John F. Kennedy, der große Präsident der Vereinigten Staaten in die unsterblichen Worte gefaßt hat:»Fragt nicht, meine Mitbürger, was Euer Land für Euch tun kann – fragt, was Ihr tun könnt für Euer Land. Und Ihr meine Mitbürger in der ganzen Welt, fragt nicht, was mein Land für Euch tun kann, sondern fragt, was wir alle zusammen tun können für die Freiheit der Menschheit.«

Wenn wir diese Folgerung für uns selbst ziehen, dann ist das Sterben derer, deren Gedächtnis wir heute begehen, nicht umsonst gewesen. Dann ist durch ihr Opfer dieser Tag zu einem Tag geworden, an dem wir uns über alle Meinungsverschiedenheiten hinweg in gemeinsamer Trauer und in dem Willen zusammenschließen, aus dem Erlebten und Erlittenen zu lernen. Die Toten, sie werden nicht unsere Worte, sie werden unsere Taten wägen. Sorgen wir dafür, daß wir vor ihnen bestehen können.

Abendessen der Landeshauptstadt München zu Ehren der Münchner Nobelpreisträger
16. Dezember 1964

Anlässlich der Verleihung des Nobelpreises an den Münchner Biochemiker Feodor Lynen lädt die Stadt die Münchner Nobelpreisträger in den Saal des Alten Rathauses. Neben Professor Lynen sind Rudolf Mößbauer (Nobelpreis für Physik im Jahr 1961) und Werner Heisenberg (Nobelpreis für Physik im Jahr 1932) der Einladung des Oberbürgermeisters gefolgt. Adolf Butenandt (Nobelpreis für Chemie im Jahr 1939) ist aus gesundheitlichen Gründen verhindert.

Die Landeshauptstadt hat sich erlaubt, Sie aus Anlaß der Verleihung des Nobelpreises an Herrn Professor Dr. Dr. h. c. Feodor Lynen zu einem festlichen Abendessen zu Ehren der Münchner Nobelpreisträger hierher in den Alten Rathaussaal einzuladen. Sie haben dieser Einladung Folge geleistet, und ich darf Sie deshalb im Namen des Stadtrats, aber auch persönlich auf das herzlichste willkommen heißen.

Das Wesen und der Sinn der Stadt, meine sehr verehrten Damen und Herren, kann vielfältig definiert werden, und die Diskussion über dieses Thema ist fast so alt wie die Stadt selbst. Ich möchte diese Diskussion hier nicht vertiefen. Aber eines steht für uns wohl fest. Daß nämlich eine Stadt – jedenfalls nach unserer Meinung – nicht nur eine zufällige Anhäufung von Menschen, Gebäuden und kommunalen Einrichtungen oder nur eine administrative Institution ist. Nein, meine Damen und Herren, – Stadt ist gerade in München mehr, ist bürgerliche, geistige und damit auch kulturelle Gemeinschaft. Der Wert einer solchen Gemeinschaft ist deshalb nicht allein abzulesen an der Länge der gebauten Straßen, an der Zahl der fertiggestellten Wohnungen und an dem Stand der Arbeiten für die Untergrundbahn – so wichtig diese Dinge auch sind – er wird vielmehr auch bestimmt von den kulturellen und geistigen Initiativen, die von dieser Gemeinschaft ausgehen und von den Persönlichkeiten, die diese Gemeinschaft ehrt. Fast könnte man in Abwandlung eines bekannten Wortes sagen »Sage mir, wen oder was Du ehrst, und ich sage Dir, wer Du bist«.

Mit dem heutigen Abend will München seine Nobelpreisträger ehren, das heißt diejenigen seiner Bürger, die für ihre wissenschaftlichen Leistungen mit dem höchsten Preis ausgezeichnet worden sind, den die gelehrte Welt zu vergeben hat. Diese Ehrung gilt zuvörderst Ihnen, sehr verehrter Herr Professor Lynen, der Sie den Preis erst vor wenigen Tagen aus der Hand des Schwedischen Königs entgegen genommen haben. Als gebürtiger Münchner, der seine Studien in München absolviert hat, der in München als Ordinarius und Direktor eines Max-Planck-Instituts tätig ist, der hier seine bahnbrechenden Untersuchungen auf dem Gebiet des Mechanismus und der Regulierung des Cholesterol- und Fettsäurestoffwechsels geführt hat und der überdies Schüler und Schwiegersohn eines anderen Münchner Nobelpreisträgers ist, sind Sie sozusagen der Prototyp des Münchner Nobelpreisträgers. Ich darf Ihnen deshalb an dieser Stelle noch einmal in aller Form die herzlichsten Glückwünsche der Münchner Bürgerschaft und des Münchner Stadtrats aussprechen.

Die Ehrung gilt weiter den drei Bürgern unserer Stadt, die den Nobelpreis schon zu einem früheren Zeitpunkt empfangen haben, nämlich Ihnen, Herr Professor Mößbauer und Ihnen Herr Professor Heisenberg, die Sie heute in unserer Mitte weilen und Herrn Professor Butenandt, der leider aus gesundheitlichen Gründen nicht zu uns kommen konnte. Die Verdienste eines Heisenberg

Oberbürgermeister Hans-Jochen Vogel mit den Nobelpreisträgern (von rechts) Professor Werner Heisenberg, Professor Rudolf Mößbauer und Professor Feodor Lynen, 16.12.1964; links: Frau Mößbauer. (Foto: Rudi Dix)

und eines Butenandt von neuem zu würdigen, hieße wohl Wasser in die Isar gießen. Auch Ihre wissenschaftliche Leistung, Herr Professor Mößbauer, und die von Ihnen entdeckten ebenso wie die von Ihnen ausgelösten Effekte bedürfen kaum der erneuten Würdigung. Lassen Sie mich aber noch einmal meiner Freude über Ihre Rückkehr Ausdruck geben. Wir hätten gerne nach biblischem Vorbild ein Kalb geschlachtet, aber der Wirt hatte bereits ein anderes Gastmahl vorbereitet.

Ein ehrendes Gedenken widmet die Stadt am heutigen Tag aber auch den 13 schon verstorbenen Nobelpreisträgern, die bei Anlegung eines strengen Maßstabes als Münchner anzusehen sind, weil sie hier geboren worden sind oder doch einen bedeutsamen Teil ihres Lebens hier verbracht haben. Es sind dies die Nobelpreisträger für Chemie Adolf von Baeyer, Eduard Buchner, Richard Willstätter, Heinrich Wieland und Hans Fischer, die Preisträger für Phy-

133

sik Wilhelm Conrad Röntgen, Wilhelm Wien, Max von Laue, Max Planck und Albert Einstein, die Preisträger für Literatur Paul Heyse und Thomas Mann und Ludwig Quidde, der Träger des Friedensnobelpreises. Lockert man den Maßstab etwas, dann können wohl auch noch zwei lebende Persönlichkeiten zu den Münchner Nobelpreisträgern gerechnet werden, nämlich der mit Professor Lynen in diesem Jahr gemeinsam ausgezeichnete Professor Eduard Bloch, der an der Technischen Hochschule in München studiert hat, und Linus Pauling, der nach seiner Promotion eine Zeitlang bei Hans Fischer in München gearbeitet hat und zu den Wenigen zählt, die zwei Nobelpreise empfangen haben.

Wollte man an Hand dieser Namen eine Münchner Nobelbilanz aufstellen, so ergäbe sich, daß von den 358 Persönlichkeiten und Institutionen, an die der Nobelpreis bisher verliehen wurde, 20 in engeren Beziehungen zu München standen. Das sind immerhin fast 40 Prozent aller deutschen Preisträger. Ich glaube, daß von Berlin und Göttingen abgesehen, kaum eine andere Stadt ähnliches von sich sagen kann.

Warum das so ist, gehört zu den Geheimnissen Münchens, die wohl keiner je ganz enträtseln wird. Aber offenbar ist diese Stadt in ihrer Vielfalt und Toleranz, in ihrer Vitalität und Natürlichkeit, in ihrer Fähigkeit, alle nur denkbaren Widersprüche in einer höheren Harmonie zum Schweben und zur Einheit zu bringen, auch ein vorzüglicher Nährboden des Geistes. Und ganz sicherlich ist heute keine Darstellung Münchens mehr vollständig, die unsere Stadt nicht auch als ein Zentrum der Forschung, der Lehre und der Wissenschaft begreift. Wir, die wir für diese Stadt Verantwortung tragen, sind uns dieser Tatsache bewußt. Und ich möchte dem wissenschaftlichen München, das sich heute im Alten Rathaus versammelt hat, sagen, daß wir die Verpflichtungen erkennen, die sich für uns aus dieser Tatsache ergeben. Wissenschaft, Lehre und Forschung sind für uns nicht nur schmückende Attribute, die sich bei festlichen Reden trefflich verwenden lassen, sonst aber ihr Leben am Rande unserer örtlichen Gemeinschaft führen. – Nein! Sie sind zentrale Faktoren im Kraftfeld unserer Stadt.

Meine sehr verehrten Damen und Herren!

Im Testament Alfred Nobels heißt es, daß der nach ihm benannte Preis denen zuerkannt werden solle, die jeweils auf ihrem Fachgebiet im verflossenen Jahre der Menschheit den größten Nutzen geleistet haben. Wir sind stolz darauf, daß Bürger unserer Stadt zum Kreise derer gezählt werden, die der gesamten Menschheit Nutzen gebracht haben. Und wir danken Ihnen dafür, daß Sie damit zugleich unserer Stadt gedient und ihr Ansehen gemehrt haben. Daß München noch immer leuchtet, ist nicht zuletzt Ihr Verdienst. Möge uns ein ähnlicher Anlaß in nicht allzuferner Zeit wieder in diesem Kreise zusammenführen.

Gedenkfeier anlässlich der 20. Wiederkehr des Tages, an dem für München der Krieg und die Gewaltherrschaft zu Ende ging 30. April 1965

In den letzten Apriltagen 1945 rücken Kampftruppen der US-Army auch auf München vor. Nach dem gescheiterten Putschversuch der »Freiheitsaktion Bayern« am 28. April und dem brutalen Gegenschlag in der Stadt verbliebener SS-Einheiten bleiben am 29. April die Münchner Straßen weitgehend menschenleer. Der Einmarsch der Amerikaner steht unmittelbar bevor; die ersten GIs erreichen den Marienplatz am Nachmittag des 30. April. Die Bilanz des Zweiten Weltkriegs in der Stadt ist verheerend: die historische Altstadt wurde weitgehend zerstört; etwa die Hälfte der gesamten städtischen Bausubstanz ist verloren. Mehr als 6.600 Menschen wurden getötet, annähernd 16.000 verwundet. Die jüdische Gemeinde ist bis auf wenige Überlebende ausgelöscht; etwa 3.000 jüdische Münchnerinnen und Münchner wurden in den Todeslagern im Osten ermordet.

Überall wird in dieser Woche der 20. Wiederkehr des Tages gedacht, an dem der Zweite Weltkrieg in Europa zu Ende ging. Auch München hat Anlaß, dieses Ereignisses zu gedenken und sich insbesondere jenen 30. April 1945 in Erinnerung zu rufen, an dem für unsere Stadt der Krieg und mit ihm die nationalsozialistische Gewaltherrschaft ein Ende fand.

Dieses München des 30. April 1945 war eine Ruinenstadt. Zwei Fünftel aller Bauwerke lagen in Schutt und Asche. In den Straßen türmten sich die Trümmer zu hohen Bergen. Ganze Stadtviertel waren nahezu menschenleer. Mehr als 400.000 Einwohner waren geflohen, fast alle Männer im wehrpflichtigen Alter befanden sich in Gefangenschaft. 22.350 Münchner waren an den Fronten gefallen, Tausende hatten in den Konzentrationslagern und Zuchthäusern ihr Leben verloren, mehr als 6.600 Bürgerinnen und Bürger waren in den Bombennächten ums Leben gekommen. Brand- und Modergeruch lag über der Stadt.

Eine Welt scheint uns heute von jenem München zu trennen. Und doch sind es nur 20 Jahre. 20 Jahre, in denen wir einen Weg zurückgelegt haben, den kaum einer von uns 1945 für möglich gehalten hätte. Einen Weg allerdings auch, auf dem wir kaum innegehalten und das, was geschehen ist, einmal in Ruhe überdacht haben. Lassen Sie uns deshalb wenigstens heute einige Gedanken auf das Geschehene wenden und das aussprechen, was wir nicht vergessen wollen.

Wir wollen nicht vergessen, daß die Zerstörung unserer Stadt, die Zerstörung unseres Vaterlandes und die Zerstörung weiter Landstriche Europas nicht eine blinde Laune des Schicksals, sondern die Folge einer maßlosen und verblendeten Politik waren. Einer Politik, die sich von allen rechtlichen und sittlichen Bindungen lossagte und die das eigene Volk so sehr in ein System der totalitären Diktatur verstrickte, daß Recht und Freiheit erst nach der vollständigen militärischen Niederlage dieses Systems von neuem Wurzeln schlagen konnten.

Wir wollen nicht vergessen, daß der Wiederaufbau unserer Stadt und unseres Landes eine Gemeinschaftsleistung aller Bürger und eine Leistung der Demokratie war. Jener Demokratie, die noch heute manchem als schwach, suspekt und wenig leistungsfähig gilt. Und wir wollen uns auch dankbar der Hilfe erinnern, die uns beispielsweise im Zeichen des Marshallplanes von Außen zuteil wurde.

Wir wollen nicht vergessen, daß die innere Festigung unseres Gemeinwesens nicht auf allen Gebieten mit dem äußeren Wiederaufbau Schritt gehalten hat. Daß noch vieles zu tun ist, bis wir sagen können, die Dämme unseres demokratischen Bewußtseins sind stark genug, um einer neuen Flut totalitärer und chauvinistischer Gedanken, gleich von woher sie auch drohen mögen, standzuhalten.

Wir wollen auch nicht vergessen, daß in den Monaten und Jahren der bittersten Not die Städte und Gemeinden diejenigen öffentlichen Körperschaften waren, die noch ein Mindestmaß an Ordnung aufrecht erhielten und ihre Bürger vor dem Äußersten bewahrten. Noch bevor es eine Bundesrepublik gab und noch ehe die Länder ihre Funktionen wieder in vollem Umfang wahrnehmen konnten, waren die Rathäuser bereits die Kristallisationspunkte des Wiederaufbaues. Wenn überhaupt, dann hat München, dann haben die deutschen Städte und Gemeinden damals ihre Lebenskraft und ihre Regenerationsfähigkeit unter Beweis gestellt.

Und schließlich wollen wir all jene nicht vergessen, die ihr Leben in den Jahren vor 1945 oder noch danach an den Folgen des Krieges verloren haben. Verloren haben, weil sie dem Gewaltregime Widerstand leisteten, weil sie glaubten, ihr Vaterland verteidigen zu müssen oder weil sie ganz einfach Opfer des Terrors und der entfesselten Gewalten wurden. Lassen Sie uns ihrer schweigend gedenken und lassen Sie uns in dieser Stunde erneut den Vorsatz fassen, daß wir als diejenigen, die für diese Stadt Verantwortung tragen, alles tun wollen, damit München nicht noch einmal einen 30. April 1945 erlebt. Diesem Ziel sollten wir alles unterordnen, alle egoistischen Wünsche, alle Interessengegensätze und auch alle politischen Meinungsverschiedenheiten. So und nur so erfüllen wir das Vermächtnis der Toten und das Vermächtnis jener Männer und Frauen, die auch in der dunkelsten Stunde an Münchens Zukunft nicht verzweifelt sind und für die ich stellvertretend nur drei Namen nenne:

Gustav Schiefer

Karl Scharnagl
Thomas Wimmer

Sie haben stehend der Toten gedacht. Ich danke Ihnen. Und nun lassen Sie uns von neuem an die Arbeit gehen.

Besuch Ihrer Majestät Königin Elizabeth II. von England und Seiner Königlichen Hoheit, Prinz Philipp, Herzog von Edinburgh
21. Mai 1965

Zu den aufsehenerregenden Ereignissen des Jahres 1965 zählt zweifellos der Staatsbesuch von Königin Elizabeth II., die von Prinzgemahl Philipp begleitet wird. Die Königin ist das erste britische Staatsoberhaupt, das der bayerischen Landeshauptstadt einen offiziellen Besuch abstattet. Entsprechend aufwendig hat sich die Stadt auf diesen Besuch vorbereitet: »München hat sein Festgewand angezogen; überall ein Meer von Blumen und Fahnen«, so der Chronist über das Stadtbild. Neben dem Besuch der Staatskanzlei und des Rathauses steht die Alte Pinakothek, die Porzellanmanufaktur in Nymphenburg und eine Opernaufführung (Rosenkavalier) auf dem dicht gedrängten Reiseprogramm der Monarchin.

Die Bürger Münchens haben Eurer Majestät und Eurer Königlichen Hoheit bereits soeben einen überaus herzlichen und warmen Empfang bereitet. Nunmehr darf ich Eure Majestät und Eure Königliche Hoheit und die Begleitung Eurer Majestät im Namen der Münchner Bürgerschaft und des in festlicher Sitzung versammelten Stadtrats im Rathaus unserer Stadt selbst in aller Form verehrungsvoll willkommen heißen.

Es bedeutet für unsere Stadt eine hohe Ehre und Auszeichnung, daß Eure Majestät ihr einen gesonderten Besuch abstatten. Wir erblicken darin ein Zeichen für die Erneuerung und Festigung der britisch-deutschen Beziehungen. München hat dazu in den vergangenen Jahren nach dem Maße seiner Kräfte beigetragen. Ich

Königin Elizabeth II. von England trägt sich in das Goldene Buch der Stadt München ein; hinter ihr (halb verdeckt) Prinz Philipp, 21. Mai 1965.

denke dabei vor allem an die Britische Woche des Jahres 1963, an den immer lebhafter werdenden Austausch mit unserer Schwesterstadt Edinburgh, aber auch an die Studienreise, die eine Delegation des Stadtrats in der nächsten Woche nach London führen wird.

Eure Majestät sind die oberste Repräsentantin des britischen Volkes. Als Sprecher dieser Stadt darf ich Eure Majestät bitten,

Königin Elizabeth II. mit Ministerpräsident Alfons Goppel bei ihrem Besuch in Schloss Nymphenburg, 21. Mai 1965. (Foto: Georg Schödl)

für das britische Volk die freundschaftlichen Empfindungen und Grüße der Bürgerinnen und Bürger Münchens entgegenzunehmen. Zugleich darf ich Eure Majestät bitten, als Ehrengeschenk der Landeshauptstadt München diesen Brief anzunehmen, den Richard Strauss, einer der größten Söhne unserer Stadt, im Jahre 1930 geschrieben hat und der sich auch mit dem Rosenkavalier beschäftigt, den Eure Majestät heute abend im Nationaltheater hören werden. Und nun darf ich Eure Majestät und Eure Königliche Hoheit bitten, sich in das Goldene Buch einzutragen, um auch späteren Generationen eine Erinnerung an ein historisches Ereignis in der Geschichte unserer Stadt zu überliefern.

Trauerfeier für Peter Paul Althaus
im Nordfriedhof
20. September 1965

Schon als Jugendlicher fühlte sich der 1892 in Münster geborene Peter Paul Althaus zu Literatur und Poesie hingezogen. Doch erst sein Zuzug nach München im Jahr 1922 und die intensiven Kontakte zur Schwabinger Bohème verschaffen ihm eine breitere Öffentlichkeit und literarische Erfolge. In der Folgezeit war er als Schriftsteller, Kabarettist und Hörspielautor tätig. Während der NS-Zeit zog er sich in eine Art »innere Emigration« zurück. 1948 gründete Peter Paul Althaus (meist nur PPA genannt) den bis heute bestehenden Künstlerkreis Seerose. Legendär ist sein zart-melancholisches Gedicht »In der Traumstadt«, in dem es heißt:

»In der Traumstadt ist ein Lächeln stehn geblieben;
niemand weiß, wem es gehört.
Und ein Polizist hat es schon dreimal aufgeschrieben,
weil es den Verkehr, dort wo es stehn geblieben, stört.«

Zusammen mit seinen Angehörigen, zusammen mit seinen Freunden trauert auch die Landeshauptstadt München um Peter Paul Althaus. Seinen Lebensweg, seine literarische Leistung, sein Wesen und seine Persönlichkeit haben bereits oder werden noch Berufenere schildern. Für München war Peter Paul Althaus auch gar nicht in erster Linie Schriftsteller, Dramaturg oder Journalist. Für München war er vielmehr die Inkarnation und zugleich die höchste Autorität Schwabings und damit eine Münchner Institution. Und wenn es wahr ist, daß Schwabing die Unruhe der Münchner Uhr

*Beisetzung von Peter Paul Althaus auf dem Nordfriedhof, 20. September 1965;
neben Oberbürgermeister Hans-Jochen Vogel der Münchner Kulturreferent
Herbert Hohenemser. (Foto: Georg Schödl)*

bildet, dann war Peter Paul Althaus einer der Edelsteine, auf denen
sie gelagert ist. Er war es in doppeltem Sinn. Denn wie die Utopi-
sten des Mittelalters ein Idealbild des Staates entwarfen, so entwarf
er mit seiner Traumstadt ein Idealbild Schwabings, ein Idealbild, an
dem das wirkliche Schwabing immer wieder gemessen wurde und
das deshalb auf das wirkliche Schwabing einen nicht zu unterschät-
zenden Einfluß nahm. Und er war in der Abgeschiedenheit seiner
Krankenstube nicht nur der Bürgermeister seiner Traumstadt, sondern für alles, was in den Zirkeln und Kreisen Schwabings vor sich
ging, bis zuletzt eine Art Arbiter artium. Und seine Botschaften,
Erlasse und Monita waren ebenso unangefochten wie die Titel, die
er kraft eigenen Rechtes verlieh.

So wird er in unserer Erinnerung fortleben. Als einer, der an der
Grenze zwischen Schein und Wirklichkeit lebte, als einer, der der

146

Palette Münchens einen eigenen Farbton hinzusetzte und als eine Persönlichkeit, die so wohl nur in München und innerhalb Münchens, nur in Schwabing wachsen und wirken konnte. So nehme ich für München Abschied von Peter Paul Althaus, dankbar, aber auch voll Wehmut. Und was an mir liegt, will ich gerne tun, damit das erhalten bleibt, was Du, lieber Peter Paul Althaus, bei Deinem Heimgang nicht mitgenommen hast, was von Dir erdacht und geschaffen mitten unter uns stehenblieb:

Das Lächeln in der Traumstadt.

Enthüllung des Gedenksteins für die Opfer des Nationalsozialismus
6. November 1965

Bereits im September 1946 fasste der Stadtrat den Beschluss, dem Rondell an der Brienner Straße die Bezeichnung »Platz der Opfer des Nationalsozialismus« zu geben. Auf Initiative der SPD-Fraktion kommt es dort 1965 zur Errichtung eines Denkmals (Künstler: Karl Oppenrieder), das am 6. November enthüllt wird. Der schlichte, zweieinhalb Meter hohe Gedenkstein aus Flossenbürger Granit trägt die Inschrift »Den Opfern des Nationalsozialismus«, hat aber lediglich den Charakter eines Provisoriums. Geplant ist, in absehbarer Zukunft auf dem Areal des Wittelsbacher Palais, der ehemaligen Gestapo-Zentrale, einen zentralen Ort des Gedenkens zu schaffen. Dieses Vorhaben wird jedoch nie realisiert. Im Jahr 1985 wird der Gedenkstein an den »Platz der Freiheit« in Neuhausen versetzt. Ein neues, von dem Künstler Andreas Sobeck gestaltetes und sechs Meter hohes Denkmal tritt an seine Stelle. Die Inschrift lautet nun »Den Opfern der nationalsozialistischen Gewaltherrschaft«.

Wir haben uns versammelt, um an dieser Stelle inmitten unserer Stadt einen Gedenkstein für die Opfer des Nationalsozialismus zu enthüllen. Nach dem Willen des Stadtrats ist dieser Gedenkstein ein Vorläufer – ein Vorläufer für ein Denkmal, das seinerzeit dort drüben auf dem Gelände des ehemaligen Wittelsbacher-Palais im Zusammenhang mit dem Volksbildungshaus an der Stelle errichtet werden soll, an der sich bis 1945 das Hauptquartier und das Gefängnis der Gestapo befand.

Ich meine, diese Absicht mindert die Bedeutung und den Sinn

Enthüllung des Gedenksteins für die Opfer des Nationalsozialismus, 6. November 1965. (Foto: Rudi Dix)

dieses Gedenksteins nicht. Die Bedeutung, die darin liegt, daß die bayerische Landeshauptstadt 20 Jahre nach dem Ende der nationalsozialistischen Gewaltherrschaft diejenigen öffentlich ehrt, die in der Zeit der Unfreiheit und der Unmenschlichkeit widerstanden haben. Gerade im Alltag jeden Einzelnen, der hier vorübergeht, zu mahnen, daß es auch an ihm liegt, ob die Dämme der Menschlichkeit und der Gerechtigkeit noch einmal brechen oder ob sie künftig in unserer Stadt, in unserem Land standhalten. Und das beginnt schon im kleinsten Bereich. Denn wie wir unseren Mitmenschen gegenübertreten, ob wir unsere Verantwortung auch für den anderen und das Ganze erkennen, ob wir unser Leben vergeuden oder an Wesentliches wenden, ob wir uns selbst im Zaum zu halten verstehen und vor allem, ob wir schon den Anfängen neuen Unrechts wehren – das entscheidet darüber, ob das Opfer derer, denen dieser Gedenkstein gewidmet ist, einen tieferen Sinn hatte. Den Sinn nämlich, die Flamme der Freiheit, des Rechts und der

Menschlichkeit weiterzugeben durch Nacht und Dunkelheit an ein anderes und besseres Deutschland.

Der Gedenkstein ist schlicht, und der Künstler, dem ich für sein Werk danke, hat ihn ohne jedes Pathos aus Flossenbürger Granit geschlagen. Diese Schlichtheit, so glaube ich, ist wohlbedacht und symbolisch; denn Phrase, Schwulst und hohles Pathos sind die Attribute der Diktatur. Menschlichkeit, Ehrlichkeit und Anstand können dieser Attribute entbehren – sie ziehen ihre Kraft aus höheren Werten.

In diesem Sinne enthülle ich jetzt den Gedenkstein und übergebe ihn der Obhut der Münchner Bürgerschaft. Möge er

für immer an die Opfer der Gewaltherrschaft erinnern,
und mögen
die Werte, für die er zeugt, für immer die Grundlagen
unserer Gemeinschaftsordnung sein.

Das ist mein Wunsch in dieser Stunde.

Empfang der Landeshauptstadt anlässlich der Verleihung des Ehrenbürgerrechts an Herrn Ministerpräsident Dr. h. c. Alfons Goppel 2. Dezember 1965

Der 1905 in Regensburg geborene Jurist Alfons Goppel (CSU) wird 1962 zum Ministerpräsidenten gewählt. Er übt dieses Amt bis zum Jahr 1978 aus – die bislang längste Amtszeit eines bayerischen Kabinettchefs. Für seine Partei kann der in der Bevölkerung enorm beliebte Goppel bei den Landtagswahlen 1974 ein seitdem unerreichtes Rekordergebnis von 62,1 Prozent verbuchen – der Gegenkandidat bei dieser Wahl: Hans-Jochen Vogel. Goppels Nachfolger als bayerischer Ministerpräsident wird Franz Josef Strauß. Alfons Goppel stirbt im Dezember 1991. In einem Nachruf wird er als »Typus des leutseligen Landesvaters, den königstreue Bajuwaren als eine Art Ersatzmonarch betrachten durften« charakterisiert. Die feierliche Verleihung des Ehrenbürgerrechts findet im Saal des Alten Rathauses statt.

Die Landeshauptstadt hat sich erlaubt, Sie heute Abend zu einem festlichen Empfang aus Anlaß der Verleihung des Ehrenbürgerrechts an Herrn Ministerpräsident Dr. h. c. Alfons Goppel hierher in den Alten Rathaussaal einzuladen. Sie haben dieser Einladung Folge geleistet, und ich darf Sie deshalb im Namen des Stadtrats, aber auch persönlich, sehr herzlich willkommen heißen.

Mein besonderer Gruß gilt dabei Ihnen, sehr geehrter Herr Ministerpräsident, und Ihrer sehr verehrten Frau Gemahlin. Denn Sie stehen im Mittelpunkt des heutigen Abends. Und nachdem meine beiden Stellvertreter und ich Ihnen bereits am 1. Oktober 1965 die Urkunde über die Verleihung des Münchner Ehrenbürgerrechts überreicht haben, wollen wir Sie heute in aller Form in den Kreis der Münchner Ehrenbürger einführen.

Die bayerische Landeshauptstadt ist mit der Vergabe ihres Ehrenbürgerrechts stets recht sparsam gewesen. Erstmals hat sie es im Jahre 1820 verliehen an den Staatsminister von Zentner, und zwar interessanterweise mit der Begründung, daß er sich »um die freie Bewegung der Gemeindekörperschaften« verdient gemacht habe. Seitdem hat München 37 Persönlichkeiten dieser hohen Auszeichnung für würdig befunden. Unter ihnen dominieren die Wissenschaftler mit insgesamt neun Ehrenbürgern vor den Staatsmännern und Künstlern mit je acht Ehrenbürgern. Welch subtile Auswahl dabei getroffen wurde, zeigt die Tatsache, daß sich unter den Ehrenbürgern wohl Bismarck, im Gegensatz zu vielen anderen Städten aber nicht Wilhelm II. befindet. Offenbar haben ihm unsere Vorväter nie verziehen, daß er am 8. September 1891 in das Goldene Buch unserer Stadt den Satz geschrieben hat »Suprema lex regis voluntas«, was sinngemäß mit den Worten übersetzt wurde »Der Wille des Königs von Preußen ist oberstes Gebot«.

Sie, sehr verehrter Herr Ministerpräsident, sind der 38. Ehrenbürger unserer Stadt und folgen in dieser Eigenschaft unmittelbar auf so verdienstvolle Persönlichkeiten wie Thomas Wimmer, Wilhelm Hoegner, Hans Ehard und Hans Knappertsbusch. Die Gründe und Erwägungen, aus denen der Stadtrat in seiner Sitzung vom 29. September 1965 einstimmig beschloß, Sie zum Ehrenbürger zu ernennen, durfte ich Ihnen anläßlich der Überreichung der Urkunde bereits vortragen. Ich darf mich deshalb heute darauf beschränken, aus dem Beschluß des Stadtrats noch einmal die wichtigsten Sätze zu verlesen. Sie lauten: »Selbst aus der kommunalen Tätigkeit hervorgegangen, hat sich der Jubilar gegenüber der Vielfalt und Größe der kommunalen Probleme Münchens ungeachtet gelegentlicher Unterschiede in der Beurteilung von Einzelfragen

Festakt für den neuen Münchner Ehrenbürger Ministerpräsident Alfons Goppel im Saal des Alten Rathauses, 2. Dezember 1965. (Foto: Rudi Dix)

immer aufgeschlossen gezeigt. Darüberhinaus hat er stets die besonderen Aufgaben und Verpflichtungen Münchens als Landeshauptstadt gewürdigt und – auch gegen Widerstände – darauf hingewirkt, daß der Freistaat Bayern seine Landeshauptstadt bei der Erfüllung dieser Aufgaben in angemessener Weise unterstützt hat. Als Beispiel für diese verständnisvolle Haltung des Jubilars darf ich vor allem auf sein entschiedenes Eintreten für die Verwirklichung des Münchner Untergrund- und Verbindungsbahnprojekts verweisen. Gerade die Lösungen, die in beiden Fällen für die Finanzierung der Projekte gefunden wurden, hätten sich ohne das mehrfache persönliche, von allen parteipolitischen Rücksichten freie Eingreifen des Jubilars kaum erreichen lassen. München hat damit in einer Lebensfrage eine entscheidende Hilfe und Förderung erfahren.« Dem ist nichts hinzuzufügen.

Meine sehr verehrten Damen und Herren! Da und dort in der Bundesrepublik ist in den vergangenen Jahren die Frage gestellt worden, ob denn das Ehrenbürgerrecht in unserer Zeit noch Sinn und Bedeutung habe. Für München jedenfalls möchte ich die Frage bejahen. Denn seine Verleihung ist für uns noch immer ein Zeichen dafür, daß sich die Bürgerschaft unserer Stadt als eine unter sich verbundene Gemeinschaft ansieht, der anzugehören der Einzelne als Vorzug, vielleicht sogar als Ehre empfindet. Zwar trennt uns fast alles von dem stolzen »Civis Romanus sum« – »Ich bin ein Bürger Roms«, mit dem im Altertum der Römer auf die Frage nach Herkunft und Status antwortete. Aber ein klein wenig Stolz schwingt doch auch heute bei uns mit, wenn wir außerhalb der Stadt sagen können »Wir sind Münchner«. Und ich habe mir sagen lassen, daß sich ganz weit draußen auch unsere Nachbarn aus der Region, ob sie nun in Dachau oder Krailling, Herrsching oder Grünwald wohnen, nicht ungern als Münchner ausgeben, obwohl sie es im Rechtssinne eigentlich gar nicht sind.

Nun, Sie, sehr verehrter Herr Ministerpräsident, sind jetzt auch im Rechtssinne Münchner Bürger, und dazu darf ich Sie noch einmal auf das herzlichste beglückwünschen. Möge Ihr weiteres Wirken dem gemeinen Wohl unseres Landes und unserer Stadt dienen, und mögen Sie stets das bleiben, was Sie uns heute sind: Ein Freund und Förderer Münchens.

Vortrag im Stadtrat anlässlich der Olympia-Bewerbung 20. Dezember 1965

Am 18. Dezember 1965 hat sich das Nationale Olympische Komitee der BRD auf einer außerordentlichen Mitgliederversammlung einstimmig für München als Austragungsort der Olympischen Sommerspiele 1972 ausgesprochen. Nun – zwei Tage später – fällt im Stadtrat die abschließende Entscheidung. Trotz der finanziellen Belastungen und Unwägbarkeiten, die mit einem derartigen Großprojekt verbunden sind, fällt das Votum der Vollversammlung des Stadtrats einstimmig aus: München wird sich bewerben. Noch in derselben Woche soll das Münchner Bewerbungsschreiben durch einen städtischen Abgesandten dem Internationalen Olympischen Komitee in Lausanne übermittelt werden. Die aktuelle Kostenschätzung für das Vorhaben liegt bei 556 Millionen DM, die zu gleichen Teilen vom Bund, dem Freistaat und der Stadt aufgebracht werden sollen.

Als Stadtrat der Landeshauptstadt München stehen wir heute vor der gemeinsamen Aufgabe, eine Entscheidung von ganz außerordentlicher Tragweite zu treffen, nämlich die Entscheidung darüber, ob sich die Landeshauptstadt München bei dem Internationalen Olympischen Comitee (IOC) um die Ausrichtung der Olympischen Sommerspiele 1972 bewerben soll. Mein Vortrag will der Vorbereitung dieser Entscheidung dienen. Zu diesem Zweck werde ich zunächst die Vorgeschichte dieser Entscheidung kurz umreißen, die allgemeinen Bedingungen und Voraussetzungen für die Bewerbung schildern, sodann die Frage untersuchen, ob die Landeshauptstadt diese Bedingungen und Voraussetzungen erfüllen kann und schließlich die für und gegen eine Bewerbung sprechenden Gründe gegeneinander abwägen.

Die Frage, ob sich die Landeshauptstadt München um die Ausrichtung der Olympischen Sommerspiele 1972 bewerben soll, hat Herr Bürgermeister Brauchle als erster bereits im Winter 1963/64 gestellt. Ende Oktober 1965 wurde sie neuerdings aufgeworfen, als in einem Gespräch mit dem Präsidenten des Nationalen Olympischen Komitees (NOK) und des Deutschen Sportbundes, Herrn Daume, bekannt wurde, daß dem IOC zu diesem Zeitpunkt noch keine offizielle Bewerbung vorlag.

Erste Überlegungen ergaben sogleich, daß die Landeshauptstadt dem Gedanken an eine Bewerbung nur im engsten Einvernehmen und mit voller Unterstützung der Bundesrepublik und des Freistaates Bayern nähertreten könnte, weil die Bedeutung und die Auswirkung einer derartigen Veranstaltung weit über die Zuständigkeiten der Landeshauptstadt hinausreichen. Insbesondere stellten sich drei Vorfragen:

1. Hat eine Bewerbung einer deutschen Stadt überhaupt Erfolgsaussichten?

Das ist von Persönlichkeiten, die mit den dafür maßgebenden Verhältnissen auf Grund langjähriger Erfahrungen vertraut sind, bejaht worden. Die seitherige Entwicklung hat diese Auffassung in gewissem Umfang bestätigt, wenn auch niemand eine Gewähr für den schließlichen Erfolg einer Bewerbung übernehmen kann.

2. Soll Deutschland diese Chance nützen?

Auch das ist von den für die Beurteilung der hier maßgebenden politischen, aber auch wirtschaftlichen, konjunkturellen und finanzpolitischen Gesichtspunkte zuständigen Stellen, nämlich dem Herrn Bundeskanzler, der Bundesregierung, dem Herrn Bayerischen Ministerpräsidenten und der Bayerischen Staatsregierung,

Oberbürgermeister Hans-Jochen Vogel im Stadtrat am 20. Dezember 1965;
im Hintergrund (dritter v. l.) Willi Daume, Präsident des NOK.

aber auch dem Senat der Stadt Berlin eindeutig bejaht worden. Ein maßgebender Ausschuß des Deutschen Bundestages, nämlich der Haushaltsausschuß, und der Bayerische Landtag haben sich später dieser Beurteilung in vollem Umfange angeschlossen.

3. Welche deutsche Stadt hat die besten Aussichten, mit ihrer Bewerbung beim IOC durchzudringen?

Auch hinsichtlich dieser Frage hat die Landeshauptstadt München aus naheliegenden Gründen die Beurteilung zunächst anderen Stellen und Persönlichkeiten, insbesondere denen überlassen, die auch insoweit mit den für die Entscheidung des IOC maßgebenden Umständen aus eigener Anschauung vertraut sind. Diese Persönlichkeiten haben einhellig erklärt, daß unter den gegenwärtigen Verhältnissen nur München reale Erfolgsaussichten habe. Diese Ansicht findet eine gewisse Bestätigung auch in einem Schreiben des Präsidenten des IOC, Mr. Brundage, vom 25. November 1965.

Nach der positiven Beantwortung dieser Vorfragen hing nunmehr das weitere Vorgehen im wesentlichen von der Initiative der Landeshauptstadt München ab.

Die Landeshauptstadt München hat zu diesem Zweck die Statuten des IOC, die Informationen und den Fragebogen für die an einer Bewerbung interessierten Städte sowie die offiziellen Berichte über die bisher durchgeführten Olympischen Spiele und eine große Anzahl von Bewerbungen anderer Städte für frühere Spiele beschafft. (…) Wichtig ist in diesem Zusammenhang insbesondere auch die Bestimmung, daß die Bewerbung der Zustimmung und Mitzeichnung des NOK sowie der Billigung der Regierung des Landes bedarf, in dem sich die bewerbende Stadt befindet.

Zur Vorbereitung der Entscheidung des Stadtrates, ob sich die Landeshauptstadt München um die Ausrichtung der Olympischen Sommerspiele 1972 bewerben soll und ob die dafür notwendigen Voraussetzungen gegeben sind oder zeitgerecht geschaffen werden können, wurden Stellungnahmen aller Referate eingeholt. Außerdem wurden mehr als 50 Münchner Institutionen und Verbände um ihre Äußerung gebeten. Die Stellungnahmen und Äußerungen wurden von einer Arbeitsgruppe ausgewertet, der die zuständigen berufsmäßigen Stadträte, eine Reihe leitender Beamter, der Verwaltungsbeirat des Sportamtes sowie je ein Repräsentant des NOK, des Bayerischen Landessportverbandes, der Deutschen Olympischen Gesellschaft und des Sportbeirates angehörten. Die Auswertung und die damit zusammenhängenden Vorbereitungen dieses Vortrags und des Entwurfs der Bewerbung standen wegen des drohenden Fristablaufes unter einem gewissen Zeitdruck. Diese Tatsache muß sowohl bei den Kostenschätzungen als auch bei den Kapazitätsberechnungen gebührend berücksichtigt werden. (…)

Es erschien zweckmäßig, den Antworten eine Präambel voranzustellen. In ihr wird der Gedanke Coubertins von der klassischen Einheit von Sport und Kultur betont und begründet, warum gerade

Olympische Spiele in München diesem Gedanken in besonderem Maße gerecht werden könnten.

Das IOC hat im Jahre 1962 seinen Fragebogen überarbeitet und dabei im Hinblick auf die eben erwähnte Zielrichtung die Frage nach dem Programm der »Schönen Künste« an die Spitze des Fragenkatalogs gestellt. Der Entwurf der Antwort auf diese Frage enthält ein ausgewogenes Programm mit Wettbewerben auf dem Gebiet der bildenden Künste, der Musik und der Dichtkunst und sieht als weiteren bedeutsamen Programmpunkt die Einladung von Dichtern und Gelehrten aus aller Welt zu einem Symposion vor, wie das auch in der Olympischen Charta vorgesehen ist.

Bei den Sportanlagen kann die Landeshauptstadt München zwar auf bestehende Anlagen wie das Stadion an der Grünwalder Straße und das Dantestadion sowie auf verschiedene Ausstellungshallen, das Schwimmstadion an der Dantestraße, die Amor-Radrennbahn, die Reitsportanlagen in Riem und eine Vielzahl von Bezirkssportanlagen und Turnhallen zurückgreifen. Wesentliche Anlagen müßten jedoch neu errichtet werden. So in erster Linie das Großstadion, eine Großsporthalle sowie ein Schwimmstadion. Für das Großstadion liegen bereits Planungen vor, die sich der Baureife nähern. Das hat den Vorteil, daß auf die Olympischen Spiele abgestellte Sonderanforderungen ohne wesentlichen Zeitverlust noch berücksichtigt werden könnten.

Das Olympische Dorf könnte auf dem Oberwiesenfeld in unmittelbarem räumlichen Zusammenhang mit den Hauptsportstätten errichtet werden. Bei einer Kapazität von 7.000 Wohnplätzen würde es mit allen Gemeinschaftseinrichtungen etwa 80 ha Fläche benötigen. Die Siedlung wäre verkehrsmäßig gut zu erschließen und könnte nach den Spielen für allgemeine Wohnzwecke Verwendung finden. Wegen der näheren Einzelheiten der Planungen für das Oberwiesenfeld nehme ich auf den Entwurf des Bebauungsplanes in seiner gegenwärtigen Fassung Bezug. Im Laufe der letzten Tage ist im Baureferat für die Gestaltung des Oberwiesenfeldes eine Alternative entwickelt worden, deren wesentlichen Inhalt die ausgehängte Planskizze erkennen läßt. Sie beruht auf einer einheitlichen Gesamtkonzeption für das ganze Oberwiesenfeld, also auch für seinen Nordteil. Es wird zu erwägen sein – ich möchte es ausdrücklich der heutigen Diskussion unterstellen –, ob wir der Bewerbung unter Umständen diese Planskizze anstelle des Bebauungsplanentwurfes beifügen. Der Freistaat Bayern hat auf eine entsprechende Anfrage der Landeshauptstadt fernmündlich voraus erklärt, daß für die Olympischen Spiele auch der Nordteil des Oberwiesenfeldes zur Verfügung gestellt werde. Wir hatten darauf hingewiesen, daß das eine unerläßliche Bedingung und Voraussetzung für die Bewerbung wäre.

Die Landeshauptstadt ist als führende Fremdenverkehrsstadt zusammen mit ihrem Umland durchaus in der Lage, auch sehr große Zahlen von Besuchern zu beherbergen. Gegenwärtig stehen in München und im Umkreis von 50 km über 45.000 gewerbliche Betten zur Verfügung. Ihre Zahl wird bis zum Jahre 1972 nach den Schätzungen der zuständigen Stellen auf über 55.000 ansteigen. Dazu kommen noch voraussichtlich zahlreiche Zeltplätze und Unterkunftsmöglichkeiten in Schulen, Jugend- und Studentenheimen.

Die Verkehrssituation wird im Jahre 1972 vor allem durch ein weiteres starkes Wachstum der Stadt und ihrer Region gekennzeichnet sein. Es ist damit zu rechnen, daß München 1972 rund 1,325 Millionen Einwohner haben wird gegenüber 1,222 Millionen heute. Ferner werden in München etwa 420.000 Kraftfahrzeuge zugelassen sein, so daß sich, zusammen mit den Fahrzeugen der Bundeswehr, der amerikanischen Stationierungsstreitkräfte, der Bundespost, der Bundesbahn und der auswärtigen Besucher und Einpendler, etwa 600.000 Fahrzeuge täglich innerhalb des Burgfriedens befinden werden. Der in den Sommermonaten auftretende starke Reiseverkehr ist dabei bereits berücksichtigt.

In Beachtung dieser Entwicklungsfaktoren und der heute in den abendlichen Flutstunden zu beobachtenden Verkehrsverhältnisse muß deshalb alles versucht werden, um eine optimale Abstimmung zwischen dem Programm der Spiele und diesen verkehrlichen Gegebenheiten zu erreichen. Insbesondere müßte der Abschluß von Großveranstaltungen auf dem Oberwiesenfeld möglichst so gelegt werden, daß er nicht mit dem abendlichen Spitzenverkehr zusammentrifft. Ob dies gelingt, kann jedoch heute noch nicht gesagt werden und ist den weiteren Überlegungen und Ausführungen nicht zugrunde gelegt. Es ist nur unterstrichen, daß das ein Punkt ist, auf den wir Wert legen müßten.

Unabdingbare Voraussetzung für eine reibungslose Abwicklung des zu erwartenden Verkehrs ist aber auf jeden Fall, daß bis 1972 sowohl die gesamte V-Bahn, wobei ich unter V-Bahn den Verbindungstunnel zwischen Haupt- und Ostbahnhof und die Anpassungsmaßnahmen im Bereich des Hauptbahnhofs verstehe, als auch die Nord-Süd-U-Bahn bis zum Marienplatz ihren Betrieb aufgenommen haben und der Altstadtring Ost und Nord einschließlich des Durchbruchs vom Sendlinger-Tor-Platz zur Blumenstraße, also im Bereich der Wallstraße, dem Verkehr übergeben werden konnte. U-Bahn-Amt und Baureferat haben entsprechende Erklärungen abgegeben. Auch die Deutsche Bundesbahn hat die Einhaltung des Termins als möglich bezeichnet. Ich verweise auf das Schreiben des Hauptvorstands der Deutschen Bundesbahn vom 13. Dezember 1965, enthalten in Anlage 7. Darin ist ein Vorbehalt gemacht, nämlich der, daß noch nicht mit Sicherheit gesagt werden könnte, ob auch die im Holzkirchner Bahnhof endenden Vorortlinien von Lenggries, Tegernsee und Bayrischzell bereits in die V-Bahn eingeführt werden können. Das setzt sehr umfangreiche Arbeiten voraus, die den ganzen Hauptbahnhofbereich umfassen. In einer mündlichen Erklärung wurde diese Möglichkeit aber doch wieder etwas zuversichtlicher beurteilt. Zu den einzelnen Verkehrsströmen und -arten ist folgendes festzustellen, wobei ich überhaupt sagen möchte, daß wir diesen Verkehrsproblemen, abgesehen von den Finanzproblemen, natürlich größte Aufmerksamkeit gewidmet haben, weil hier die stärksten Anforderungen gestellt werden, weil hier die meisten Kosten entstehen und weil der schließliche Erfolg Olympischer Spiele, vom sportlichen Bereich abgesehen, ganz wesentlich von der Bewältigung des Verkehrs abhängt.

Überörtlicher Verkehr

Bei Ausrichtung der Olympischen Sommerspiele 1972 in München ist damit zu rechnen, daß sich ein erhöhter Reise- und Urlaubsverkehr nach München orientieren wird. Die Anlagen der Deutschen Bundesbahn reichen nach den Erfahrungen der vergangenen Jahre, insbesondere beim Eucharistischen Kongreß, aus. Zusätzlich hat die Bundesbahn erklärt, daß sie bis 1972 gegebenenfalls in der Lage sei, am Nordring nördlich der Moosacher und Triebstraße einen Bahnhof mit mehreren Bahnsteigen für Fernzüge einzurichten. Dadurch wäre die Möglichkeit gegeben, mindestens 10.000 Besucher unmittelbar zu den Wettkampfstätten auf dem Oberwiesenfeld zu bringen. Die Entfernung vom Bahnhof bis zum Hauptstadion würde 1,8 km betragen. Hier würde es sich nur um Fernzüge handeln, also Züge, die jetzt schon normalerweise auf dem Nordring fahren.

Die Kapazität des Flughafens München-Riem ist der weiteren Entwicklung des Bedarfs bekanntlich schon jetzt nicht mehr gewachsen, ein Umstand, auf den gerade die Münchner Wirtschaft und voran die Industrie- und Handelskammer in den letzten Jahren mit steigendem Nachdruck aufmerksam gemacht hat. Der Stadtrat hat sich deshalb auf Grund der Empfehlungen einer unabhängigen Sachverständigenkommission mit einstimmigem Beschluß vom 11. November 1965 dafür ausgesprochen, daß alsbald ein neuer Großflughafen errichtet wird. Diese Empfehlung hat auch die grundsätzliche Zustimmung des Freistaates Bayern und des Bundes gefunden. Die erste Startbahn dieses Flughafens wird nach

Ansicht der Sachverständigen bis 1972 benötigt. Diese Meinung haben sich die Sachverständigen, der Stadtrat und alle Zuständigen lange gebildet, bevor von dem Gedanken der Olympischen Spiele überhaupt die Rede war. Alle diese Überlegungen gelten naturgemäß im Falle der Austragung Olympischer Spiele in München in besonderem Maße. Im äußersten Notfall – ich unterstreiche, daß es tatsächlich ein äußerster Notfall wäre – müßte vorübergehend auf einen der in der Umgebung Münchens vorhandenen Militärflughäfen im Rahmen des technisch Möglichen zurückgegriffen werden.

Auf dem Sektor des Individualverkehrs ist durch zusätzlichen Besuchs- und Ferienverkehr mit einer Zunahme der bereits erwähnten 600.000 Kraftfahrzeuge um maximal 10 Prozent zu rechnen. Um diese aus ganz Bayern und der Bundesrepublik einströmenden Individualverkehrsströme bewältigen zu können, wäre es wünschenswert, wenn der Ausbau einer Reihe wichtiger Einfallstraßen nach München bis 1972 abgeschlossen werden könnte. Insbesondere würde es sich dabei um folgende Maßnahmen handeln: um den Ausbau der Bundesstraße 12 Ost, also der Straße, die am Flughafen Riem vorbeiführt, deren Teilausbau bereits durchgeführt wurde, und um den Ausbau der Bundesstraße 12 West, d. h. der Langbehnstraße zwischen Argelsried und dem Mittleren Ring.

Eine erste Fühlungnahme mit dem Freistaat Bayern läßt Aufgeschlossenheit gegenüber diesen Problemen erkennen. Es besteht daher durchaus berechtigte Hoffnung auf rechtzeitige Fertigstellung zumindest dieser genannten, möglicherweise aber auch noch weiterer Maßnahmen.

Genaue Werte über die Zahl der Besucher und deren Verteilung auf die einzelnen Sportstätten innerhalb Münchens können wegen des natürlich noch fehlenden Programms der Spiele nicht angegeben werden. Es kann jedoch davon ausgegangen werden, daß Veranstaltungen in den kleineren Stadien und Sportstätten im Hinblick auf die beschränkten Zuschauerzahlen, vielleicht mit Ausnahme des Stadions an der Grünwalder Straße je nachdem, welche Veranstaltungen dort durchgeführt werden sollen und welche Zuschauermassen durch diese Veranstaltungen angezogen werden, keine größeren Probleme aufwerfen. Nach genauerer Kenntnis der einzelnen Austragungsstätten wird die Frage gesonderter An- und Abmarschwege sowie der Bereitstellung ausreichender Parkmöglichkeiten zu prüfen sein.

Entscheidend für die Beherrschung des bei Abhaltung der Olympischen Sommerspiele 1972 auftretenden Verkehrs wird jedoch die Tatsache sein, daß sich die Hauptsportstätten auf dem gut erschlossenen und zum Stadtzentrum mit Nahverkehrsmittel und Kraftfahrzeug rasch erreichbaren Oberwiesenfeld befinden. Nach eingehender Prüfung durch alle Sachreferate wird auf Grund der dort geplanten Sportstätten mit einem maximalen Verkehrsaufkommen von 130.000 Besuchern in der Spitzenstunde gerechnet, wobei der Mittelpunkt aller Veranstaltungen selbstverständlich das Großstadion mit einem Fassungsvermögen von rund 90.000 bis 100.000 Menschen sein wird. Das Kreisverwaltungsreferat und die ihm folgenden anderen städtischen Stellen sind bei der Festsetzung dieser Zahl bewußt an die oberste Grenze gegangen und haben sich nicht mit einem Wert von 100.000 begnügt, der an sich auch vertretbar gewesen wäre, weil es nicht sehr wahrscheinlich ist, daß Spitzenveranstaltungen im Stadion zusammentreffen mit weiteren Spitzenveranstaltungen in der Halle, denn nur dann, wenn beide Einrichtungen voll besucht werden, würde sich diese Zahl überhaupt ergeben. Nach eingehender Prüfung durch alle Sachreferate wird auf Grund der geplanten Sportstätten mit diesem maximalen Verkehrsaufkommen von 130.000 Besuchern gerechnet. Für den Abtransport der Großstadionsbesucher sollte eine Stunde nicht überschritten werden. Ein An- und Abmarschweg von 15 Minuten zu den öffentlichen Verkehrsmitteln ist zumutbar und aus Gründen der Verkehrsverteilung sogar erwünscht. Nachdem, wie bereits angedeutet, eine Ausklammerung der abendlichen Verkehrsspitze

aus den Schlußzeiten von Veranstaltungen auf dem Oberwiesenfeld nicht gewährleistet werden kann, ist bei den nachfolgenden
Untersuchungen davon ausgegangen worden, daß das maximale
Aufkommen von 130.000 Besuchern durch nachstehend aufge-
führte Verkehrsmittel auch in dieser Zeit bewältigt werden muß.

Straßenbahn und Omnibus

Zusätzlich zur Aufgabe im abendlichen Berufsverkehr bestünde
die Möglichkeit, 20.000 Besucher des Oberwiesenfeldes durch
die Straßenbahnlinien 1, 7, 8, 17 und 22 in das Stadtzentrum zu
befördern. Voraussetzung dafür ist allerdings die Schaffung entsprechender Umkehr- und Abstellanlagen an der Schwere-Reiter-
Straße und der Schleißheimer Straße. Die das Oberwiesenfeld
anfahrenden bzw. berührenden Linien sollten die zur Innenstadt
führenden Straßen, u. a. die Dachauer, Seidl-, Schleißheimer und
Augustenstraße, möglichst unbehindert durch den allgemeinen
Verkehr befahren können. Ob und inwieweit diese Bevorrechti-
gung möglich ist, muß noch genauer untersucht werden. Gewisse
Beschränkungen in der von der Straßenbahn zu erwartenden Beförderungskapazität können deshalb zur Zeit nicht völlig ausgeschlossen werden. Weitere 15.000 Besucher sind durch Sonderom-
nibuslinien vom Oberwiesenfeld zu bestimmten Umsteigepunkten
im Stadtgebiet zu bringen. Insgesamt können also mit Straßenbahn
und Omnibus etwa 35.000 Besucher abtransportiert werden. Diese
Kapazität läßt sich außerhalb der abendlichen Spitzenstunden auf
rund 45.000 Personen steigern.

U-Bahn

Zusammen mit dem U-Bahn-Amt und den Stadtwerken-Verkehrs-
betrieben hat das Baureferat die Frage einer U-Bahn-Verbindungs-
linie von der Münchner Freiheit zum Oberwiesenfeld geprüft. Das

vorliegende Ergebnis zeigt, daß im Einklang mit den Prinzipien des vom Stadtrat beschlossenen U-Bahn-Netzlinienplans diese Verbindungslinie gebaut werden kann und sich nach einer ersten Prüfung sogar vorteilhaft in das spätere Endnetz einfügen würde. Als Trasse kommt eine von der Münchner Freiheit über die Karl-Theodor-Straße, Bonner Platz und Scheidplatz zur Lerchenauer Straße verlaufende Linienführung in Frage. Diese Trassenführung bietet günstige Umsteigebeziehungen zu den Straßenbahnlinien 3 und 8 am Scheidplatz und zur Linie 7 an der Lerchenauer Straße, so daß ihr, unabhängig von der Anbindung des Oberwiesenfeldes, ein besonderer Entlastungseffekt für das gesamte städtische Nahverkehrsnetz zukommt. Gleichzeitig besteht die Möglichkeit, am Scheidplatz einen gerade von unseren Beratern aus Berlin und Hamburg begrüßten Verflechtungsbahnhof mit der späteren U-Bahn-Linie 8 zu bauen. Vom Scheidplatz aus ließen sich mit geringen Umwegen die nach dem geltenden Netzlinienplan festgelegten nördlichen Trassen der U-Bahn-Linien 8 und 3 ohne Schwierigkeiten wieder erreichen.

Die zusätzlich bis 1972 zu errichtende zweigeleisige Strecke hat eine Länge von 3,5 km und müßte sofort mit zwei Bahnhöfen (Verflechtungsbahnhof Scheidplatz und Wendebahnhof Lerchenauer Straße mit je 4 Gleisen) errichtet werden. Ferner müßte, um eine entsprechende Kapazität dieser U-Bahn-Verbindung zur Innenstadt sicherzustellen, auf der Höhe des für später vorgesehenen Bahnhofs am Jakobsplatz eine provisorische Wendeanlage errichtet werden. Das ist ein ganz entscheidender Punkt. Die Kapazität, die wir auf der U-Bahn-Strecke brauchen würden, wäre nur zu erbringen, wenn das Wendemanöver nicht, wie bisher vorgesehen, auf dem Abschnitt Odeonsplatz / Marienplatz jeweils in der Zeit zwischen dem fahrplanmäßigen Laufen eines Zuges abgewickelt wird, sondern wenn dieses Wendemanöver verlegt wird auf den Abschnitt Marienplatz-Jakobsplatz, der für den allgemeinen Betrieb nicht gebraucht wird. Ohne diese Wendeanlage zwischen Marienplatz und

Jakobsplatz wäre nur eine Zugzeitfolge von 4 Minuten möglich, während sie mit dieser Wendeanlage auf 2,5, unter besonderen Bedingungen sogar auf 1,5 Minuten verkürzt werden könnte.

Bei Erfüllung dieser Voraussetzungen wäre für die U-Bahn bei einer Zugfolge von 2,5 Minuten mit einer durchschnittlichen Kapazität von rund 25.000 Fahrgästen pro Stunde zu rechnen. Äußerstenfalls ließe sich die Zugfolge auf maximal 90 Sekunden herabdrücken und so eine weitere starke Kapazitätserhöhung bewerkstelligen.

In der öffentlichen Diskussion ist auch der Gedanke erwogen worden – auch ich habe ihn in einem früheren Zeitpunkt einmal ausgesprochen –, ob nicht eine U-Bahn-Anbindung auf der Strecke Hauptbahnhof–Oberwiesenfeld entsprechend unserem Netzlinienplan vorzuziehen sei. Erstens aber könnte eine solche isolierte Strecke nicht in Betracht gezogen werden, weil sie ja einen Betriebsbahnhof brauchen würde und ohne Betriebsbahnhof eine solche Strecke nicht bedient werden könnte. Man müßte also die Strecke durchziehen bis zum Goetheplatz, weil erst dort die Verflechtung mit der ersten Nord-Süd-Strecke möglich wäre. Dann könnte der Betriebsbahnhof Freimann auch diese Linie bedienen. Eine Strecke vom Oberwiesenfeld bis zum Goetheplatz hätte aber dann zur Folge, daß wir unsere Nord-Süd-Linie nicht nur bis zum Jakobsplatz, sondern bereits bis zum Goetheplatz führen müßten. Das hätte weiter zur Folge, daß auch das sehr schwierige Problem Sendlinger-Tor-Platz baulich noch gelöst werden müßte und daß einer der wenigen großen Verkehrskreisel, die von den Baumaßnahmen der nächsten Zeit nicht berührt werden, auch noch erheblichen Einschränkungen unterworfen werden müßte, ganz abgesehen davon, daß diese Linienführung durch die dichtest besiedelten Gebiete der Innenstadt führen und auch baulich noch zusätzliche Probleme aufwerfen würde, die im Abschnitt Münchner Freiheit – Scheidplatz – Lerchenauer Straße in dem Maße nicht auftreten. Von den Kosten sei hier ganz abgesehen.

Vorortszüge

Im Zusammenhang mit dem bereits erwähnten Fernbahnhof an der Moosacher / Triebstraße bestünde die Möglichkeit, den vorhandenen Nordring der Bundesbahn auch mit Zuggarnituren des V-Bahnsystems zu beschicken. Sie wissen, daß die Bundesbahn für das V-Bahn-System eigene Zuggarnituren entwickelt. Voraussetzung dafür ist jedoch die Erweiterung der Gleisanlagen des in Rede stehenden Fernbahnhofs sowie die Schaffung eines Wendebahnhofs in Moosach, da Züge des V-Bahnsystems nur von der V-Bahn-Strecke nach Freising her eingespeist werden können. Die stündliche Kapazität dieser zusätzlichen Verbindung würde dann etwa 15.000 Personen betragen. Die Bundesbahn hat jedoch betont, daß nach ihrer Auffassung – die städtische Auffassung ist die gleiche – nur eine der beiden Möglichkeiten (V-Bahn oder U-Bahn) für eine Verkehrserschließung des Oberwiesenfeldes in Betracht gezogen werden sollte, wobei ich unter V-Bahn jetzt nur diese besondere Maßnahme, nicht die V-Bahn als solche, verstehe. Zur Begründung führte die Bundesbahn aus, daß bei Schaffung beider Verkehrswege eine Überkapazität entstünde, wobei die Anlagen der Bundesbahn im Gegensatz zur U-Bahn mit Ausnahme einiger Veranstaltungen fast das ganze Jahr über unbenutzt blieben.

Individualverkehr

Insgesamt werden auf dem Oberwiesenfeld 9.500, in seiner näheren Umgebung weitere 4.500 Parkplätze bereitgestellt werden können. Diese Parkplatzzahl und die Erfahrungen bei ähnlichen Großveranstaltungen rechtfertigen die Annahme, daß etwa 40.000 Besucher mit eigenen Kraftfahrzeugen und weitere 10.000 Besucher mit Fernbussen, die dort geparkt werden, zu den Veranstaltungen kommen werden. Das bedeutet, daß etwa 13.500 Fahrzeuge bei Schluß der Veranstaltungen auf dem Oberwiesenfeld durch das städtische

Straßennetz aufzunehmen sind. Um sowohl diesen Abflußverkehr vom Oberwiesenfeld als auch den übrigen, durch Reise- und Urlaubsverkehr verstärkten allgemeinen Verkehr bewältigen zu können, bedarf es des Ausbaues einer Reihe wichtiger städtischer Straßenzüge. Diese können in vier Gruppen eingeteilt werden:

1. Zur ersten Gruppe gehören, zusammen mit dem in seiner Bedeutung bereits gesondert hervorgehobenen Altstadtring Ost und Nord einschließlich Ringdurchbruch zum Sendlinger-Tor-Platz ein Teil des Mittleren Ringes auf dem Oberwiesenfeld, und zwar der nicht zuschußfähige Teil, sowie die Ständlerstraße – diese Maßnahme ist für den Verkehrsfluß dringend notwendig –, die Bechsteinstraße auf dem Oberwiesenfeld und einige Anpassungsmaßnahmen im Stadtgebiet. Bei diesen nach den allgemeinen Bestimmungen nicht oder noch nicht als zuschußfähig anerkannten Straßenbaumaßnahmen handelt es sich um solche, die als unmittelbar durch die Olympischen Spiele veranlaßt anzusehen sind und deshalb vorzeitig begonnen und bis 1972 oder bereits früher, so etwa der Altstadtring, zum Abschluß gebracht werden müssen.

2. In die zweite Gruppe sind alle zuschußfähigen Straßenbaumaßnahmen aufgenommen, die zwar bis 1972 wegen ihrer Bedeutung ebenfalls abzuschließen sind, die aber bereits in das Mehrjahresprogramm 1966–1970 Ihrem Beschluß entsprechend vorgesehen sind. Unter diese Gruppe fallen der Kreuzhof, die Candidstraße, die Mars- / Seidlstraße, der Petuelring, die Ifflandstraße, der Isarring II und der Wintrichring. Auch der von der ersten Gruppe nicht erfaßte, weil voraussichtlich zuschußfähige Teil des Altstadtringes sowie der Stachusumbau gehören hierher.

3. Zur dritten Gruppe ist neben einem weiteren Teil des Mittleren Ringes auf dem Oberwiesenfeld vor allem der Endausbau der Donnersberger Brücke mit kreuzungsfreier Überführung der Brückenköpfe einschließlich eines provisorischen Ausbaues der Trappentreustraße zu rechnen, eine Maßnahme, die deswegen unerläßlich erscheint, weil dadurch eine leistungsfähige Nord-Süd-

Verbindung im Westen unserer Stadt, an der es bis zur Stunde fehlt, hergestellt wird. Diese zuschußfähigen Maßnahmen müssen bis 1972 durchgeführt sein und sind deshalb, da bisher noch in keinem Mehrjahresprogramm enthalten, mit rund 90 Millionen DM in das Mehrjahresprogramm für die Jahre 1971 und 1972 aufzunehmen.

4. In der letzten Gruppe finden sich eine Reihe von Straßen, deren Ausbau vom Standpunkt einer reibungslosen Verkehrsabwicklung her gesehen sicherlich wünschenswert wäre, deren Inangriffnahme und finanzielle Bewältigung jedoch zur Zeit den baukapazitätsmäßigen und finanziellen Möglichkeiten der Zukunft überlassen bleiben muß. Hierher gehört vor allem der Ausbau der Würmparallele zwischen dem Obermenzinger Kreisel und der Planegger Straße, eine zweite Nord-Süd-Verbindung im Westen unserer Stadt.

Unter Zusammenfassung der bisher erörterten Grundzüge würde sich bei der möglichen maximalen Zahl von 130.000 Besuchern auf dem Oberwiesenfeld folgende Aufteilung auf die einzelnen Verkehrsmittel ergeben:

40.000 Besucher Individualverkehr

10.000 Besucher in Fernbussen

20.000 Besucher als Fußgänger und Radfahrer

35.000 Besucher auf den Straßenbahn- und Omnibuslinien

10.000 Besucher für Fernzüge an der Nordringlinie

15.000 Besucher für V-Bahn oder U-Bahn

130.000 Besucher

Unter Berücksichtigung der bei der U-Bahn-Anlage möglichen Steigerung der Beförderungskapazität – die Wendeanlage am Jakobsplatz immer vorausgesetzt – ist hier eine nicht unbedeutende Kapazitätsreserve gegeben. Diese Reserve würde die Gewähr dafür bieten, daß bei Störungen der oberirdischen Verkehrsbedienung trotzdem alle Besucher des Oberwiesenfelds an ihre Bestimmungsorte gebracht werden können. Dem Bau der U-Bahn-Verbindung zum Oberwiesenfeld sollte daher im Rahmen der Gesamtplanungen ein besonderer Rang eingeräumt werden. Ich unterstreiche aber, daß von Ihnen heute noch keine Entscheidung erbeten wird und erbeten werden kann, ob die Bundesbahn-Alternative oder die U-Bahn-Alternative gewollt wird. Diese Entscheidung müßte in den nächsten Monaten weiter vorbereitet und alsbald nach der Entscheidung des IOC getroffen werden. Es sind also jetzt beide Alternativen in die Überlegungen mit einbezogen.

Es bleibt schließlich die wohl entscheidende Frage nach den Kosten der nach den bisherigen Darlegungen zu schaffenden Einrichtungen und Anlagen sowie nach ihrer Deckung. Eine Ende November erstellte erste Kostenübersicht ergab eine Summe von rund 500 Millionen DM. Dieser Betrag mußte als unterste Grenze des für die Durchführung der Spiele notwendigen Finanzbedarfs angesehen werden. Die zwischenzeitlich durchgeführten weiteren Kostenuntersuchungen der einzelnen Referate haben zu folgendem Ergebnis geführt:

a) Die bisher für den Bau der Sportanlagen errechnete Summe von 158 Millionen DM erhöht sich auf 180 Millionen DM, weil mit einem Kostenaufwand von 22 Millionen DM eine Schwimmhalle gebaut werden muß. Ihre Notwendigkeit hat sich bei der näheren Prüfung der für die Durchführung der Olympischen Disziplinen von den einzelnen Fachverbänden erlassenen Richtlinien ergeben. Der Standpunkt, daß sich unsere Anlagen im Dantebad ohne weiteres für die Spiele eignen würden, konnte nicht aufrechterhalten werden. Auch der Gedanke, sie provisorisch zu überdachen, mußte wieder aufgegeben werden.

b) Die weiteren Vorplanungen für das Olympische Dorf haben ergeben, daß für die Wohnbauten und die Gemeinschaftseinrichtungen ein Gesamtbetrag von 165 Millionen DM erforderlich sein dürfte. In der ersten Übersicht war für das Olympische Dorf ein Kostenaufwand von 120 Millionen DM zugrunde gelegt worden.

173

c) Der Kostenansatz für Verwaltung und Organisation ist mit 3,5 Millionen DM aus Gründen, auf die noch einzugehen sein wird, unverändert geblieben.

d) Für den Verkehrsausbau ergeben sich folgende Kostenschätzungen:

für die U-Bahnstrecke von der Münchner Freiheit zum Oberwiesenfeld unverändert 100 Mill. DM
für Straßenbahn- und Omnibuswendeanlagen unverändert 5,5 Mill. DM
für die oben aufgeführten Straßenbaumaßnahmen der ersten Gruppe, die sonst nicht oder noch nicht bezuschussungsfähig sind, 102 Mill. DM gegenüber 81 Mill. DM in der ersten Schätzung.

Die Kosten der übrigen genannten Maßnahmen der zweiten und dritten Gruppe sollen im Rahmen der Abwicklung des Mehrjahresprogrammes mit den üblichen Zuschüssen finanziert werden, die nach den Bundesrichtlinien bis zu 40 Prozent betragen und in Sonderfällen noch weiter erhöht werden können, also über das Drittel, von dem für olympische Maßnahmen die Rede ist, auch ohne die Olympiade, ganz normal, schon hinausgehen. Es ist zu erwarten, daß in vorliegendem Falle von diesen Erhöhungsmöglichkeiten Gebrauch gemacht wird. In die Kosten der Olympischen Spiele im eigentlichen Sinne sind sie deshalb nicht einzubeziehen. Insgesamt ergibt sich demnach eine Kostensumme von 556 Millionen DM. Auf die schon geäußerten Vorbehalte hinsichtlich dieser Summe wird noch einmal mit Deutlichkeit hingewiesen.

5. Bei der Finanzierung dieser Kosten ist von folgenden Voraussetzungen auszugehen:

Die Bundesregierung hat mit Billigung des Haushaltsausschusses des Bundestages einer Kostenbeteiligung der Bundesrepublik in Höhe eines Drittels grundsätzlich zugestimmt. Auf das Ihnen vorliegende Schreiben des Herrn Bundesministers des Innern vom 8. Dezember 1965 nehme ich insoweit Bezug. Da Zweifel geäußert wurden, habe ich mir noch einmal schriftlich von der zuständigen Stelle bestätigen lassen, daß diese Erklärung und insbesondere der Beschluß des Haushaltsausschusses des Deutschen Bundestages nicht auf einen bestimmten Kostenbetrag abgestellt sind, sondern ohne Rücksicht auf eine bestimmte Kostenlimitierung gilt. Das bedeutet natürlich nicht, daß wir nur Rechnungen hinaufzuschicken hätten, sondern daß man über das, was notwendig ist, sich selbstverständlich jeweils einigt.

Die Staatsregierung hat mit einstimmiger Billigung des Landtags für den Freistaat Bayern eine gleichlautende Erklärung abgegeben. Auf das Schreiben des Herrn Ministerpräsidenten vom 16. 12. 1965 wird Bezug genommen. (…)

Die für die Landeshauptstadt München aus den Veranstaltungen unmittelbar zu erwartenden Einnahmen – ich meine jetzt nicht eine etwaige Wirtschaftsbelebung, sondern die Einnahmen unmittelbar aus den sportlichen Veranstaltungen – sind schwer abzuschätzen und deshalb nicht als Deckungsmittel herangezogen. Sie stellen jedoch eine gewisse Reserve dar, mit deren Hilfe die Leistungen der Stadt gegebenenfalls verbessert werden können. Diese Nichtveranschlagung der Einnahmen ist auch der Grund, warum eine Veranschlagung der Organisations- und Verwaltungskosten mit einem geringen Betrag vertretbar erschien. Sie werden selbst aus den Berichten über frühere Spiele und aus den Bewerbungen anderer Städte um frühere Spiele ersehen können, daß dort diese Einnahmen jeweils veranschlagt wurden. Im Interesse einer zurückhaltenden und nüchternen Beurteilung haben wir sie also mehr oder weniger als eine offene Reserve, als eine offene Rücklage behandelt.

Die bisherigen Darlegungen ermöglichen nunmehr eine Abwägung der für und gegen eine Bewerbung sprechenden Gesichtspunkte. Gegen eine Bewerbung könnte zunächst eingewendet werden, daß sich die Landeshauptstadt München schon jetzt einer Fülle schwer zu bewältigender Aufgaben gegenübersieht und sich, wie die kürzlich erst abgeschlossene Beratung des Haushalts 1966 ergeben hat – ich möchte das auch hier noch einmal unterstreichen –, am Rande ihrer finanziellen Leistungsfähigkeit und auch ihrer Verschuldungsfähigkeit bewegt. Weiter könnte eine übermäßige Erhitzung der örtlichen Baukonjunktur und auch eine nachteilige Beeinflussung des örtlichen Preis- und Lohngefüges befürchtet werden. In diesen beiden Richtungen bewegen sich nicht zuletzt die von der Industrie- und Handelskammer und in gewissem Umfang auch von der Handwerkskammer in ihren Stellungnahmen geäußerten Sorgen. Der Meinung, daß insbesondere auf dem Sektor der Tiefbauwirtschaft eine Überkonjunktur zu erwarten sei, ist allerdings von den zuständigen Verbänden auf das allerentschiedenste widersprochen worden. Weiter ist zu bedenken, daß im Falle eines Erfolgs der Bewerbung in der verhältnismäßig kurzen Zeitspanne von sechs Jahren eine Fülle von Bauarbeiten abgewickelt werden muß, die nicht unbeträchtliche, sondern beträchtliche Verkehrsbehinderungen und auch sonstige Belästigungen und Nachteile zur Folge haben werden. Schließlich wäre in diesem Fall von allen Organen der Landeshauptstadt, also auch vom Stadtrat, und der gesamten Stadtverwaltung, aber auch von einer großen Zahl anderer Institutionen und Organisationen in München ein hohes Maß an zusätzlicher Arbeit zu leisten. Davon haben die letzten vier Wochen einen allerersten Eindruck vermittelt.

Auf der anderen Seite sprechen aber gewichtige Gründe deutlich für die Bewerbung. Einmal wäre es für München, Bayern und Deutschland eine Ehre und Auszeichnung, wenn die Ausrichtung der Spiele unserer Stadt anvertraut würde. Dann böte München die besten Voraussetzungen für eine enge Verbindung der sportlichen Wettkämpfe mit einem Wettstreit der Künste und der Musen, der von mir schon eingangs zitierten Lieblingsidee des Wiederbegründers der Olympischen Spiele, des Baron de Coubertin. Endlich würden die Spiele aber auch für viele ohnehin erforderliche, ja geradezu lebensnotwendige Münchner Projekte eine kaum zu überschätzende Förderung bedeuten. Was feste Termine dieser Art zu bewirken vermögen, das hat beispielsweise die Weltausstellung in Brüssel im Jahre 1958 gezeigt und zeigt gegenwärtig die Vorbereitung der Weltausstellung in Montreal.

Aus diesen Erwägungen habe ich mich nach reiflicher und sorgfältiger Überlegung in sehr nüchterner Abschätzung auch der damit verbundenen Risiken dazu entschlossen, Ihnen vorzuschlagen, die Bewerbung der Landeshauptstadt um die Ausrichtung der Olympischen Sommerspiele 1972 gutzuheißen. Dieser Vorschlag stützt sich vor allem auch auf die Tatsache, daß sich von den um eine Äußerung gebetenen und für die Münchner Bürgerschaft wohl repräsentativen Institutionen, Organisationen und Verbänden die ganz überwiegende Mehrheit ohne jeden Vorbehalt für die Bewerbung ausgesprochen hat. Die Bewerbung dürfte deshalb im Falle Ihres zustimmenden Beschlusses mit Recht als eine Bewerbung nicht nur des Rathauses, sondern der gesamten Münchner Bürgerschaft betrachtet werden. Ich darf in diesem Zusammenhang noch einmal auf die Ihnen zugegangene Übersicht Bezug nehmen und Ihnen mitteilen, daß heute im Laufe des Vormittags noch weitere fernmündliche und schriftliche Äußerungen eingegangen sind. (…)

Das NOK hat seinerseits der Bewerbung auf seiner Mitgliederversammlung in München am 18. Dezember 1965 zugestimmt und die Mitzeichnung der Bewerbung in Aussicht gestellt. Es verdient noch der Hervorhebung, daß das NOK diese Zustimmung nach einer Diskussion einstimmig gegeben hat und dabei ein sehr deutliches Vertrauen in die Münchner Voraussetzungen gezeigt hat.

Eines möchte ich jedoch zum Schluß meines Vortrages ganz unmißverständlich aussprechen. München kann und will sich nicht mit den Möglichkeiten einer Stadt wie Tokio vergleichen oder gar messen. Falls für das Jahr 1972 Olympische Spiele erwartet werden, die hinsichtlich des Aufwandes und des zahlenmäßigen, quantitativen Ergebnisses die des Jahres 1960 oder des Jahres 1964 erreichen oder sogar noch übertreffen sollen, dann kann, und ich glaube ehrlicherweise sagen zu sollen, will München diese Spiele nicht ausrichten. Wenn die Spiele aber in erster Linie der Begegnung von Sport, Kunst und Kultur dienen und als menschliche Spiele im Sinne der Olympischen Ideale die Jugend der Welt zueinander führen sollen, dann könnte München solchen Spielen einen würdigen Rahmen innerhalb überschaubarer Verhältnisse bieten.

Ich komme daher mit Zustimmung der Herren Bürgermeister Brauchle und Bayerle und mit Zustimmung sämtlicher Herren berufsmäßigen Stadträte, insbesondere des Herrn Stadtschulrates, des Herrn Stadtbaurates, des Herrn Kulturreferenten und des Herrn Stadtkämmerers, und mit Zustimmung des Verwaltungsbeirates des Sportamtes nach vorheriger Erörterung in einer gemeinsamen Sitzung des Sport- und Finanzausschusses zu folgendem Antrag:

Die Landeshauptstadt München bewirbt sich um die Ausrichtung der Olympischen Sommerspiele 1972. (Beifall)

Bewerbungsrede um die Austragung der Olympischen Sommerspiele 1972 vor dem IOC in Rom
26. April 1966

In Rom fällt vor dem Internationalen Olympischen Komitee die Entscheidung über den Austragungsort der Olympischen Sommerspiele 1972. Erst im zweiten Wahlgang kann sich München gegen die noch verbliebenen Mitbewerber Madrid und Montreal durchsetzen. Aber das Münchner Konzept der kurzen Wege und der »Heiteren Spiele« überzeugt. Auf die bayerische Landeshauptstadt entfallen die erforderlichen 31 Stimmen, auf Montreal und Madrid jeweils 15 Stimmen. Detroit ist schon nach dem ersten Wahlgang ausgeschieden. Für einen Eklat sorgt der Delegierte des polnischen NOK, als er München mit der »Hauptstadt der Bewegung« des Jahrs 1936 vergleicht. Nachdem München als Sieger feststeht, dankt Willi Daume, der Chef des deutschen NOK, den Delegierten für ihre Entscheidung und bietet dem polnischen Delegierten seine Freundschaft an. Dieser springt auf und schüttelt die Hand des Deutschen.

Herr Präsident, meine sehr verehrten Damen und Herren!

München hat sich gemäß den Bestimmungen des IOC-Statuts am 30. Dezember 1965 in gehöriger Form um die Olympischen Spiele 1972 beworben. Heute geben Sie mir Gelegenheit, diese Bewerbung persönlich vor Ihnen zu vertreten. Dafür danke ich Ihnen. Ich danke aber auch den Städten, die mit uns konkurrieren für die faire Art, in der dieser vorolympische Wettstreit bisher ausgetragen worden ist.

Ich weiß, daß Ihre Zeit kostbar ist. Ich weiß auch, daß sehr viele von Ihnen München persönlich kennen – sei es von privaten Besuchen, sei es von der 55. Sitzung Ihres Komitees her, die vom 22. bis 27. Mai 1959 in München stattfand. Deshalb verzichte ich darauf, Ihnen eine allgemeine Beschreibung meiner Stadt zu geben. Aus dem gleichen Grunde möchte ich auch nicht das wiederholen, was Ihnen schon in der schriftlichen Bewerbung, in unserer zusätzlichen Broschüre und in der Ausstellung vorgetragen und gezeigt worden ist und anschließend noch in unserem Film vorgeführt werden wird. Vielmehr möchte ich nur einige Gesichtspunkte hervorheben, die für Ihre Entscheidung von besonderer Bedeutung sein könnten.

Jede Stadt, der Sie die Ausrichtung der Spiele anvertrauen, wird ihren ganzen Ehrgeiz dareinsetzen, einen technisch und organisatorisch perfekten Ablauf der Spiele zu gewährleisten. Das ist selbstverständlich und gilt auch für München. Wir haben das in unserer Bewerbung für alle Disziplinen bereits im Einzelnen dargetan. Folgende Tatsachen erleichtern es aber der Stadt München, diese Gewähr zu übernehmen:

1. Die wichtigsten Sportanlagen, nämlich das Großstadion, die Goßsporthalle, die Schwimmhalle, die Radrennbahn, eine weitere Halle und das Olympische Dorf liegen auf dem Oberwiesenfeld – einer Grünfläche, die nur 4 km vom Stadtzentrum entfernt ist, – unmittelbar beieinander. Das Olympische Dorf umfaßt auch alle notwendigen Gemeinschaftseinrichtungen einschließlich des Pressezentrums. Die Entfernungen zwischen dem Dorf und den Anlagen betragen im Durchschnitt nur wenige 100 m. München würde also Olympische Spiele der kurzen Wege bieten.

2. München besitzt über 20 Übungsstadien mit jeweils mehreren Sport- und Spielfeldern und allen Nebenanlagen sowie eine Vielzahl weiterer Sportstätten. Sie stehen neben den Anlagen auf dem Oberwiesenfeld für das Training zur Verfügung und ermöglichen es, fast jeder Nation eine eigene Anlage zu überlassen.

Rückkehr aus Rom nach der erfolgreichen Bewerbung für München als Austragungsort der Olympischen Sommerspiele 1972, Empfang der Münchner Delegation auf dem Flughafen Riem, 27. April 1966. (Foto: Kurt Huhle)

3. Das Oberwiesenfeld ist für den Verkehr besonders gut zu erschließen. Bis 1972 können mit Hilfe der Eisenbahn, einer Untergrundbahn, der Straßenbahn und eines ausgebauten Straßennetzes binnen einer Stunde 130.000 Besucher zum und vom Oberwiesenfeld befördert werden.

4. München und sein Umland gehören zu den meistbesuchten Fremdenverkehrsgebieten Europas. 1972 werden in der Stadt und

in einem Umkreis von 50 km in Hotels und Pensionen, in Wohnheimen, Campingplätzen und Privatquartieren so viele Übernachtungsmöglichkeiten zur Verfügung stehen, daß München jedem vorhersehbaren Ansturm gewachsen ist.

5. München besitzt hervorragende Verkehrs- und Nachrichtenverbindungen. Es ist ein Knotenpunkt des europäischen Eisenbahn- und Straßennetzes. Sein Flughafen wird von 24 Ländern aus vier Erdteilen regelmäßig im Linienverkehr angeflogen. Außerdem befindet sich vor den Toren Münchens eine Bodenstation für Fernsehübertragungen durch Nachrichtensatelliten. In München aufgenommene Sendungen können deshalb unmittelbar bis nach Amerika ausgestrahlt werden. 1972 wird in München überdies eines der geplanten Zentren für das Farbfernsehen arbeiten.

Zur perfekten Abwicklung gehört auch die Finanzierung. Sie ist durch verbindliche Zusagen des Bundes und des Landes Bayern gesichert. Die Stadt selbst hat wichtige Vorleistungen bereits erbracht.

Aber München will nicht nur eine anonyme Stadtmaschine sein, die den reibungslosen äußeren Ablauf der Spiele bewerkstelligt. München möchte darüber hinaus die Begegnung aller Teilnehmer und Besucher der Spiele untereinander und mit der Stadt und deren Bürgern ermöglichen. Auch möchte es den Spielen ein besonderes kulturelles Gepräge geben. Dafür bietet München drei wesentliche Voraussetzungen:

1. München ist eine Stadt der Jugend und des Sports. Über ein Fünftel seiner Bewohner ist nach 1945 geboren. 1972 werden mehr als zwei Fünftel aller Münchnerinnen und Münchner unter 30 Jahre alt sein. Und der Sport ist in München eine Massenbewegung. Jeder zehnte Münchner gehört einem Sportverein an, und jeder Dritte treibt selbst regelmäßig zumindest eine Sportart.

2. München ist schon heute ein Treffpunkt der Welt und eine Stätte internationaler Begegnung. In den letzten zehn Jahren sind über 5,5 Millionen Ausländer als Gäste nach München gekommen.

Viele davon zu den über 570 internationalen Tagungen und Kongressen, die in der gleichen Zeit in München stattgefunden haben.
3. Und schließlich ist München ein lebendiges Zentrum der Kunst und der Kultur. Als Zeugen einer 800-jährigen Geschichte, die durch Romanik und Gotik, durch Renaissance, Barock und Rokoko, durch den Klassizismus und die Romantik bis in die moderne Zivilisation des 20. Jahrhunderts geführt hat, besitzt München unzählige wertvolle Kulturdenkmäler und Sammlungen. Es besitzt überdies eine Vielzahl von Institutionen zur Pflege der Künste, von denen ich nur die Staatsoper, 17 Schauspielbühnen, vier symphonische und mehrere andere Orchester sowie zehn staatliche und städtische Kunstgalerien und sonstige Museen nenne.

Aus all diesen Quellen schöpfend, hat München für die Spiele ein reiches kulturelles Programm vorgeschlagen, das sich mit dem sportlichen Programm zu einer Einheit verbinden soll. Kernstücke dieses Programms sind Wettbewerbe auf den Gebieten der Malerei, Bildhauerei, Architektur, Musik und Literatur, ein Symposium von Dichtern und Gelehrten gemäß der Olympischen Charta, Festspielwochen der Münchner Theater und Orchester, Internationale Filmtage und Sonderveranstaltungen für die Aktiven und Offiziellen.

Und noch eines möchte ich offen aussprechen:

Die Olympischen Spiele haben vor allem in den letzten 20 Jahren eine gewaltige Entwicklung genommen. Eine Olympiade hat die andere nicht nur in sportlicher Hinsicht, sondern auch hinsichtlich des materiellen Aufwandes übertroffen. Ich darf keinen Zweifel daran lassen, daß München weder den Ehrgeiz noch die Möglichkeit hat, in dieser Richtung etwa die Spiele von Rom oder Tokio zu überbieten. Der Maßstab für Spiele In München wurde vielmehr durch die Spiele von Helsinki gesetzt. Das gilt nicht zuletzt auch für die Aufenthaltskosten, die nach dem gegenwärtigen Preisstand für die Aktiven sieben Dollar pro Tag nicht übersteigen würden.

Herr Präsident, meine sehr verehrten Damen und Herren!

Pierre de Coubertin, der Wiederbegründer der Olympischen Spiele, hat die olympische Idee für unsere Zeit einmal so formuliert: »Es bedarf neben der vollkommenen Organisation noch eines anderen: Anwesenheit der führenden Geister, Zusammenwirken der Musen, Kult und Schönheit, alle Pracht, die zur mächtigen Wirkung eines Symbols gehört.« München ist überzeugt, daß es abseits aller Tagespolitik im Rahmen überschaubarer Verhältnisse zur Verwirklichung dieser Idee einen wertvollen Beitrag leisten könnte. Deshalb richte ich an Sie im Namen meiner Mitbürger, die mich erst kürzlich für die Amtsperiode 1966 bis 1972 wiedergewählt haben, die Einladung und die Bitte, die Olympischen Spiele des Jahres 1972 der Stadt München anzuvertrauen.

Die Zukunft des sozialen Wohnungsbaues
26. Mai 1966

Durch das anhaltende Wachstum der bayerischen Landeshauptstadt und den steigenden Zuzug wird die Wohnungsfrage zu einem
vorrangigen Thema der Kommunalpolitik. Zwischen 1950 und 1960
steigt die Einwohnerzahl Münchens von 824.000 auf 1.055.000. Mit
einem umfangreichen städtebaulichen Strukturkonzept greift die
Stadt dieses drängende Problem auf und legt im November 1960
einen »Gesamtplan zur Behebung der Wohnungsnot« vor. Dieser
umfasst 43 Planungsgebiete, darunter auch die Trabantenstadt
Neuperlach. Die Grundsteinlegung für das Bauvorhaben Neuper-
lach-Nord erfolgt 1967, die ersten Wohnungen können im Folge-
jahr bezogen werden. Besonders belastend wirkt der angespannte
Wohnungsmarkt in der Landeshauptstadt für sozial Schwache und
Bezieher niedriger Einkommen. Die programmatische Rede zur
»Zukunft des sozialen Wohungsbaus« anläßlich des 50. Verbands-
tages des Verbandes bayerischer Wohnungsunternehmen e.V. in
München widmet sich dieser Problematik.

Ihr Verbandsdirektor, Herr Senator Dr. Aub, hat mich schon im
vergangenen Jahr eingeladen, anläßlich Ihrer heutigen Jubiläums-
tagung den Hauptvortrag zu übernehmen. Nach einigem Zögern
habe ich – allerdings in vorolympischer Zeit – seinem liebenswür-
digen Drängen nachgegeben und zwar nicht zuletzt deshalb, weil
Herr Dr. Aub auf meine Bitte hin am 20. November 1964 in Bam-
berg vor dem Hauptausschuß des Bayerischen Städteverbandes gesprochen hat und ich daher moralisch in seiner Schuld war. Allerdings habe ich ihn von vornherein darauf aufmerksam gemacht,
daß ich auf dem Gebiet des sozialen Wohnungsbaues durchaus kein

Fachmann, sondern allenfalls ein sehr interessierter und durch praktische Erfahrungen ein wenig fortgebildeter Laie sei. Diesen generellen Vorbehalt darf ich auch hier noch einmal aussprechen und mit der Bitte um Nachsicht verknüpfen. Ein Oberbürgermeister gehört eben kraft Amtes zu den Leuten, die von mehr und mehr weniger und weniger wissen, bis sie von allem nichts wissen. Aber ich ziehe dieses Schicksal immer noch dem der Spezialisten vor, die von weniger und weniger mehr und mehr wissen, bis sie von nichts alles verstehen.

Mein Thema lautet »Die Zukunft des sozialen Wohnungsbaues«. Ich glaube, es ist ein sinnvolles Thema gerade für die heutige Jubiläumsveranstaltung Ihres Verbandes. Denn zum einen sind die in Ihrem Verband zusammengeschlossenen Gesellschaften und Genossenschaften nun einmal die Hauptträger des sozialen Wohnungsbaues in Bayern. Und zum anderen scheint der soziale Wohnungsbau eben jetzt an einer Wende, ja vielleicht sogar in einer Krise zu stehen. Trotz meines Vorbehaltes ist es wohl auch berechtigt, dieses Thema einem Kommunalpolitiker anzuvertrauen. Ist doch der Wohnungsbau schon nach der Bayerischen Verfassung eine der zentralen Aufgaben der Städte und Gemeinden, die ja auch von den Folgen der Wohnungsnot nächst den Wohnungssuchenden Bürgern und Familien am stärksten betroffen werden. Im Grunde ist das Thema also auch ein kommunales Thema. Ich möchte es behandeln, indem ich zunächst ganz kurz auf den Begriff und die Entstehungsgeschichte des sozialen Wohnungsbaues eingehe (II.), dann die Leistungen des sozialen Wohnungsbaues seit 1948 umreiße (III.) und schließlich die Zukunft des sozialen Wohnungsbaues im engeren Sinne erörtere (IV.). Daran will ich noch eine Schlußbemerkung knüpfen (V.).

II.

1. Unter sozialem Wohnungsbau versteht man im allgemeinen den Bau von Wohnungen, die nach Größe, Ausstattung und Miete oder Belastung für die breiten Schichten des Volkes bestimmt und geeignet sind und der deshalb mit öffentlichen Mitteln gefördert wird. Sozialer Wohnungsbau ist also sowohl ein Tun, das heißt das Errichten der soeben beschriebenen Art von Wohnungen, als auch das Ergebnis dieses Tuns, das heißt der Bestand an Wohnungen der in Rede stehenden Art. In meinem Referat wird der Ausdruck sozialer Wohnungsbau in beiden Bedeutungen verwandt, wenn naturgemäß auch die erste Bedeutung, nämlich das Bauen, im Vordergrund steht.

2. Die Geschichte des sozialen Wohnungsbaues reicht in ihren Anfängen in das vergangene Jahrhundert zurück. Wie in vielen anderen Lebensbereichen war auch hier der Industrialisierungsprozeß, also die Veränderung der Produktionsweise, das auslösende Moment. Dabei ergriffen zunächst einzelne weitschauende Persönlichkeiten, von denen ich nur Wilhelm Adolf Lette, Viktor Huber (1837), Friedrich Albert Lange und Leopold Sonnemann (1865) nenne, die Initiative, indem sie die Gründung von Genossenschaften und Vereinen förderten oder betrieben, die sich der Errichtung preiswerter Wohnungen für einkommensschwache Familien widmeten. In München war dies als erste die Bau- und Spargenossenschaft »Arbeiterheim«, später die Baugenossenschaft von 1872, in der sich unter Leitung des damals schon bestehenden Arbeiterbildungsvereines 179 Interessierte, zum überwiegenden Teil Arbeiter und Gewerbegehilfen, als erste Mitglieder durch Eintrag in die Gründungslisten zusammenschlossen. Sie baute in den Jahren 1873/74 die ersten Genossenschaftswohnungen an der Nymphenburger- und der Lindwurmstraße. Als Miete ist uns ein Betrag von 29–37 Pfennig pro Monat und qm überliefert. Weitere

Genossenschaften und gemeinnützige Unternehmungen, so etwa 1889 der »Münchner Bau- und Sparverein GmbH«, der an der Artillerie-, Hübner- und Volkartstraße baute, 1894 die Baugenossenschaft »Familienheim GmbH«, deren erste Bauten an der Frundsberg- und Bothmerstraße erstanden, und vier etwa gleichzeitig –1899 gegründete Baugenossenschaften des Verkehrspersonals folgten. 1899 wurde der »Verein für Verbesserung der Wohnverhältnisse e. V.« gegründet. 1913 gab es in München 19 gemeinnützige Bauvereinigungen mit beachtlichen Erfolgen, meist auf politisch neutraler Ebene, einzelne auf konfessioneller Grundlage. Eine öffentliche Förderung im heutigen Sinne, erfuhr, dieser Wohnungsbau allerdings zunächst nicht. Zwar fehlte es nicht an anerkennenden und aufmunternden Worten. Aber zu einer finanziellen Unterstützung entschloß sich die öffentliche Hand, soweit aus den noch vorhandenen Unterlagen ersichtlich, erst im Jahre 1909. In diesem Jahr gewährte die Landeshauptstadt erstmals Darlehensmittel oder Gewährleistungen in Höhe von mehr als acht Millionen Goldmark. In der Folgezeit entwickelte sich die öffentliche Förderung verhältnismäßig rasch. So wurden in den Jahren bis 1914 im Jahresdurchschnitt bis zu 22 Prozent aller Wohnungsbauten von der Stadt finanziell unterstützt. Und in den Jahren zwischen den beiden Weltkriegen hat die öffentliche Hand nicht weniger als ein Drittel der Gesamtbaukosten aller Wohnungsbauten aufgebracht; davon wiederum die Hälfte die Landeshauptstadt München. Die Älteren unter uns werden sich dabei sicher noch an die Sonderbaumaßnahmen erinnern, bei denen zum Teil aus dem Zuschlag zum Wasserpreis Mittel für Zuschüsse gewonnen wurden, mit denen man die aus den zweitstelligen, hochverzinslichen Darlehen sich ergebenden hohen Belastungen abdeckte: eine Maßnahme, um die sich neben dem unvergessenen berufsmäßigen Stadtrat und Wohnungsreferent Sebastian Preis auch der damalige Stadtrat Thomas Wimmer sehr verdient gemacht hat.

Bemerkenswerterweise hat die Wohnungsproduktion in der

sogenannten guten alten Zeit zumindest quantitativ mit der damals schon sehr starken Bevölkerungszunahme in München stets Schritt gehalten. Nach den Statistiken gab es zwischen 1880 und 1915 ständig einen Wohnungsüberhang zwischen 3,2 und 6,7 Prozent. Erst gegen Ende des Ersten Weltkrieges wurde aus partiellen Mangelerscheinungen eine allgemeine Wohnungsnot.

3. Die Gründe dafür, daß der soziale Wohnungsbau als Aufgabe erkannt und zunächst aus privater Initiative und später auch mit öffentlicher Unterstützung betrieben wurde, waren sicherlich mannigfaltig und auch örtlich verschieden. Drei Motive schälten sich aber immer deutlicher als die dominierenden heraus.

Einmal und vor allem war es ganz einfach das Bestreben, das Angebot an Wohnungen zu vermehren und so einer partiellen und später auch einer ganz allgemeinen Wohnungsnot zu steuern. Dieser Beweggrund trat besonders in den Jahren nach dem ersten Weltkrieg in den Vordergrund.

Zum zweiten war es die wachsende Einsicht in die familien- und sozialpolitische Bedeutung der Wohnung. Man erkannte, daß die Wohnung mehr ist als ein Behältnis zur Aufbewahrung von Menschen, das man nach Belieben und Marktlage vertauscht, aufgibt oder neu bezieht. Es wurde deutlich, daß die Wohnung für die Familie in aller Regel den Lebensmittelpunkt darstellt, daß von ihr eine prägende Wirkung, vor allem auf die junge Generation ausgeht und daß es einem ganz natürlichen menschlichen Bedürfnis entspricht, diesen Lebensmittelpunkt gegen die Unsicherheiten und Zufälligkeiten des freien Marktes zu schützen.

Und zum dritten wirkte als Triebfeder für das wachsende Engagement der öffentlichen Hand, daß sich die Relation zwischen dem durchschnittlichen Arbeitseinkommen und den Wohnkosten im Laufe der Zeit immer ungünstiger gestaltete. Diese Tendenz zu einer steigenden Diskrepanz zwischen Arbeitseinkommen und Wohnkosten galt vor allem in Perioden starker Wohnungsknappheit. Sie galt aber auch als eine Dauererscheinung bei bestimmten sozialen Gruppen; so etwa bei Kinderreichen, bei alten Menschen und bei Berufsgruppen mit geringem Einkommen.

III.

Alle drei Motive, hauptsächlich aber das erste, eine in diesem Ausmaß bis dahin unbekannte Wohnungsnot, ließen den sozialen Wohnungsbau nach dem Zusammenbruch als eine absolute und zwingende Notwendigkeit erscheinen. Die Kriegszerstörungen und das Einströmen der Heimatvertriebenen hatten zu Verhältnissen geführt, an die sich die meisten heute kaum mehr erinnern. So entfielen – um nur ein Beispiel zu nennen – in München 1946 auf 182.200 Wohnungen, von denen dazu fast 38 Prozent noch mehr oder weniger stark beschädigt waren, nicht weniger als 240.000 Haushaltungen.

Diese Situation war eine Herausforderung ohnegleichen. In einer Gemeinschaftsanstrengung aller Kräfte ist sie in den hinter uns liegenden Jahren zu einem guten Teil gemeistert worden. Allein in Bayern entstanden von 1953 bis 1964 im sozialen Wohnungsbau 363.628 Wohneinheiten mit einem Gesamtaufwand von 8,830 Millionen DM. Von dieser Summe stammen 3,885 Millionen DM aus öffentlichen Mitteln. In Wirklichkeit ist dieser Betrag wohl noch erheblich höher, da nennenswerte Leistungen etwa der Städte und Gemeinden – so zum Beispiel der Ausfall an Grundsteuer und die städtebaulichen Vorleistungen – in den Statistiken nicht erscheinen. Die gemeinnützigen Unternehmungen waren an dieser gewaltigen Bauleistung neben den privaten Baufirmen und den freien

Unternehmen ausschlaggebend beteiligt. 181.881 Wohneinheiten oder 50 Prozent aller in Bayern im sozialen Wohnungsbau geschaffenen Wohnungen wurden von ihnen errichtet. Ich meine, das ist ein Kapitel im Buch des deutschen und des bayerischen Wiederaufbaues, auf das Sie stolz sein können und an das auch am heutigen Tag erinnert werden darf.

IV.

Der soziale Wohnungsbau hat also eine Vergangenheit, die sich wahrlich sehen lassen kann. Aber hat er auch eine Zukunft?

Manche bezweifeln das – öffentlich oder doch insgeheim, hinter vorgehaltener Hand. Sie sagen, der soziale Wohnungsbau sei jetzt doch nicht mehr so notwendig. Und sie machen auf die wachsenden Hindernisse aufmerksam, denen er begegnet. Mit beiden Gesichtspunkten wollen wir uns nun beschäftigen.

Da ist also die erste Frage, ob denn der soziale Wohnungsbau überhaupt noch notwendig sei und die so fragen, behaupten zur Rechtfertigung ihrer Frage mehr oder weniger deutlich dreierlei: Sie behaupten

1. die Wohnungsnot sei im wesentlichen behoben,

2. jeder könne heutzutage, zumindest mit Hilfe des Wohngeldes, die Kosten- oder gar die Marktmiete bezahlen und

3. der vorhandene Bestand an Sozialwohnungen genüge als Stabilisierungsfaktor.

Was ist von diesen drei Behauptungen zu halten?

Die erste, nämlich die Wohnungsnot sei im wesentlichen behoben, halte ich – um mich der gleichen Ausdrucksweise zu bedienen – im wesentlichen für falsch. Sicherlich ist die Wohnungsnot in den letzten Jahren fühlbar gelindert worden. Aber behoben ist sie nicht.

Das zeigen schon die allgemeinen Berechnungen. Zwar kommt die vom Bundesgesetzgeber vorgeschriebene Berechnungsmethode zu dem Ergebnis, daß in ganz Bayern am 1. Januar 1965 nur noch 33.630 Wohnungen fehlten. Aber diese Berechnungsmethode ist falsch und wirklichkeitsfern. Sie vernachlässigt die Einpersonenhaushalte, rechnet Wohnung gleich Wohnung, ganz gleich, ob es sich um eine menschenunwürdige oder um eine für den Normalverdiener unerschwingliche Luxuswohnung handelt; ignoriert die Wohnungswünsche der Pendler und betrachtet die Wohnungssuchende Familie in Reit im Winkel als untergebracht, weil 67 km entfernt in Peterskirchen im gleichen Landkreis Traunstein eine Wohnung leersteht. In Erkenntnis dieser Unzulänglichkeiten hat Bayern dankenswerterweise eine eigene Berechnungsmethode entwickelt, die den Einpersonenhaushalten mehr Gerechtigkeit widerfahren läßt und das Defizit gemeindeweise berechnet. Danach fehlten in Bayern am 1. Januar 1965 nicht 33.630, sondern 117.300 Wohnungen. Das ist wohl ein kleiner Unterschied. Im übrigen ist wohl die Frage erlaubt, ob ein 3-Prozent-Fehlbestand wirklich als Normalzustand angesehen werden kann. In München wäre das immerhin ein Defizit von rund 13.200 Wohnungen. Von Chancengleichheit auf dem Markt kann meines Erachtens bei einem solchen Nachfrageüberhang nicht die Rede sein. Ich möchte wissen, was geschähe, wenn man 3 Prozent aller Bundestagsabgeordneten in Bonn überhaupt keinen Arbeitsplatz, keine Übernachtungsgelegenheit und auch keinen Sitz- oder Stehplatz im Plenum gäbe und zugleich diesen Zustand als normal bezeichnen würde.

Auch die bayerische Berechnung macht indes noch nicht deutlich genug, daß es auch innerhalb einer Gemeinde nicht einen einzigen Wohnungsmarkt, sondern in Wirklichkeit viele Teilmärkte gibt; und zwar ebensoviele Teilmärkte wie Bedarfsgruppen. Eines schickt sich eben nicht für alle und dem kinderreichen Arbeiter bei

Rathgeber oder BMW hilft es garnichts, daß die Villa eines Generaldirektors in Solln seit längerem leersteht. Diese Bedarfsgruppen lassen sich subjektiv oder objektiv abgrenzen. Subjektiv nach den Eigenheiten der wohnungssuchenden Parteien, objektiv nach den Eigenschaften der gesuchten Wohnungen. (…)

Um es noch einmal ganz deutlich zu sagen: Es wird zum Beispiel eine spürbare Wohnungsnot für junge Ehepaare sicher auch dann noch geben, wenn Luxuswohnungen und teure Appartements bereits in größerer Zahl leerstehen.

Und noch etwas übersehen diejenigen, die von einer Wohnungsnot nichts mehr wissen wollen. Sie übersehen nämlich die Umstände, die in der nächsten Zeit einen erheblichen zusätzlichen Bedarf auslösen werden. Ich nenne ohne Anspruch auf Vollständigkeit nur drei dieser Umstände, nämlich die allmählich beginnende Erneuerung überalteter Stadtteile, den Verkehrsausbau in den Innenstädten und die Bevölkerungszunahme infolge des Geburtenüberschusses und der Wanderungsvorgänge, die vor allem in den Verdichtungsgebieten zu erheblichen Wanderungsgewinnen führen. Der Stadterneuerung und dem Verkehrsausbau werden überdies in der Regel solche Wohnungen weichen müssen, die von sozial Schwächeren bewohnt werden. Ein Übergang auf den freien Wohnungsmarkt kommt bei diesem Personenkreis jedenfalls nach den Münchner Erfahrungen im allgemeinen nicht in Betracht. (…)

Ebenso gängig wie die These von der nicht mehr bestehenden Wohnungsnot ist in gewissen Kreisen die zweite Behauptung, jeder könne heutzutage, zumindest mit Hilfe des Wohngeldes, die Kosten- oder gar die Marktmiete bezahlen. Zur Begründung dieser These wird unter anderem geltend gemacht, die durchschnittliche Mietbelastung pro Einkommen liege heute niedriger als vor dem ersten Weltkrieg und für Kraftfahrzeuge werde gegenwärtig ein höherer Prozentsatz des Volkseinkommens verbraucht, als für die Bezahlung von Wohnungsmieten. Diese Hinweise halten indes der näheren Prüfung nicht stand und zwar vor allem deshalb nicht, weil sie wiederum das so bedeutsame Phänomen des Teil- und Gruppenbedarfs und der Teilmärkte übersehen. In München haben beispielsweise 40 Prozent aller in Dringlichkeitsstufe I vorgemerkten Wohnungssuchenden eben nur ein Netto-Haushaltseinkommen von unter 600.- DM pro Monat und 71 Prozent ein solches von unter 800.- DM. Für sie wirkt sich die Tatsache voll aus, daß die Diskrepanz zwischen Arbeitslohn und Kosten pro Wohneinheit seit 1953 von 1: 4,5 bis 1964 weiter auf 1 : 7,4 angestiegen ist, wobei die Gleichungen jeweils ausdrücken, wie viele durchschnittliche Jahreseinkommen eines Arbeiters für die Finanzierung einer Wohneinheit erforderlich sind. Nur zum Vergleich: In den USA lautet die Relation 1 : 2,25. Und es hilft ihnen wenig, wenn nicht in ihrer Gruppe sondern im Durchschnitt des ganzen Volkes der Kraftfahrzeugaufwand relativ hoch und die Mietbelastung relativ niedrig liegt. Übrigens sieht es so aus, als wenn die Mietbelastung in letzter Zeit ganz allgemein kräftig stiege. Ist doch der Anteil der Miethaushalte, die bis zu 10 Prozent ihres Einkommens für die Monatsmiete aufwenden, von 1963 bis 1965 von 48 Prozent auf 35 Prozent abgesunken, während gleichzeitig der Anteil der Miethaushalte, die bis zu 15 Prozent ihres Einkommens für die Monatsmiete aufwenden um 5 Prozent und der Anteil derer, die über 16 Prozent aufwenden, um 8 Prozent gestiegen ist.

Auch das Wohngeld, das als eines von mehreren sozialen Instrumenten durchaus Anerkennung verdient, vermag die hier zu untersuchende These nicht zu rechtfertigen. Denn es wird stets durch eine starre Höchstgrenze nach oben beschränkt sein, die gegenwärtig in München bei 3,70 DM liegt. Auf dem freien Wohnungsmarkt werden in München aber schon heute Mieten von 6,– DM pro qm und darüber verlangt. Selbst bei voller Inanspruchnahme des Wohngeldes ist deshalb den 71 Prozent der in Dringlichkeitsstufe I eingereihten Münchner Wohnungssuchenden, die über ein Haushaltsnettoeinkommen von weniger als 800,– DM monatlich verfügen, der Zugang zum freien Wohnungsmarkt vollständig versperrt.

Bleibt die dritte Behauptung, der vorhandene Bestand an Sozialwohnungen genüge als Stabilisierungsfaktor. Ihre Prüfung setzt eine kurze Verständigung über die Stabilisierungswirkungen des sozialen Wohnungsbaues voraus. Meines Erachtens gehen diese Wirkungen im wesentlichen in drei Richtungen:

Einmal wirkt sich der soziale Wohnungsbau stabilisierend auf das Mietpreisgefüge aus. Grundstücks- und Baukostensteigerungen werden beim sozialen Wohnungsbau zum größeren Teil durch erhöhte Leistungen der öffentlichen Hand aufgefangen und nur zum kleineren Teil über die Erhöhung der Mieten weitergegeben. Auch ist der vorhandene Bestand an Sozialwohnungen einer qualifizierten Mietpreisbindung unterworfen. Beide Umstände üben ihrerseits einen günstigen Einfluß auf die Lebenshaltungskosten und damit auf die Lohn- und Preisentwicklung aus.

Der soziale Wohnungsbau stabilisiert weiter die Dauer der Mietverhältnisse. Zwar ist der Mieterschutz in den weißen Kreisen auch für die Wohnungen des sozialen Wohnungsbaus de jure aufgehoben. De facto besteht er aber für den Wohnungsbestand der gemeinnützigen Wohnungsbauunternehmen fort. Kündigungen besitzen hier geradezu Seltenheitswert. So sind beispielsweise von der Gemeinnützigen Wohnungsfürsorge AG und der Gemeinnützigen Wohnstätten- und Siedlungsgesellschaft mbH in München bei einem Bestand von insgesamt rund 25.000 Wohnungen 1964 nur 14 und 1965 nur 16 Kündigungen ausgesprochen worden.

Stabilisierend wirkt schließlich auch der Umstand, daß sich der soziale Wohnungsbau in erster Linie nach dem Bedarf nicht aber danach orientiert, welche Rendite für das eingesetzte Kapital erreicht werden kann. Das gilt für den Bau neuer Wohnungen, der sich zum Beispiel in München nach einem Wohnungstypenschlüssel richtet, dem wiederum die Auswertung der Vormerkungen beim Wohnungsamt zugrunde liegt. Der freie Wohnungsbau bevorzugt demgegenüber die Errichtung von Appartement-Wohnungen, bei denen sich höhere Einnahmen erzielen lassen – allerdings um den Preis verstärkten Zuzugs von außerhalb. Das gilt aber auch für die Vergabe der Sozialwohnungen, die ebenfalls nach der Dringlichkeit des Wohnungsfalles, nicht aber danach vorgenommen wird, welcher Mietwerber die höchsten vertraglichen oder außervertraglichen Leistungen anbietet – oder keine Kinder hat und auch keine zu bekommen verspricht. In beiden Hinsichten dämpft also der soziale Wohnungsbau Miet- und damit Preisauftriebstendenzen.

Diese Stabilisierungswirkungen des sozialen Wohnungsbaus sind, soweit ich sehe, im Grunde unbestritten. Es wird sogar auf Bundesebene anerkannt, daß die sogenannte Liberalisierung der Wohnungswirtschaft durch das Abbaugesetz überhaupt nur deshalb in Angriff genommen werden konnte, weil ein Stabilisierungsfaktor in Gestalt des sozialen Wohnungsbaus vorhanden war. Dieser Stabilisierungsfaktor macht gegenwärtig in der Bundesrepublik Deutschland 23,7 Prozent, in Bayern 15 Prozent und in München 22 Prozent des Gesamtwohnungsbestandes aus. Ich meine, die Entwicklungen auf dem Wohnungsmarkt zeigen, daß diese Anteile am Gesamtbestand noch nicht ausreichen, um den wünschenswerten und erforderlichen Grad an Stabilität zu erreichen.

Hinzu kommt, daß auch hier Stillstand Rückgang bedeutet. Ich habe schon vorhin ausgeführt, wie stark der Wohnungsbedarf auch in Zukunft sein wird. Wird der soziale Wohnungsbau eingeschränkt oder gar überhaupt eingestellt, dann sinkt aber sein Anteil am Gesamtwohnungsbestand automatisch und damit auch seine

Stabilisierungswirkung. Das gilt ganz besonders für die Zentren der Wohnungsnot, die heute noch schwarze Kreise sind, so etwa für München. Hier hat der soziale Wohnungsbau geradezu die Funktion eines Deiches für den Zeitpunkt, in dem Mieterschutz und Mietpreisbindung aufgehoben werden und eine zurückgestaute Mietsteigerungswelle heranbrandet, deren Vorläufer uns heute schon ernste Sorgen bereiten. Der Damm muß also weiter verstärkt werden und es kann keine Rede davon sein, daß der vorhandene Bestand an Sozialwohnungen allerorten und für alle Zukunft ausreicht.

In diesem Zusammenhang ist noch einmal kurz auf das Wohngeld einzugehen, weil da und dort der vollständigen Ablösung des sozialen Wohnungsbaus durch das Wohngeld das Wort geredet wird. Wer das tut, muß jedoch wissen, daß das Wohngeld gerade die Stabilisierungsfunktionen des sozialen Wohnungsbaus nicht übernehmen kann. Im Gegenteil! Denn das Wohngeld tritt ja auf der Nachfrageseite als eine Art Einkommensergänzung auf, verstärkt die Kaufkraft und wirkt somit – zumindest indirekt – preissteigernd. Es hat die Tendenz zur Dynamisierung der Mieten, während der soziale Wohnungsbau die Mieten statisch beeinflußt. Außerdem verliert die öffentliche Hand beim Wohngeld jeden Einfluß auf das bedarfsgerechte Bauen und die bedarfsgerechte Vergabe.

Als Fazit dieses Abschnitts ist also festzuhalten, daß der soziale Wohnungsbau durchaus nicht entbehrlich geworden ist, sondern nach wie vor eine soziale und volkswirtschaftliche Notwendigkeit darstellt.

Wenn über der Zukunft des sozialen Wohnungsbaus dennoch schwarze Wolken hängen, dann rührt das nicht von der Seite des Bedarfs und der Notwendigkeit her, sondern von den wachsenden Schwierigkeiten und Hemmnissen, denen er begegnet. Welcher Art sind diese Schwierigkeiten?

Zunächst dürfen gerade die Anhänger des sozialen Wohnungsbaus die Augen nicht davor verschließen, daß schon die von mir soeben erörterte soziale und stabilisierende Wirkung des vorhandenen Bestandes durch einen gravierenden Umstand mehr oder weniger stark gehemmt wird – nämlich durch die Fehlbelegung eines Teiles der Sozialwohnungen. Unter Fehlbelegung verstehe ich dabei ihre mietweise Nutzung durch Mietparteien, deren Einkommen im Laufe der Zeit die Grenze des § 25 des 2. Wohnungsbaugesetzes in der Fassung vom 1. September 1965 überschritten hat. Über das Ausmaß der Fehlbelegung gehen die Meinungen auseinander. Sachverständige schätzen jedoch, daß es sich dabei in einzelnen Städten um bis zu 30 Prozent aller Sozialwohnungen handelt. Diese Fehlbelegungen sind aber nicht nur in ihren konkreten Konsequenzen unerfreulich, sie schaffen darüberhinaus ganz allgemein ein schlechtes Klima für die Sache des sozialen Wohnungsbaus und kein Gegner des sozialen Wohnungsbaus verzichtet auf die Argumente, die sich ihm hier bieten.

In gewissem Sinne mit dieser Frage verwandt ist die Frage der unterschiedlichen Miethöhe für Sozialwohnungen gleicher Größe und Qualität je nach ihrem Baujahr. Da diese Frage mein Thema nur am Rande berührt und sie durch das Wohngeld überdies zum Teil entschärft worden ist, möchte ich hier nicht näher auf sie eingehen. Wir sollten sie indes nicht ganz aus den Augen verlieren.

Stärker als die eben genannten Hemmnisse sind aber diejenigen, die sich dem Bau neuer Sozialwohnungen entgegenstellen. Auf eine einfache Formel gebracht, lassen sich diese Hemmnisse mit der Feststellung umschreiben »Steigende Kosten bei sinkenden Mitteln«.

Die Kosten des Wohnungsbaues sind im ständigen Steigen begriffen und zwar alle Kostenfaktoren. (…) All diese Steigerungen setzen sich 1966 deutlich spürbar fort. Zum Teil – so bei den Kapitalzinsen – kommen sie erst jetzt voll zum Tragen. Eine Besserung ist – jedenfalls gegenwärtig – auch für 1967 nicht abzusehen. Im Übrigen gibt es natürlich noch eine ganze Reihe weiterer Schwierigkeiten, von denen ich nur den allgemeinen Baulandmangel, die langwierigen Genehmigungsverfahren nach dem Bundesbaugesetz und auch die bei allem guten Willen doch zeitraubenden und komplizierten Antragsverfahren bei den Bewilligungsstellen nenne.

Auf der anderen Seite steigen die für den sozialen Wohnungsbau verfügbaren öffentlichen Mittel nicht nur nicht, sie nehmen sogar ab. (…) Für 1966 sind im Bayerischen Staatshaushalt 391,40 Millionen DM veranschlagt. Bisher wurden nur 197 Millionen DM freigegeben. Im Vorjahr war es zum gleichen Zeitpunkt der Gesamtbetrag von rund 400 Millionen DM. Ob und in welchem Umfang die restlichen Mittel von 194,40 Millionen DM in diesem Jahr überhaupt noch freigegeben werden, ist ungewiß. Ein entsprechender Antrag ist im Landtag erst kürzlich von der Mehrheit abgelehnt worden.

Auch hier kann zunächst kaum mit einer Besserung der Verhältnisse gerechnet werden. Alle öffentlichen Haushalte stehen unter starkem Druck. Unter konjunkturpolitischen Gesichtspunkten ist der soziale Wohnungsbau dabei Gegenstand zusätzlicher Attacken, vor allen seitens der Deutschen Bundesbank. Es kommt hinzu, daß sich andere Schwerpunkte der staatlichen Tätigkeit immer stärker in den Vordergrund schieben. So nennt die Bayerische Staatsregierung in ihren Programm für 1967 als Schwerpunkte die Strukturverbesserung und den Kultushaushalt, aber nicht mehr den sozialen Wohnungsbau. Der Bund zieht sich ohnehin immer stärker aus der unmittelbaren Förderung des sozialen Wohnungsbaus zurück. Er wird es deshalb auch nicht ungern gelesen haben, daß im Troeger-Gutachten empfohlen wird, den Bund aus dieser Aufgabe völlig zu entlassen. (…)

Nun – ich sprach vorhin von schwarzen Wolken, die den sozialen Wohnungsbau bedrohen. Und in der Tat, das Bild, das ich von der Zukunft des sozialen Wohnungsbaus entworfen habe, ist düster. Dabei habe ich der Versuchung, Zweckpessimismus zu verbreiten, durchaus widerstanden. Es ging mir nur um eine realistische Darstellung der Lage. Mit den gleichen Realismus will ich jetzt zum Schluß versuchen, aus der Darstellung der Lage einige Folgerungen zu ziehen.

1. Meine erste Folgerung ist die, daß es sich beim sozialen Wohnungsbau nicht nur um eine vorübergehende oder befristete; sondern um eine dauernde Aufgabe der Allgemeinheit handelt. Das steht übrigens so auch in der Bayerischen Verfassung. In ihrem Artikel 106 heißt es wörtlich: »Jeder Bewohner Bayerns hat Anspruch auf eine angemessene Wohnung. Die Förderung des Baues billiger Volkswohnungen ist Aufgabe des Staates und der Gemeinde.« Die öffentliche Hand muß deshalb auch in Zukunft öffentliche Mittel zur Förderung des sozialen Wohnungsbaus zur Verfügung stellen. Sie muß aber auch denen die Luft zum Atmen lassen, die sich als die zuverlässigsten Träger und Freunde des sozialen Wohnungsbaus erwiesen haben – nämlich den gemeinnützigen Wohnungsbauunternehmen.

2. Die grundsätzliche Anerkennung des sozialen Wohnungsbaus als wichtige Daueraufgabe schließt gewisse Anpassungen und Modifikationen an die allgemeine Entwicklung nicht aus. Starre Dogmatik war nie ein Kennzeichen des sozialen Wohnungsbaus. Die Modifikationen dürfen aber nicht auf eine faktische Leugnung der Aufgabe selbst hinauslaufen. Deshalb kann der soziale Wohnungsbau nicht durch den – an sich wünschenswerten – weiteren Ausbau des Wohngeldes ersetzt werden. Ich habe bereits dargetan, daß beide Förderungsmaßnahmen ganz unterschiedliche Wirkungen haben und deshalb nicht miteinander vertauscht werden können.

Zu denken wäre hingegen daran, einen Teil der knapper gewordenen und eher noch knapper werdenden Förderungsmittel zur Beseitigung der Fehlbelegung von Sozialwohnungen einzusetzen. Die bisherigen Erörterungen haben gezeigt, daß diesem Problem mit der Einführung einer Kündigungspflicht oder mit individuellen Mieterhöhungen aus rechtlichen und praktischen Gründen kaum beizukommen ist. Vielleicht würde aber die Gewährung von Freimachungsprämien Familien mit höherem Einkommen dazu anreizen können, ihre Sozialwohnung etwa mit einer Eigentumswohnung zu vertauschen. Probeberechnungen haben ergeben, daß bereits eine Prämie von 5.000.- DM die Finanzierung einer Eigentumswohnung fühlbar erleichtern würde. Der Übergang von einer Sozialwohnung auf eine freifinanzierte Mietwohnung dürfte hingegen wegen des großen Abstandes zwischen den Mieten einer Sozialwohnung und einer freifinanzierten Wohnung wesentlich schwieriger sein und sich auch mit Darlehen oder Aufwendungszuschüssen kaum bewerkstelligen lassen.

Der Gedanke der Freimachungsprämie, der übrigens in Hamburg, Nordrhein-Westfalen und Baden-Württemberg schon seit einiger Zeit mit Erfolg praktiziert wird, bedarf sicherlich noch näherer Prüfung. Für ihn spricht jedenfalls, daß auf diesem Wege eine Sozialwohnung mit wesentlich geringerem Aufwand an öffentlichen Mitteln verfügbar wird als auf dem Wege des Neubaus. Und sowohl für den einkommensschwachen Wohnungssuchenden als auch für den Stabilisierungseffekt ist es gleichgültig, ob eine neue Sozialwohnung gebaut oder eine ihrem Zweck entfremdete Sozialwohnung wieder zur Sozialwohnung gemacht wird.

Die verbleibenden öffentlichen Mittel sollten konzentriert zum Bau neuer Sozialwohnungen für einkommensschwache Gruppen, für alte Mitbürger und für junge Familien verwendet werden. Bei ihnen ist die Not am größten. Bei den alten Mitbürgern läßt sich überdies in vielen Fällen auch ein Umsetzungseffekt erreichen.

Allerdings müssen wir uns davor hüten, unter dem Zwang der Verhältnisse wiederum sozial oder dem Altersaufbau nach einseitig strukturierte Wohnsiedlungen entstehen zu lassen. Vielmehr sollte eine vernünftige Mischung zwischen sozialen Mietwohnungen, Eigentumswohnungen und auch freifinanzierten Wohnungen angestrebt werden. Gerade die gemeinnützigen Wohnungsbauunternehmen sollten die beiden letzteren Sparten nicht außer Acht lassen und nach Möglichkeit in jeder größeren Siedlung von Anfang an auch ein Altenwohnheim vorsehen.

V.

Meine sehr verehrten Damen und Herren!

Allerorten und bei allen Gelegenheiten wird heute verkündet, daß der Mensch in Mittelpunkt stehe. Man scheut sich fast ein wenig, selber diesen beinahe zum Schlagwort gewordenen Satz noch einmal auszusprechen. Aber wenn er nicht nur als eine Phrase gedacht ist, sondern wirklich als eine Leitlinie der Politik, dann muß er sich in der Wohnungspolitik bewähren. Denn die Wohnung ist der zentrale Mittelpunkt des menschlichen Daseins – auch in unserer Zeit. Und wer dem Menschen wirklich zu einen besseren, gesünderen und erfüllteren Dasein verhelfen, wer wirkliche Familien- und Sozialpolitik treiben will, der muß bei der Wohnung beginnen. Hier auch wird sich erweisen, ob unser Staat wirklich ein Sozialstaat ist, das heißt aber doch ein Gemeinwesen, das die Wohnung nicht als Handelsware, sondern als Substrat der menschlichen Persönlichkeit ansieht.

Ihnen, die Sie hier versammelt sind, aber auch denen, die in den Städten und Gemeinden Verantwortung tragen, hat sich der soziale Wohnungsbau stets in diese größeren Zusammenhänge eingeordnet. Wir waren Verbündete in Kampfe für den sozialen Wohnungsbau, unseren Mitbürgern und Mitmenschen zuliebe. Dabei soll es auch in Zukunft bleiben und ich bin sicher – dann wird der soziale Wohnungsbau auch eine Zukunft haben.

Weihnachtsfeier für Kinder
im Schauspielhaus
13. Dezember 1966

> Dass ein Münchner Oberbürgermeister abseits der »großen
> Kommunalpolitik« auch für die kleinen Münchnerinnen und
> Münchner da ist, zeigen die alljährlichen Weihnachtsfeiern für
> Kinder. Hans-Jochen Vogel überbringt bei diesen Gelegenheiten
> nicht nur Geschenke der Landeshauptstadt, sondern erweist sich
> auch als geschickter Geschichtenerzähler, der die aufgeregte und
> erwartungsfrohe Kinderschar in seinen Bann zieht.

Meine lieben Kinder!

Eigentlich sollte ich Euch eine kleine Rede halten. Aber ich möchte
Euch dafür lieber eine kleine Geschichte erzählen.

Ich hab' heute nämlich schon den ganzen Tag auf das Christkindl
gewartet, das Euch selber die Geschenke bringen wollte. Denn, als
ich neulich mit ihm telefoniert hab', hat es gemeint: »Weißt Du,
wenn es in München noch soviel Kinder gibt, die Angst haben, daß
sie kein Christkindl kriegen, dann muß ich wirklich selber kommen, obwohl ich mich im Augenblick vor lauter Arbeit schon gar
nicht mehr auskenn.«

Und so bin ich heut in meinem Büro im Rathaus g'sess'n und
hab' gewartet. Eine Stunde, zwei Stunden, drei Stunden. Das Christkindl ist nicht gekommen. Dann endlich, hat das Telefon geläutet.
Aber es war die Funkstreife, und der Wachtmeister hat ganz auf-
geregt gerufen: »Herr Oberbürgermeister, kommen's schnell, ganz

schnell. S'Christkindl steckt im U-Bahn-Schacht vor der Universität und is über und über voll Dreck.«

Ich bin gleich in meinen Wagen gestiegen, hinausgefahren zur Universität und nix wie runter in den Schacht. Und tatsächlich, da stand das Christkindl, wie der Wachtmeister berichtet hat: Schuh und Strümpf waren ganz voll Sand, und an seinem weißen Kleid sind dicke Lehmbatz'n g'hängt. Ich bin so erschrocken, daß ich nur noch rausgebracht hab': »Ja, wie schaust denn Du aus!« Aber das Christkindl hat nur gelacht und im schönsten Münchnerisch g'meint: »Grod zuageh' tuat's!« Es hat mir mit dem Finger gewinkt, und ich hab' mich zu ihm runtergebeugt. Und da hat es mir ins Ohr geflüstert: »Weißt, ich bin halt auch noch klein und deshalb furchtbar neugierig, und jetzt siehst ja selber, was dabei rauskommt.«

Fast hat es sich ein bißl g'schämt, aber dann hat es gemeint: »Ich hab mir doch vorher anschauen müssen, was ihr macht: Wohnungen bauen, Schulen, Kindergärten, neue Straßen und die U-Bahn. Es is ja alles, damit die Not weniger wird und damit's de Leut' besser geht und ihren Kindern auch.« Dabei hat es alles, was es gesehen hat in München, an den Fingern aufgezählt. »Es ist ja schon viel g'schehn, aber ich weiß auch, daß noch viel fehlt. Aber wenn alle z'ammhelfen, dann geht's schon weiter.«

Wir sind dann über die Leiter aus dem U-Bahn-Schacht heraufgestiegen und zum Christkindl seinem Wagen gegangen, in dem die ganzen Pakete für Euch waren. Das Christkindl hat an sich runterg'schaut. »Ich glaub'«, hat's g'meint, »es wird besser sein, Du nimmst meinen Wagen und fährst zu den Kindern und ich bleib da. Wenn mich die so sehen, meinen vielleicht die Buben, sie brauchen sich den Hals nimmer wasch'n. Und beim Verteilen können Dir ja der Herr Stadtrat Hoffmann und der Herr Wittmann vom Jugendamt helfen, die sich sonst auch um die Kinder kümmern und die mit ihren Mitarbeiterinnen und Mitarbeitern all die schönen Geschenke besorgt und hergerichtet haben. Sie haben sich viel Arbeit und Mühe damit gemacht. Die Kinder sollen ihnen dafür

Weihnachtsbescherung für Kinder aus bedürftigen Familien im Schauspiel-
haus, 13. Dezember 1966. (Foto: Rudi Dix)

am Schluß auch ein herzliches *Vergelt's Gott* sagen. Und sag' allen
einen recht schönen Gruß von mir.«

Den schönen Gruß, liebe Kinder, hab ich Euch ausgerichtet und
Eure Pakete sind auch da. Jetzt brauch ich Euch nur noch für den
Nachmittag heute viel Spaß und Freude wünschen. Paßt bei dem
Märchen gut auf, singt schön mit bei dem Weihnachtslied, das wir
dann alle zusammen singen und drängt Euch nicht zu sehr bei der
Bescherung – es ist für jeden etwas dabei.

Eröffnung des XVIII. Sudetendeutschen Tages
13. Mai 1967

Die alljährlich von der Sudetendeutschen Landsmannschaft organisierte Großveranstaltung lockt rund 350.000 Sudetendeutsche aus dem In- und Ausland nach München. Auf dem Programm stehen neben der Hauptkundgebung in der Bayernhalle zahlreiche kleinere Treffen, Ausstellungen, Gedenkfeiern, Feierstunden und Gottesdienste. Der Sprecher der sudetendeutschen Landsmannschaft Hans-Christoph Seebohm verurteilt zwar das »Verbrechen der Vertreibung«, vermeidet jedoch scharfe Töne und fordert die Anerkennung und friedliche Erfüllung des Rechtsanspruchs auf Heimat und Selbstbestimmung im Rahmen einer neuen gerechten Friedensordnung.

Sie haben sich heute hier in München zur feierlichen Eröffnung des XVIII. Sudetendeutschen Tages versammelt. Als Oberbürgermeister der bayerischen Landeshauptstadt darf ich Sie aus diesem Anlaß im Namen der Münchner Bürgerschaft und des Münchner Stadtrats, aber auch persönlich, auf das herzlichste willkommen heißen und Ihnen die Grüße unserer örtlichen Gemeinschaft überbringen.

Mit diesen Grüßen verbinde ich die Versicherung, daß sich diese Stadt, in der Sie nun schon zum vierten Mal zu Ihrem großen Treffen zusammengekommen sind, Ihnen in besonderer Weise verbunden fühlt und an Ihrem Schicksal und Ihren Sorgen in besonderer Weise Anteil nimmt. Diese Verbundenheit und Anteilnahme ruht auf einer sehr realen Grundlage. Leben doch in München mehr als 70.000 Sudetendeutsche, die zusammen mit 90.000 weiteren Schicksalsgefährten aus anderen Vertreibungsgebieten einen vollen Beitrag zum Wiederaufbau Münchens geleistet haben und denen diese Stadt einen wertvollen Zuwachs an Kraft, Können und Leistungsvermögen, aber auch an kulturellen und geistigen Traditionen verdankt.

Meine Damen und Herren!

Dies ist eine europäische Feierstunde. Es mag deshalb dem Oberbürgermeister einer Stadt, die im Herzen Europas liegt, die dem europäischen Gedanken seit langem anhängt und von wohl gesonnenen Besuchern gelegentlich schon die Geliebte Europas genannt worden ist, gestattet sein, den Kreis seiner Betrachtungen ein wenig über den örtlichen Rahmen hinaus auszudehnen. Europa, so meine ich, war für Jahrhunderte der Kontinent, von dem die Welt entscheidende Impulse für die Entwicklung ihrer Kultur und ihrer Zivilisation empfing. Es war und ist aber zugleich auch der Kontinent des Verhängnisses und der Selbstzerfleischung. Jeder Versuch, streitige Fragen – und das waren im Grunde immer Nationalitätenfragen – gewaltsam zu lösen, endete nicht nur in einem Meer von Blut, Tränen und Trümmern, sondern hinterließ auch neue, noch größere, noch kompliziertere Probleme. Die beiden Weltkriege in der ersten Hälfte dieses Jahrhunderts sind die größten und schrecklichsten Beispiele dafür. Fehler wurden dabei auf allen Seiten begangen. Fehler, die Sie so gut kennen, daß ich im Einzelnen nicht darauf eingehen muß. Allerdings möchte ich von dieser Feststellung einen Mann ausnehmen – nämlich Adolf Hitler. Er beging nicht Fehler, sondern bewußte Verbrechen. Und eines dieser Verbrechen war, daß er die ungelösten Probleme der nationalen Minderheiten, die zum politischen Erbe des Ersten Weltkrieges gehörten, zwei Jahrzehnte später als Sprengstoff für seine Katastrophenpolitik mißbrauchte. Damit hat er eine Kettenreaktion

Oberbürgermeister Hans-Jochen Vogel bei der Eröffnungsveranstaltung des Sudetendeutschen Tages in der Bayernhalle im Münchner Ausstellungspark, 13. Mai 1967. (Foto: Fritz Neuwirth)

ausgelöst, an deren Ende der größte Leichenberg der europäischen Geschichte, die Spaltung Deutschlands und die Massenvertreibung von 16 Millionen Deutschen stand.

Auf diese Vorgänge haben Sie in den letzten 20 Jahren eine neue Antwort gegeben, nicht die alte, die Haß gegen Haß, Blut gegen Blut und Unrecht gegen Unrecht setzt. Nein, Sie haben einen neuen Weg eingeschlagen. Sie haben zunächst der Versuchung der sozialen und politischen Radikalisierung widerstanden und mit uns den Wiederaufbau dessen angepackt, was uns von unserem gemeinsamen Vaterland geblieben war. Und Sie haben dann in feierlicher Form den Verzicht auf jede Gewaltanwendung ausgesprochen und der Aussöhnung, Annäherung und Verständigung unter den Völkern das Wort geredet – auch und gerade der Aussöhnung mit unseren Nachbarvölkern im Osten. Dafür sind wir Ihnen Dank schuldig. Denn nur so können wir den Teufelskreis immer neuer Katastrophen durchbrechen.

Und diesen Weg, den Sie eingeschlagen haben, diesen europäischen Weg gilt es fortzusetzen. Seine Stationen heißen: Befriedigung Europas, allmähliche Wandlung Europas in einen Kontinent, in dem die Grenzen der Staaten nicht mehr Blutlinien des Unheils sind, Barrieren der nationalen Vorurteile und Mißverständnisse, sondern in dem Grenzen nur mehr den Charakter von Wegweisern und Hinweistafeln besitzen, die den freien Austausch von Ideen, Meinungen, Gütern und Menschen nicht behindern, sondern fördern.

Sicher wird dieser Weg lang und steinig sein. Denn es ist schwierig, in der Wildnis der Vorurteile und Ressentiments der Verständigung und der Versöhnung einen Pfad zu bahnen. Aber Sie haben damit begonnen. Und München wäre glücklich, wenn der Sudetendeutsche Tag 1967 zu einem weiteren Schritt auf dieses Ziel hin würde. Sie würden damit Ihrer Sache, aber auch unserer Stadt einen großen Dienst erweisen; unserer Stadt, die sich seit langem auch ihrerseits bemüht, Brücken zu schlagen. Sie würden dazu beitragen, einen Schatten zu löschen, der aus den Zeiten der Gewaltherrschaft auch auf dieser Stadt liegt. Und es würde auf München ein weiterer Strahl jenes Lichtes fallen, in dem sich diese Stadt 1972 bei den Olympischen Spielen der Welt zeigen wird: Als ein Ort friedlicher Begegnung, als eine Stätte der Freiheit und der Menschlichkeit, als ein Zentrum demokratischen Lebens, in dem Gespräche und Begegnungen über Grenzen und Gegensätze hinweg möglich sind. In diesem Sinne wünsche ich dem Sudetendeutschen Tag 1967 einen vollen Erfolg, allen Teilnehmern aber gute, reiche und hoffnungsvolle Tage in unserer schönen Stadt.

Festsitzung des Stadtrats der Landeshauptstadt München zu Ehren des 80. Geburtstages des Alt-Ministerpräsidenten und Ehrenbürgers Dr. Wilhelm Hoegner
25. September 1967

In der Person des Sozialdemokraten Wilhelm Hoegner verbindet sich die unruhige Zeit der Weimarer Republik mit dem demokratischen Aufbruch und dem Wiederaufbau der Nachkriegsjahre. Der 1887 in München geborene Jurist trat 1919 in die SPD ein und repräsentierte seine Partei von 1924 bis 1933 im Bayerischen Landtag und zwischen 1930 und 1933 auch im Berliner Reichstag. Gegen den aufkommenden Nationalsozialismus leistete Hoegner entschiedenen Widerstand. Aus dem Schweizer Exil (seit 1934) kehrte Hoegner unmittelbar nach Kriegsende zurück. Er gilt als »Vater der Bayerischen Verfassung«, die seine Handschrift trägt. In den folgenden zwei Jahrzehnten hatte Hoegner höchste Ämter in der bayerischen Justiz und in der Staatsregierung inne. Als Ministerpräsident amtierte er 1945/46 und von 1954 bis 1957. Wilhelm Hoegner ist 1980 in München gestorben.

Vorgestern, am 23. September 1967, haben Sie, hochverehrter Herr Alt-Ministerpräsident, Ihren 80. Geburtstag begangen. Der Stadtrat der Landeshauptstadt ist aus diesem Anlaß heute zu einer festlichen Sitzung zusammengetreten, um dem Ehrenbürger zu diesem Jubiläum in aller Form die Glückwünsche der Landeshauptstadt zu entbieten und zugleich der Verdienste zu gedenken, die Sie sich um unsere Stadt erworben haben.

Ihr Leben umspannt nunmehr vier Fünftel eines ganzen Jahr-

hunderts. Von seinem ersten Tage an ist dieses Leben eng mit
München verknüpft gewesen. Hier sind Sie geboren worden. Hier
haben Sie 1907 am Ludwigsgymnasium als Jahrgangsbester das
Abitur abgelegt. Von hier haben Sie als 19-jähriger jenen berühmten Brief an Georg von Vollmar geschrieben, der für Ihren politischen Werdegang so entscheidend war. Hier sind Sie 1924 das erste Mal in den Bayerischen Landtag eingezogen, und von hier aus
haben Sie am 11. Juli 1933 in eine Emigration fliehen müssen, die
Sie fast zwölf Jahre lang von Ihrer Heimat fernhielt. Hierher nach
München sind Sie am 6. Juni 1945 zurückgekehrt, getrieben von
dem Wunsche, am Wiederaufbau dessen mitzuhelfen, was ein ver-
blendetes Regime zerstört und vernichtet hatte. Ich weiß aus Ihren
Lebenserinnerungen, daß Sie damals tagelang im zerstörten München umhergewandert sind und daß Ihnen am Marienplatz beim
Anblick Ihrer verwüsteten Vaterstadt die Tränen kamen. Auch in
der Folgezeit bis heute ist München der Mittelpunkt Ihres Lebens
geblieben. Und zwar so sehr Mittelpunkt, daß Sie München auch in
amtlicher Eigenschaft nur sehr ungern verlassen haben – vor allem
in nördlicher Richtung.

Ihr Leben ist also ein Münchner Leben gewesen. Es war aber
recht verstanden auch ein Leben für München. Allerdings nicht in
dem engeren Sinne, daß Sie im kommunalen Bereich als Stadtrat
oder Bürgermeister gewirkt hätten. Ein entsprechendes Angebot
der Militärregierung haben Sie vielmehr im Sommer 1945 abgelehnt, obwohl ich mir vorstellen könnte, daß Sie ein ebenso her-
vorragender wie gestrenger Bürgermeister gewesen wären. Es war
ein Leben für München deshalb, weil fast alles, was Sie als Abge-
ordneter, als Minister und als Ministerpräsident, als Fraktionsvor-
sitzender, als langjähriger Vorsitzender des Rechts- und Verfas-
sungsausschusses und als Vizepräsident des Bayerischen Landtags
getan haben, auch Ihrer Vaterstadt zugute kam. Ich erwähne nur
Ihre Arbeit an der Bayerischen Verfassung und an der Bayerischen
Gemeindeordnung und das besondere Verständnis, das Sie den

Feier zu Ehren des Alt-Ministerpräsidenten Wilhelm Hoegner anlässlich seines 80. Geburtstages im Saal des Alten Rathauses, 25. September 1967.

bayerischen Gemeinden in der schweren Zeit des Wiederaufbaus stets entgegengebracht haben. Wenn sich die bayerischen Städte und Gemeinden und wenn sich die Landeshauptstadt heute in den Auseinandersetzungen um die Grenzen ihres Selbstverwaltungs-rechtes auf die Artikel 11 und 83 der Bayerischen Verfassung be-rufen und darauf hinweisen können, daß sie nach der Verfassung ursprüngliche Gebietskörperschaften des öffentlichen Rechts sind, wenn sie sich überdies einer Gemeindeverfassung erfreuen, die in der Bundesrepublik zu den fortschrittlichsten und demokratisch-sten, aber auch zu den effektivsten gehört, dann ist das nicht zuletzt Ihr Verdienst, Herr Alt-Ministerpräsident.

Aber auch aus einem anderen Grunde war Ihr Leben ein Le-ben für München. Deshalb nämlich, weil Ihr Lebenswerk als Politiker und Staatsmann das Werk eines Münchner Bürgers war und Ihre Leistungen und Erfolge das Ansehen Münchens erhöht haben. Wenn ich es recht sehe, sind Sie überhaupt einer der wenigen geborenen Münchner, die jemals das Amt des Bayerischen Ministerpräsidenten bekleidet haben. Und Sie haben in allen Positionen und Ämtern Ihre Vaterstadt ebensowenig verleugnet wie Ihre soziale Herkunft. Ich möchte sogar behaupten, daß eine Reihe ganz besonders charakteristischer Züge Ihres Wesens typisch münchnerische Eigenarten widerspiegeln, so etwa Ihre Naturverbundenheit und Ihr Humor, aber auch Ihr temperamentvoller Zorn, der Sie vor allem dann übermannt, wenn Sie glauben, daß ein Unrecht geschehen ist.

Der Stadtrat der Landeshauptstadt hat Ihnen schon anläßlich Ihres 70. Geburtstages die höchste Ehrung zuteil werden lassen, über die unsere Stadt verfügt, und Ihnen das Münchner Ehrenbürgerrecht verliehen. Dem vermögen wir kaum mehr etwas hinzuzufügen. Nur als Geschenk wollen Sie deshalb bitte diese Prachtausgabe der 23 Bayerischen Landtafeln des Phillip Appian entgegennehmen, die Ihnen als erfahrenem Kenner der bayerischen Vergangenheit sicher Freude machen werden. Mit dieser Gabe verbinde ich den Wunsch, daß Sie noch viele Jahre in voller Gesundheit das bleiben mögen, was Sie durch eigene Leistung geworden sind: Ein deutscher Politiker, ein bayerischer Staatsmann und ein guter Bürger Münchens, kurzum, ein Mann, auf den München stolz ist.

Studentenunruhen.
Kundgebung auf dem Königsplatz
23. April 1968

Mehr als 10.000 Menschen versammeln sich auf dem Königs-platz, um Stellungnahmen von Studenten und Politikern zu den jüngsten Anti-Springer-Demonstrationen zu hören. Anlass dieser Demonstrationen war das Attentat auf den Studentenführer Rudi Dutschke am 11. April in Berlin, bei dem Dutschke lebensge-fährlich verletzt wurde. Vor allem in Berlin, aber auch in anderen deutschen Städten kommt es daraufhin zur Eskalation von Gewalt und zu heftigen Straßenschlachten zwischen Polizei und Demonstranten. In München verlieren der Fotograf Klaus-Jürgen Frings und der Student Rüdiger Schreck ihr Leben. Frings wird von einem Stein am Kopf getroffen, Schreck von einem stumpfen Gegenstand. Bis heute sind die genauen Todesumstände unklar. Auf dem Königsplatz kritisieren Studentenvertreter »die undemo-kratischen Tendenzen und Strukturen« in der deutschen Gesell-schaft und betonen die Pflicht zum Widerstand und zum zivilen Ungehorsam. Demgegenüber fordern die Redner aus der Politik einen Gewaltverzicht von der Außerparlamentarischen Opposi-tion (APO). Die Stimmung auf dem Königsplatz ist aufgeladen und aggressiv. Die Abschlussrede von Hans-Jochen Vogel sorgt jedoch für Deeskalation und Beruhigung. Viele Zuhörer klatschen Beifall.

Es ist mir nicht leicht gefallen, Ihrer Einladung zu folgen. Denn vor wenigen Stunden erst ist Bürgermeister Georg Brauchle gestorben. Und ich leugne nicht, daß mich der Tod dieses Mannes, der mir Stellvertreter, Freund und treuer Helfer zugleich war, sehr getroffen hat. Ich meine aber, daß der Oberbürgermeister bei einer Veranstaltung wie der heutigen unter keinen Umständen fehlen darf. Denn er ist für alle Bürger da und für diejenigen, die unbequem erscheinen, die Fragen stellen und die nach einem neuen Anfang suchen, im besonderen.

Auch mein erstes Wort in dieser Stunde ist ein Wort der Trauer. Der Trauer über das Geschehene, der Trauer über den Tod von Rüdiger Schreck und von Klaus Frings. Aber bei dieser Trauer dürfen wir nicht stehen bleiben. Wir müssen fragen, warum starben diese Männer in unserer Stadt?

Die erste Antwort lautet: Sie starben, weil Gewalt angewendet wurde, weil der Weg der friedlichen Meinungsäußerung und der Diskussion verlassen wurde, weil Argumente durch Steine, Barrikaden, Sauerstoffflaschen und Holzbohlen ersetzt wurden. Nicht von allen, die an jenem Ostermontag in der Barer und Schellingstraße waren, aber von Einzelnen, die sich, so möchte ich hoffen, der Folgen ihres Tuns nicht bewußt waren. (…)

Doch diese Antwort genügt nicht: sie ist vordergründig. Wer die Kette der Ursachen weiter zurückverfolgt, der stößt auf tiefere Zusammenhänge, der stößt auf die Unruhe, die nicht die schlechtesten Teile unserer Jugend erfaßt hat, der stößt auf Versäumnisse und Schablonen, der stößt auf Klüfte, die sich zu öffnen drohen, zwischen den Generationen, aber auch zwischen soziologischen Gruppen, ja, der stößt bereits auf Haß und Verachtung, die sich ausbreiten wie eine Seuche und das Gespräch austilgen. (…)

Ich kann die Kette der Ursachen hier nicht im Einzelnen darstellen. Nur soviel scheint mir sicher: Letzter Ausgangspunkt ist die Akzeleration, ist die Tatsache, daß sich die äußere Entwicklung immer mehr beschleunigt und die innere Entwicklung, unser Bewußtsein, damit nicht Schritt hält. Unser naturwissenschaftliches Wissen wächst rapide, die Produktionsverfahren ändern sich geradezu revolutionär, die Produktivität wächst, die Freizeit nimmt zu – und trotzdem erfüllt gerade die Besten ein Unbehagen, weil

Oberbürgermeister Hans-Jochen Vogel und der bayerische SPD-Vorsitzende Volkmar Gabert (rechts von Vogel) auf dem Königsplatz während der Kundgebung am 23. April 1968. (Foto: Fritz Neuwirth)

unsere Strukturen sich dieser Entwicklung nicht rasch genug anzupassen vermögen, weil die Abhängigkeit jedes Einzelnen eher wächst, weil Perfektionismus alles zu überwuchern droht.

Was ist zu tun?

Ich meine, wir sollten die Entwicklung zum Guten wenden. Und wenn das nicht nur eine Phrase sein soll, dann müssen wir uns schnell über folgende Thesen verständigen:

1. Keine Gewalt; weder gegen Sachen noch gegen Personen. Wer angesichts der beiden Toten in dieser Stadt weiter versteckt oder offen, mittelbar oder unmittelbar, zu Gewalttätigkeiten aufruft, lädt schwere Schuld auf sich.

2. Keine Schizophrenie, sondern absolute Ehrlichkeit; keine Rechthaberei! Fehler sind auch im politischen Bereich begangen worden und werden noch begangen.

3. Keine pauschalierenden Verallgemeinerungen. Wir haben

erlebt, wohin es führte, wenn im Kollektiv von den Juden oder den Deutschen gesprochen wird. Unterscheiden und differenzieren ist das Gebot der Stunde. Von den Studenten zu sprechen und sie zu verketzern ist genauso unsinnig, wie von der Polizei oder dem Establishment zu reden.

4. Macht bedarf der Kontrolle, nicht nur im öffentlichen, sondern auch im privaten Bereich. Es ist unlogisch, auch den kleinsten Zipfel öffentlicher Macht vielfachen Kontrollen zu unterwerfen, die Imperien der privaten Macht aber immer weiter wachsen und im Grunde sich selbst und den Intentionen ihrer absoluten Herrscher zu überlassen.

5. Reformen müssen unsere Strukturen den veränderten Verhältnissen anpassen. Das gilt für die Hochschulverfassung, für die Ordnung der Presse, aber auch für andere Gebiete, so etwa für unsere Bodenordnung.

6. Die Energien, die in den letzten Monaten freigeworden sind, sollen nicht zerstören, sondern aufbauen. Unser Grundgesetz enthält eine Fülle von Angeboten, wie Meinungen vertreten, wie Minderheiten zu Mehrheiten werden können. Wer von diesen Angeboten keinen Gebrauch macht, wer Gewalt anwendet, schreckt gerade diejenigen ab, die er gewinnen will. Er lockt falsche Bundesgenossen an sich, und er provoziert die Gegengewalt, nicht die des Staates nur, sondern die der extremen Richtungen. Und die extreme Rechte sieht in diesen Tagen ihre Saat reifen und wartet auf ihre Stunde.

Die Menschheit hat sich im Laufe der Jahrtausende aus dem Urwald ihrer eigenen Geschichte herausgetrampelt und Gefilde erreicht, in denen ein menschenwürdiges Leben für alle, und nicht nur für eine privilegierte Minderheit, möglich wird. Sorgen wir dafür, daß wir nicht von neuem in den Urwald zurückfallen, in den Urwald der Gewalt, der Brutalität, der Erbarmungslosigkeit. Eine Gesellschaftsordnung, in der der Mensch nicht mehr für andere Menschen ein Objekt, eine Sache, ein Produktionsfaktor ist, sondern alle Menschen gemeinsam und in Freiheit an dem teilhaben,

Teilnehmer der Kundgebung auf dem Königsplatz am 23. April 1968.
(Foto: Fritz Neuwirth)

was sie gemeinsam geschaffen und hervorgebracht haben, kann
heute verwirklicht werden. Und das Beispiel der CSSR beweist, daß
auch kommunistische Länder diesem Ziel näherkommen wollen.

In diesem Sinne könnte uns der tragische Tod von Rüdiger
Schreck und von Klaus Frings eine Lehre sein. Und in diesem
Sinne, so glaube ich, ist ein neuer Anfang, eine Wende zum Guten
möglich, in München, in Deutschland und in der Welt. Schicken
wir diese Botschaft hinaus von diesem Platz. Machen wir bei uns
selbst ernst mit dem, was wir fordern. Dann wird dieser Abend in
die Geschichte unserer Stadt eingehen.

Trauerfeier für Bürgermeister Georg Brauchle 26. April 1968

Der hochangesehene Bürgermeister Georg Brauchle stirbt am 23. April an den Folgen eines Verkehrsunfalls. Der in München geborene Sohn eines Handwerksmeisters wurde 1956 erstmals für die CSU in den Münchner Stadtrat gewählt. 1960 und 1966 wurde ihm das Amt des 2. Bürgermeisters übertragen. Brauchle galt als Mann des Ausgleichs, der es über die Grenzen der Parteipolitik hinweg verstand, die Gegensätze zwischen Stadt, Land und Bund auszugleichen. Auch seinem Verhandlungsgeschick war die Verwirklichung großer kommunaler Projekte zu verdanken.

Georg Brauchle ist tot. 16 Tage lang hat die Stadt, haben wir alle um sein Leben gebangt. Dann ist er von uns gegangen, und was sterblich an ihm war, ruht in diesem Sarg, vor dem sich Bürgerschaft und Stadtrat der Landeshauptstadt München in dieser Stunde in Ehrerbietung, Dankbarkeit und Trauer verneigen. Unsere Trauer vereint sich dabei mit der seiner Witwe und seiner Angehörigen, und Ihnen, liebe Frau Brauchle, Ihnen lieber Horst, und Dir, liebe Hannelore, gilt in diesem Augenblick vor allem unser Mitgefühl und unsere Anteilnahme.

Das Leben, das am 23. April so tragisch zu Ende ging, umfaßt ein halbes Jahrhundert. Es begann am 29. August 1915, an dem Georg Brauchle als Sohn eines Münchner Handwerksmeisters in der Schwabinger Clemensstraße zur Welt kam. Dort in Schwabing wuchs er auf; dort besuchte er die Simmernschule und dann das Maxgymnasium, an dem er 1935 sein Abitur ablegte. Aus innerer

Neigung wandte er sich anschließend dem Lehrerberuf zu, und seine Freunde berichten noch heute, mit welcher Ruhe, Sicherheit und Freundlichkeit der 24-Jährige als blutjunger Lehrer zunächst in Milbertshofen und dann im Erdinger Moos in Eichenloh Schule hielt und seine Buben und Mädel unterrichtete und erzog.

Im Sommer 1939 griff der Krieg auch nach ihm. Er schickte ihn durch die Schlachtfelder Frankreichs und Rußlands und ließ ihn erst im Sommer 1945 verwundet und halb verhungert aus der Gefangenschaft heimkehren.

Diese Jahre des Grauens, über die er nur selten sprach, und der materielle und moralische Zusammenbruch der staatlichen Ordnung haben Georg Brauchle tief geprägt und beeinflußt. Und sie haben in ihm den Entschluß geweckt, sich künftig nicht mehr allein seinem Beruf, sondern auch den öffentlichen Angelegenheiten zu widmen. So trat er, inzwischen nach München zurückversetzt, der Christlich-Sozialen Union bei, in der er sich bald Ansehen und Geltung verschaffte.

1956 zog er als ehrenamtlicher Stadtrat zum ersten Mal in das Rathaus ein, wohl schon ahnend, daß ihm dieses Haus zum Schicksal werden sollte. 1960 berief ihn das Vertrauen des Stadtrats in das Amt des 2. Bürgermeisters. Und 1966 hat ihn der Stadtrat für eine zweite Wahlperiode in diesem Amt bestätigt. Aber es war ihm nicht vergönnt, diese Periode zu vollenden. Ein Schicksalsschlag, dessen Sinn wir kaum zu verstehen vermögen, hat ihn vorzeitig aus unserer Mitte gerissen.

In den zwölf Jahren, die er im Rathaus tätig war, vor allem aber in den acht Jahren seiner Bürgermeisterzeit hat sich Georg Brauchle um München in besonderem Maße verdient gemacht. Es gab keine wichtige Entscheidung, an der er nicht mitgewirkt hätte, und ich bekenne es offen: Vieles von dem, was sich jetzt der Vollendung nähert, wäre ohne sein Verhandlungsgeschick, seinen gesunden Menschenverstand, seine Geduld, seine Güte und seinen unerschütterlichen Optimismus nicht begonnen und ins Werk gesetzt worden.

222

Trauersitzung des Stadtrats für Bürgermeister Georg Brauchle im kleinen Sitzungssaal des Rathauses, 26. April 1968; von links: CSU-Vorsitzender Franz Josef Strauß, Kardinal Julius Döpfner, Oberbürgermeister Hans-Jochen Vogel, Bürgermeister Albert Bayerle. (Foto: Kurt Huhle)

Das gilt für den U-Bahn- und den S-Bahnbau ebenso wie für den Altstadtring, den Umbau des Karlsplatzes und den Bau des Fernsehturmes, auf den er mit Recht besonders stolz war. Das gilt aber auch für den Gedanken, die Olympischen Spiele nach München zu holen, den er als erster öffentlich geäußert und vertreten hat.

Georg Brauchle war bei alledem nie laut, nie vordergründig und schon gar kein Manager im modernen Sinne. Er war eher leise, bescheiden und bedächtig. Streit und Zänkereien waren ihm zu-

223

wider, und Intrigen gegenüber war er bisweilen fast hilflos. Aber gerade deswegen war er eine starke Persönlichkeit; ein Mann, der zu seinem einmal gegebenen Wort stand, der sich eher in Stücke hätte reißen lassen als seine Freunde zu enttäuschen, der sich selbst stets der Sache unterordnete, der aber die Sache, die er für richtig hielt, mit der größten Zähigkeit verfolgte.

Bittere Stunden sind ihm nicht erspart geblieben. Wenige nur wissen, wie sehr er unter ungerechten Angriffen und Vorwürfen litt.

Aber er konnte auch zufrieden und glücklich sein. Am Tage seiner ersten Wahl zum Beispiel, am Tage der Entscheidung von Rom, am Tag der Einweihung des Fernsehturmes und immer dann, wenn er jemand hatte helfen können.

Die Menschen in dieser Stadt haben für die Größe und den Wert dieses Mannes ein feines Gespür gehabt. Sie waren ihm zugetan, sie haben ihm vertraut, und sie empfinden schmerzlich, was sie an ihm verloren haben.

So nehme ich als Oberbürgermeister für die Landeshauptstadt Abschied von einem Manne, dessen Name unlöslich mit München verbunden ist. Ich nehme aber auch Abschied von einem treuen Freund, der mir zusammen mit Herrn Bürgermeister Bayerle selbstlos und verständnisvoll zur Seite stand und acht Jahre lang jeden Tag meines Amtes, jede Freude und jeden Wermutstropfen mit mir geteilt hat. Das »Du«, das wir im Leben absichtlich vermieden, darf jetzt ich Dir, lieber Freund, im Tode zurufen und Dir sagen, daß ich mich bemühen will, unser gemeinsames Werk fortzusetzen, so gut ich es vermag.

Die Stadt, der Stadtrat, wir alle werden Dir ein ehrenvolles und dankbares Gedenken bewahren.

Ruhe in Frieden!

Stadtempfang auf den Terrassen
des Olympiaturms
14. Juni 1968

> Der alljährliche Empfang, mit dem die Landeshauptstadt an ihre erste urkundliche Erwähnung im Juni 1158 erinnert, findet an wechselnden Orten statt. Spektakulär ist zweifellos die diesjährige Ausrichtung auf den Terrassen des neu errichteten Olympiaturms, die den Gästen einen atemberaubenden Blick über das abendliche München und die Baustelle für das im Entstehen begriffene Olympiagelände ermöglichen.

Ein kluger Mann hat einmal gesagt, die besten Reden seien die, die nicht gehalten werden. Wenn das zutrifft, so ist diese meine Rede zumindest eine gute Rede. Denn sie kann – der örtlichen Verhältnisse am Fernsehturm wegen – nicht gehalten, sondern Ihnen nur im Druck ausgehändigt werden. Für diese unkonventionelle Lösung eines kniffligen Problemes darf ich Sie vorweg um Nachsicht bitten.

Es ist seit einiger Zeit wieder Brauch geworden, daß die Landeshauptstadt alljährlich zur Erinnerung an den 14. Juni 1158, an dem sie erstmals urkundlich erwähnt wurde, all jene Persönlichkeiten zu einem festlichen Empfang einlädt, denen sie sich besonders verbunden fühlt. Der Ort dieser Begegnungen hat gewechselt. 1967 haben wir uns im Alten Rathaussaal getroffen, 1965 waren wir Gäste unserer Kammerspiele im Schauspielhaus und 1966 haben wir Sie in den Hof unseres Stadtmuseums eingeladen. In diesem Jahr haben wir erstmals die Altstadt verlassen und als Ort des Stadtempfangs die Terrassen des Olympiaturmes gewählt. Wir wollen damit zeigen, daß München ungeachtet der fortdauernden überragenden Bedeutung seiner Altstadt nicht nur einen einzigen herausragenden Bereich besitzt, sondern daß gerade in den letzten Jahren als Ausdruck der Lebens- und Gestaltungskraft unserer Stadt neue Bereiche entstanden sind, von denen Impulse für unsere gesamte Gemeinschaft ausgehen. Der Bereich um das Oberwiesenfeld, mit dessen Erneuerung eben begonnen worden ist, ist ein Beispiel dafür.

Meine Damen und Herren!

München befindet sich in einer Periode raschen und tiefgreifenden Wandels, der sich schon seit einer Reihe von Jahren angebahnt hat und nunmehr seinem Höhepunkt zustrebt. Die Vielzahl unserer Baustellen ist das äußere Zeichen dafür. Bei oberflächlicher Betrachtung könnten wir uns vielleicht einer gewissen Selbstzufriedenheit hingeben, weil – trotz vieler und ständig steigender Schwierigkeiten – unsere Arbeit im großen Ganzen rasch und zügig vorangeht. Aber das wäre Selbsttäuschung. Denn hinter diesem konkreten Geschehen, so wichtig es sein mag, stehen andere und wesentlichere Fragen: Sind wir, als Stadt, auf dem richtigen Weg in die Zukunft? Welche Auswirkungen wird das neue Verkehrssystem nicht nur auf das Funktionieren des Stadtkörpers, sondern auch auf den Charakter dieser Stadt und auf das Bewußtsein ihrer Bürger und der Einwohner der Region haben? Werden unsere neuen Wohnviertel nicht nur Unterkünfte sein, sondern vor allem menschliche Heimat? Wird München im Ganzen, trotz aller Wandlungen, sein ihm eigenes Wesen bewahren?

Es gibt, weder im besonderen Falle München, noch im Allgemeinen, gültige und umfassende Antworten auf diese Fragen. Aber es gibt Orientierungspunkte, die unserem Denken und Tun die Richtung weisen. So sagte einmal der Amerikaner Lewis Mumford, einer der besten Kenner des Phänomens Stadt: »Für die Weiterentwicklung der Stadt in unserer Zeit ist eine der wichtigsten Voraussetzungen, daß wir die wesentlichen Verrichtungen und Werte zurückgewinnen, die erstmals in den antiken Städten, vornehmlich in Griechenland, verkörpert waren. Unser kompliziertes Ritual der Mechanisierung kann die menschliche Zwiesprache, das Drama, den lebendigen Kreis von Kameraden und Gefährten und die Gesellschaft von Freunden nicht ersetzen. Diese sind es, die Wachstum und Fortpflanzung der menschlichen Kultur gewährleisten, und ohne sie wird das ganze kunstvolle Gebäude sinnlos, ja zum Feind der eigentlichen Ziele des Lebens.« Das wesentliche also ist eine innere Ordnung, dem der architektonische und funktionelle Organismus der Stadt als zeitgemäßes, vernünftiges und angemessenes Gefäß zu dienen hat. Und es ist diese Ordnung, von der Alexander Mitscherlich sagt, sie mache die Stadt zum Liebesobjekt ihrer Bürger und lasse die Stadt zum Ausdruck einer kollektiven, Generationen umspannenden Gestaltungs- und Lebenskraft werden. Sie werde zur tröstlichen Umhüllung in Stunden der Verzweiflung und zur strahlenden Szenerie in festlichen Tagen.

Ich glaube, gerade auf München trifft dieses »Lebensgesetz der inneren Ordnung« in besonderem Maße zu, auf jenes München, das sich als Stadt der Begegnung, der Liberalität und Toleranz, der menschlichen und künstlerischen Freiheit, als Stätte volkstümlichen Lebens und der Weltoffenheit versteht. Und deshalb haben wir allen Anlaß, uns immer wieder vor Augen zu halten, daß unsere Stadt nicht zu einer perfekten, aber seelenlosen Maschine werden darf, sondern eine bürgerschaftliche, geistige und damit kulturelle Gemeinschaft sein und bleiben muß. Sonst kann sie ihre Individualität nicht wahren, sonst kann sie nicht länger mehr Stätte einer friedlichen und sinnvollen Entwicklung sein; eine Stätte, die nicht nur die volle Entfaltung des Lebens erlaubt, sondern an der es letztes Endes auch möglich ist, ungestüme Herausforderungen anzunehmen und selbst drohende Gewalt umzuwandeln in einen fruchtbaren Dialog.

Aus diesen Gründen kann auch der Wert und der Fortschritt unserer Stadt nicht allein abgelesen werden an der Länge der gebauten Straßen, an der Zahl der fertiggestellten Wohnungen oder an dem Stand der Arbeiten für S- und U-Bahn. Er wird vielmehr letzten Endes bestimmt von den kulturellen und geistigen Initiativen, die von dieser Gemeinschaft ausgehen und die ein Spannungsfeld mit einem dichten Gewebe von Kontakten, Begegnungen, Gesprächen, Meinungsverschiedenheiten, Gegensätzen, Übereinstimmungen und auch Sympathien und Antipathien voraussetzen. Nur das garantiert uns ein wirkliches Vorankommen, ist Unterpfand für die Lebendigkeit der Stadt und für die geschichtliche Kontinuität unseres Gemeinwesens.

Meine Damen und Herren!

Bei diesem Empfang anläßlich des Stadtgründungstages ist es auch Brauch, den Blick nicht allein auf das Grundsätzliche zu richten. München vollendet sein 810. Lebensjahr. Welche Ereignisse dieses Jahres werden tatsächlich in die Stadtgeschichte eingehen und Bestand haben? Diese Frage läßt sich, wohl erst mit Sicherheit nach einigen Jahrzehnten beantworten. Aber ich möchte auch heuer wieder eine vorläufige Auswahl treffen und die drei Ereignisse nennen, von denen ich persönlich glaube, daß sie aus der Fülle des Geschehens herausragen. Diese drei Ereignisse waren meines Erachtens

der tragische Tod meines Stellvertreters, des Herrn Bürgermeister Georg Brauchle, der an den Folgen eines Verkehrsunfalls starb;

das Voranschreiten der Vorarbeiten für die Olympischen Spiele 1972, vor allem die Billigung einer weit in die Zukunft weisenden architektonischen Konzeption für die Bauten auf dem Oberwiesenfeld;

die weitgehende Herausnahme des Verkehrs aus den Bereichen der Altstadt, die als erster Schritt auf unsere künftige Verkehrsordnung zu betrachtet werden kann.

Das erste Ereignis, der Tod von Herrn Bürgermeister Georg Brauchle, hat nicht nur unter jenen, die ihm persönlich oder politisch nahestanden, sondern in allen Schichten unserer Bürgerschaft Erschütterung und Trauer ausgelöst. Der schwere Verlust, den München erlitten hat, ließ uns spüren, daß eine Stadt auch Persönlichkeiten wie Georg Brauchle braucht, die ihr mit Zukunftsvertrauen aber auch mit menschlicher Güte und unbestechlicher Zuverlässigkeit dienen. Der erste Schmerz ist vorüber; wir haben etwas Abstand gewonnen. Aber das hat nichts geändert an dem, was ich über Georg Brauchle in der Trauerfeier vom 26. April 1968 gesagt habe: »Es gab keine wichtige Entscheidung, an der er nicht mitgewirkt hätte, und ich bekenne offen: Vieles von dem, was sich jetzt der Vollendung nähert, wäre ohne ihn nicht begonnen und ins Werk gesetzt worden.«

Das zweite Ereignis, die Billigung einer architektonischen Konzeption für die Olympia-Bauten auf dem Oberwiesenfeld durch die Olympia-Baugesellschaft, hat uns Gewißheit gebracht, daß die Olympischen Spiele 1972 das Gesicht dieser Stadt nicht zu ihrem Nachteil verändern werden; im Gegenteil: der sogenannte Behnisch-Entwurf wird – mit Hilfe der Bundesrepublik, des Freistaates Bayern und der übrigen Bundesländer – München ein parkartiges Sport- und Erholungszentrum geben, das weit über die Spiele hin aus eine glückliche Ergänzung und Bereicherung unseres Stadtbildes und unserer Gemeinschaftseinrichtungen darstellen wird. Seit dieser Entscheidung wissen wir endgültig, daß die besonderen Anstrengungen, die wir bis 1972 auf uns genommen haben, auch auf die Dauer sinnvoll und nützlich sind.

Das dritte Ereignis schließlich, die Sperrung wesentlicher Teile der Altstadt für den Oberflächenverkehr, ist auf den ersten Blick nur ein notwendiges, durch den Bau von S- und U-Bahn verursachtes Übel. Es ist aber zugleich eine erste Probe, ob der Plan, das Herzstück unserer Stadt lebens- und funktionsfähig zu erhalten, indem wir es von einer immer höher steigenden Verkehrsüberflutung befreien, auch praktikabel ist. Diese erste Probe scheint gelungen. Das ist nicht nur ein sachliches Ergebnis, sondern auch eine stadtpolitische Erfahrung. Denn sie zeigt, daß unsere Vorstellungen vom »München von morgen« von der Bürgerschaft, zumindest in den Grundzügen gutgeheißen werden und daß München auch schwierige Entwicklungsphasen ohne Schaden durchzustehen vermag.

Meine Damen und Herren!

Die wirkliche Größe einer Stadt hängt nicht primär ab von ihrer Einwohnerzahl, von ihrer Wirtschaftskraft, von der Summe ihrer technischen Einrichtungen. Entscheidend ist vielmehr, was sie damit, in Fortentwicklung ihres geschichtlich gewachsenen Wesens, macht. Entscheidend ist ihre gesellschaftsschöpferische Kraft, auch in den rapiden Veränderungen des Lebens, die das letzte Drittel dieses Jahrhunderts kennzeichnen, eine Umwelt für ein menschenwürdiges und freiheitliches Leben zu bilden. Das – und nicht etwa grenzenloses Wachstum – ist unser Ziel: ein München, von dem Thomas Mann einmal sagte: »Es ist eine Stadt der Menschlichkeit, des offenen Herzens, der künstlerischen Freiheit; es ist eine Stadt, in der man zwei Dinge auf einmal spüren, erleben und lieben kann: Volk und Welt.« Und er fügte noch hinzu: »Es kann die Stätte sein oder werden, durch die Deutschland sich am besten, am glücklichsten mit der Welt verbinden und versöhnen mag.«

In diesem Sinne heiße ich Sie im Namen der Bürgerschaft und des Stadtrats, aber auch persönlich, herzlich willkommen. Mein Gruß gilt dabei den Vertretern der bayerischen Staatsregierung, den Herren Abgeordneten und Senatoren ebenso wie unseren Ehrenbürgern, dem konsularischen Korps, den Vertretern der Kirchen, den Repräsentanten der uns freundschaftlich verbundenen Städte, Landkreise und Gemeinden und allen übrigen Persönlichkeiten, die in der Vielfalt ihrer Aufgaben und Funktionen die Mannigfaltigkeit unserer Stadt widerspiegeln. Ihnen allen gilt auch der Dank für Ihr Verständnis und für Ihre Hilfe im 810. Jahr seit der Gründung unserer Stadt. Halten Sie dieser Stadt auch im 811. Jahr die Treue und wirken Sie an ihrer Wohlfahrt mit. Das ist meine Bitte und mein Wunsch in dieser Stunde, in der Ihr Blick über das Lichtermeer einer Millionenstadt gleitet, über unsere Stadt, über unsere Münchner Stadt.

Beisetzung der Urne Oskar Maria Grafs auf dem Bogenhausener Friedhof
28. Juni 1968

Neben Thomas Mann und Lion Feuchtwanger gilt Oskar Maria Graf als einer der bedeutendsten Münchner Schriftsteller des 20. Jahrhunderts. Die Werke des »bayerischen Bauernmenschen« (Kurt Kesten) sind geprägt von derbem Humor und feiner Sensibilität, politischer Geradlinigkeit und offener Provokation. 1933 exiliert, kehrt Graf nach Ende der NS-Herrschaft nur besuchsweise – das erste Mal im Jahr 1958 – nach München zurück. In New York lebt der Emigrant in einfachen Verhältnissen. Das Verhältnis zu seiner alten Heimat bleibt zeitlebens gespannt. Erst kurz vor seinem Tod im Jahr 1967 entschließt sich Graf auf Drängen seiner Freunde und auch des Münchner Oberbürgermeisters zur Rückkehr. Aber nur seine Urne, die auf dem Bogenhauser Friedhof bestattet wird, findet in der bayerischen Landeshauptstadt einen dauerhaften Ort.

Heute vor einem Jahr, am 28. Juni 1967, starb im Mount-Sinai-Hospital an der 100. Straße in New York im Alter von 72 Jahren Oskar Maria Graf. In selbstironischer Untertreibung nannte er sich gerne einen »Provinzschriftsteller« oder einen »Halbliteraten«, obwohl er einer der großen Dichter bayerischer Prägung war. Aber er war nicht nur ein Dichter, er war zugleich ein politischer Kämpfer, von dem Thomas Mann einmal sagte, er setze seine besten Eigenschaften, nämlich Festigkeit und Milde, gegen die Ungunst und Widerwärtigkeit der Zeit. Schon seit 1965 hatten sich ein Freundeskreis und die Landeshauptstadt München bemüht, Oskar Maria Graf die späte Rückkehr in die Heimat zu ermöglichen. Krankheit und Leiden verzögerten diese Heimkehr, bis sie der Tod endgültig vereitelte. In seinem letzten Brief an mich vom Mai 1967 schrieb er – den Tod schon vor Augen: »Diesmal habe ich wirklich Sehnsucht nach Bayern.« Einen Monat später starb er. Und erst seine Asche ist heute nach Bayern, nach München zurückgekehrt.

Oskar Maria Graf hat immer die Wahrheit gefordert, von sich und von anderen. Er fordert sie von uns auch in dieser Stunde. Deshalb können wir uns über die Bitterkeit dieses Augenblicks auch nicht mit der Redewendung hinwegtrösten, er sei ja wenigstens jetzt heimgekehrt und sein Fortgang aus Bayern, seine Emigration, damit letzten Endes aufgehoben.

Die Wahrheit ist, daß er vor fast genau 35 Jahren aus diesem Land, aus dieser Stadt vor der Gewaltherrschaft der Nationalsozialisten floh, obwohl er hier mit seinem ganzen Wesen verwurzelt war, und daß er nach einem schweren Leben in einer Welt starb, die ihm im Grunde immer verschlossen blieb. In seinem 1966 erschienen Buch »Gelächter von außen« gibt es eine Szene, die den Beginn dieses Schicksals in gespenstischer Intensität schildert. Sie stellt uns den 30. Januar 1933 in München vor Augen, den sogenannten »Tag der Machtergreifung«, an dem sich die Menschen in den Straßen drängten, an dem Schlägertrupps Wehrlose prügelten, aus den Gastwirtschaften bierheisere »Sieg Heil«-Rufe drangen. Graf, der mit seiner zweiten Frau Mirjam in dieses Treiben geraten war, entschied wohl in dieser Stunde endgültig über sein weiteres Leben. »Mirjam«, so berichtet er, »blieb kurz stehen und sah mich mit einem unbeschreiblichen Blick an. Wachsbleich war ihr Gesicht, ihr Kinn bebte, und tonlos sagte sie: ›Und dafür soll man gelebt haben, dafür – ?‹ Ich zog sie nur weiter.«

Er zog auch selbst weiter. Es folgte die Flucht nach Wien und das berühmte Protest-Telegramm »Verbrennt auch mich«, die »Ausbürgerung aus dem Deutschen Reich«, die Übersiedlung nach Brünn und schließlich 1938 die Emigration in die USA, die er schätzen lernte. Aber er blieb immer ein Bayer, ein Münchner.

Der Schriftsteller Oskar Maria Graf bei seiner Ankunft auf dem Münchner Flughafen am 3. Juli 1958. Der seit 1933 im Exil lebende Schriftsteller besuchte München im Jahr des Stadtjubiläums während seiner ersten Europareise nach der Emigration. (Foto: Rudi Dix)

Ich meine damit nicht das Äußerliche, wie etwa die Lederhose und den Janker, mit denen er 1958 viele Besucher des Cuvilliés-Theaters schockierte, seinen Stammtisch im Restaurant Forester in der 84. Straße von New York oder seine unveränderte Vorliebe für bayerische Schmankerln. Ich meine vielmehr seine Breitlebigkeit, seine Geradlinigkeit, sein Weltbürgertum. Diese Eigenschaften zusammen mit seiner gestalterischen Kraft speisten sein Werk und führten zu seiner unerschütterlichen Haltung. Und eben diese Haltung war es, die ihn zwang, auf die Heimat zu verzichten. Er wußte in seiner Unbestechlichkeit, daß Freiheit, Toleranz und friedliches Zusammenleben noch höher stehen als die Heimat. Und er wußte, daß ein Land, das überzogen ist von den Fangnetzen der Gewalt, von innen her zerstört wird. Damit stand ihm nur noch ein Weg offen: der Weg über die Grenze in das Ungewisse.

Alles andere war eine Folge dieser Entscheidung. Sein Leben war trotzdem erfüllt, so schwer, schmerzlich und ruhelos es auch in vielen Stunden gewesen sein mag. Denn er war ein Mann, der sich auf sich selbst und seine innere Kraft verlassen konnte und der damit Mittelpunkt auch für andere Menschen zu sein vermochte. In der letzten Epoche seines Lebens hat es ihm auch nicht an öffentlicher Anerkennung gefehlt: so war er Mitglied der Westberliner Akademie der Künste, Ehrendoktor der Wayne State University Detroit, Träger eines Kulturpreises seiner Heimatstadt und – seit der 800-Jahr-Feier Münchens im Jahre 1958 – wiederholt unser offizieller Gast.

Warum ist er dann, trotz vieler Bemühungen und trotz guten Willens auf beiden Seiten zu seinen Lebzeiten nicht mehr heimgekehrt? Natürlich gibt es auf diese Frage viele vordergründige Antworten: So etwa Grafs persönliche Bindungen in New York, die dortige berufliche Tätigkeit seiner Frau, die Suche nach einer geeigneten Wohnung und schließlich die Krankheit. Aber nichts von dem vermag vollständig zu überzeugen. In Wahrheit muß wohl eine heimliche Scheu vor der Rückkehr, ein unbewußtes oder auch

Beisetzung der Urne von Oskar Maria Graf auf dem Bogenhausener
Friedhof, 28. Juni 1968. Graf war im Juni 1967 in New York gestorben.
(Foto: Georg Schödl)

bewußtes Zögern das eigentliche Hindernis gewesen sein. Und das ist wohl die letzte Konsequenz des Beispiels, das er gegeben und durchlitten hat: Er wollte nicht zurück in ein Land, in dem nach seiner Meinung und nach seinem Gefühl noch nicht alle Kräfte erloschen waren, die einst seine Flucht bewirkten.

Ich glaube, wir müssen uns auch entgegen unserem eigenen Urteil über diese Zusammenhänge vor der Logik seines Schicksals beugen. Uns konnte auch der letzte Teil seines Lebens nicht mehr gehören, uns konnte nur die Asche bleiben.

237

Dieser Satz ist bitter. Aber er muß gesagt werden, damit am Grab von Oskar Maria Graf der Sinn seines Lebens deutlich wird und damit dieser Sinn über den Tod hinaus wirken kann. Wenn wir jetzt seine Asche zur letzten Ruhe betten, so ist das deshalb auch kein bloßer Akt der Pietät und keine verspätete Geste der Wiedergutmachung; es ist vielmehr Ausdruck einer festen Absicht: Der Absicht, dort, wo wir Verantwortung haben und wirken können, alles zu tun, damit künftig aus diesem Land und dieser Stadt niemand mehr fliehen muß, weil Freiheit und Menschlichkeit noch höher stehen als die Heimat. Wir werden dabei das Beispiel von Oskar Maria Graf, sein Werk und die Erinnerung an ihn immer wieder als Ermutigung und Ansporn nötig haben.

In diesem Sinne gilt Ihnen, sehr verehrte gnädige Frau, die Sie so viele Jahre treu an seiner Seite standen, auch in dieser Stunde unser Mitgefühl. Und in diesem Sinne nehme ich für die Landeshauptstadt München Abschied von Oskar Maria Graf. Friede seiner Asche!

Die Stadtregion als Lebensraum.
Referat vor der Katholischen Akademie
in München
4. Oktober 1969

Kommunalpolitik orientiert sich nicht ausschließlich an akuten Problemkonstellationen und tagesaktuell zu bewältigenden Schwierigkeiten. Kommunalpolitik erfordert von den politischen Akteuren auch strategisches Denken, visionären Weitblick und zukunftsorientierte Steuerungskompetenz. Ökonomische, soziale und kulturelle Phänomene erzeugen Wandel und unterwerfen die Lebenswelten des Einzelnen und der Gemeinschaft bisweilen dramatischen Veränderungen. Aufgabe der Politik ist es, im Interesse der Allgemeinheit diese Veränderungsprozesse frühzeitig zu erkennen und entsprechend darauf zu reagieren. Mit der Rede »Die Stadtregion als Lebensraum« betrachtet der Münchner Oberbürgermeister nicht nur die drängendsten Zeitphänomene der ausgehenden 1960er Jahre, sondern formuliert auch programmatische Gedanken zum Umgang mit einer viele Menschen verstörenden Moderne. Die Rede bildet gewissermaßen die »Blaupause« für das wesentlich bekannter gewordene Referat »Rettet unsere Städte jetzt«, das am 26. Mai 1971 auf der Hauptversammlung des Deutschen Städtetags gehalten wurde.

Ich freue mich, daß die Katholische Akademie heute dieses Thema behandelt und habe deshalb der Einladung trotz gewisser Terminschwierigkeiten gerne Folge geleistet. Zu meinem Teil möchte ich der Akademie damit zugleich den Dank für all das abstatten, was sie im Verlaufe ihrer nun über zehnjährigen Arbeit gerade auch der

Stadt München und ihren Bürgern an Anregungen, Impulsen, Fragen, aber auch an ideellen Hilfen, neuen Einsichten und besserem Verständnis für die Probleme und Herausforderungen unserer Zeit gegeben hat. Ganz speziell gilt dieser Dank auch dem Direktor der Akademie, Herrn Dr. Henrich daher, daß er es nicht bei seiner Tätigkeit in diesem Haus bewenden läßt, sondern sich auch im Alltag unserer Stadt als Mitbürger engagiert; so etwa im Entwicklungsforum, dessen Programmausschuß er zusammen mit Herrn Senator Linsert vorsteht.

Das Thema, das mir gestellt worden ist, will offenbar ein doppeltes besagen. Nämlich einmal,

daß mehr und mehr Menschen in Städten oder Stadtregionen, d. h. aber in Verdichtungsgebieten städtischen Charakters wohnen, daß dies der normale Lebensraum der Menschen in unserer Zeit ist, und

daß mehr und mehr Menschen nicht mehr in einer Stadt oder Gemeinde, sondern in einer Stadtregion leben, d. h. daß sie grenzüberschreitend leben, daß sie in ihren Lebensfunktionen nur noch einer Stadtregion, nicht aber einer einzigen Stadt oder Gemeinde zugeordnet werden können.

In meinem Referat will ich zunächst untersuchen, ob diese beiden Thesen zutreffen, dann erörtern, welche Tatsachen diese Entwicklung bewirken und welche Folgen diese Entwicklung für die Städte hat und anschließend darauf eingehen, was geschehen sollte, damit die Städte und Stadtregionen für ihre Bürger Lebensräume, also Orte bleiben können, an denen sie ein erfülltes und menschliches Leben zu führen vermögen. Daran soll sich noch eine kurze Schlußbemerkung knüpfen.

Zwei Begriffsbestimmungen erscheinen vorweg noch erforderlich. Unter Stadtregion wird im folgenden im Anschluß an Bou-

Hauptversammlung des Deutschen Städtetages im Kongresssaal des Deutschen Museums, 26. Mai 1971; Grundlage für die Rede von Oberbürgermeister Hans-Jochen Vogel auf dem Städtetag bildete sein Referat »Die Stadtregion als Lebensraum« von 1969. (Foto: Rudi Dix)

stedt ein Gebiet verstanden, das mit der Kernstadt durch vielfältige Verflechtungen, insbesondere durch eine Mindestanzahl von Tagespendlern zu einer Lebenseinheit zusammengewachsen ist. In diesem Sinne besteht beispielsweise die Region München nach der Volkszählung von 1961 aus Landeshauptstadt selbst und aus rund 150 Gemeinden der Landkreise München, Fürstenfeldbruck, Starnberg, Wolfratshausen, Miesbach, Ebersberg, Erding, Freising und Dachau.

Das Wort Stadt werde ich in der Regel nicht im juristischen, sondern im soziologischen Sinne verwenden. Es umfaßt dann auch die Stadtregionen.

Der Verstädterungsprozeß ist eine der bedeutsamsten Erscheinungen unserer Zeit. (…) Es ist also gewiß keine Übertreibung, wenn man feststellt: die städtische Lebensweise war noch vor 100

Jahren die Ausnahme, die ländlich dörfliche die Regel. Heute hat sich das Verhältnis bereits umgekehrt, und in 30 Jahren wird es von dieser Regel nicht mehr allzuviele Ausnahmen geben. Für etwa die Hälfte aller Menschen wird dann sogar das Leben in einer Großstadt die Regel sein.

In diesen Verstädterungsprozeß eingebettet findet aber auch ein Regionalisierungsprozeß statt. Er erklärt sich daraus, daß das juristische Wachstum der Städte mit ihrem faktischen Wachstum nicht Schritt hält und zahlreiche Verdichtungsgebiete eine Ausdehnung erreicht haben, die über die sinnvolle Größe einer einzigen Stadt weit hinausgeht. In diesen Gebieten wächst die Zahl der Menschen, die in einer Gemeinde wohnen, in einer anderen, meist der Kernstadt, arbeiten und einkaufen und ihre Kinder womöglich in eine dritte Gemeinde zur Schule schicken.

Der Verstädterungs- und Regionalisierungsprozeß ist also ein Faktum, ein weltweites Faktum. Durch welche Umstände und Kräfte wird er so machtvoll und anscheinend unaufhaltsam in Gang gehalten? Ich glaube, zwei Ursachen sind dafür vor allem maßgebend:

die Akzeleration, die immer größere Beschleunigung der Entwicklung im allgemeinen

und

die Stadtbezogenheit der Entwicklung im besonderen.

Wenden wir uns zunächst der allgemeinen Akzeleration zu. Ihr Ausgangspunkt und ihre eigentliche Triebkraft ist ohne Zweifel der immer raschere Zuwachs an naturwissenschaftlichen Erkenntnissen. Die Grenzen zwischen Wissen und Nichtwissen sind in den letzten Jahrzehnten immer schneller und immer weiter in das Niemandsland des Unbekannten und Unerforschten hinausgerückt worden. Diese »Explosion des Wissens«, wie sie der französische Nationalökonom und Soziologe Jean Fourastié nennt, hat im Laufe des 19. Jahrhunderts begonnen und sich seitdem nach Art einer Kettenreaktion fortgesetzt. Allein in den 20 Jahren von 1943 bis 1964 hat sich – um nur einige Beispiele zu nennen – im Zuge dieser Kettenreaktion

die Höchstgeschwindigkeit von Menschen benutzter Fluggeräte vervierzigfacht;

die Zahl der auf einen einzigen Informationsträger gleichzeitig übertragbaren Informationen vertausendfacht;

die Kraft der Explosionskörper um das Millionenfache verstärkt und

die Arbeitsgeschwindigkeit elektronischer Apparate verzehnmillionenfacht.

Schon haben die ersten Menschen den Mond betreten. Schon ist die Wissenschaft im Begriff, den Mars an Ort und Stelle zu erforschen, das Problem der drahtlosen Energieübertragung zu lösen, menschliche Organe nicht nur zu verpflanzen, sondern durch künstliche Apparate zu ersetzen und in die den Fortbestand und die spezifischen Eigenarten unserer Gattung gewährleistenden Nukleinsäuren, den »genetischen Kode«, einzugreifen. Und das alles ist nur ein Anfang. Denn von allen Naturwissenschaftlern, die die Menschheit seit ihrer Entstehung hervorgebracht hat, leben und arbeiten gegenwärtig über 90 Prozent. Wo in früheren Jahrhunderten ein Gelehrter dem Meer des Unerforschten mit einfachen Instrumenten mühselig ein Stückchen Land abrang, da sind heute Brigaden von Gelehrten mit modernsten Hilfsmitteln am Werke.

Diese naturwissenschaftlichen Fortschritte setzen sich mit

ebenfalls zunehmender Geschwindigkeit in technische Forschritte und neuartige Produktionsverfahren um, die ihrerseits die Produktivität steigern und die Lebensverhältnisse der Menschen immer rascher verändern.

Die Entwicklung der Produktionsverfahren ist dadurch gekennzeichnet, daß sich der Mensch in weiten Bereichen aus den eigentlichen Produktionsvorgängen immer mehr zurückzieht. Zunächst haben Dampfmaschinen und Elektromotor seine Körperkräfte substituiert. Jetzt ersetzt die Elektronik nach und nach auch die Funktionen seines Gehirns, die für Kontroll- und Steuerungsprozesse unentbehrlich erschienen. Vereinfacht könnte man sagen: der Mensch produziert nicht mehr selbst, sondern programmiert, baut, überwacht, repariert und modifiziert gigantische Produktionsmaschinen; er produziert mittelbar und vervielfacht dabei seine Produktionskräfte. Und in der Ferne zeichnet sich schon die Möglichkeit ab, daß computergesteuerte Werkzeugmaschinen eines Tages solche Produktionsmaschinen automatisch herstellen und damit der funktionelle Zusammenhang zwischen dem Maß an verfügbarer menschlicher Arbeitskraft und der Summe der Produktion fast vollständig aufgehoben wird.

Hand in Hand damit geht eine immer stärkere Verschiebung zwischen den drei großen Wirtschaftsbereichen. 1900 arbeiteten auf dem heutigen Gebiet der Bundesrepublik 34 Prozent aller Berufstätigen in der Urproduktion, also vor allem in der Landwirtschaft und im Bergbau, 34 Prozent in der gütererzeugenden Wirtschaft und 32 Prozent im Dienstleistungsbereich, dem sogenannten tertiären Sektor. Heute lauten die Anteile 12, 47 und 41 Prozent. Allein in den 15 Jahren zwischen 1950 und 1965 sind 2,1 Millionen Erwerbstätige aus der Landwirtschaft und 190.000 Erwerbstätige aus dem Bergbau abgewandert. Und die bekannte Prognose Fourastiés besagt, daß 1980 der tertiäre Sektor 80 Prozent, der sekundäre nur noch 14 Prozent und der primäre höchstens noch 6 Prozent ausmachen.

Gleichzeitig steigt die Produktivität in rapidem Tempo, und zwar sowohl absolut als auch pro Einwohner, pro Erwerbstätigem und pro Arbeitsstunde. Europa hat die Produktivität seiner Wirtschaft von 1952 bis 1962 verdoppelt; für die vorhergehende Verdoppelung benötigte es 40 Jahre. Für die Bundesrepublik lauten die Vergleichszeiträume für die drei letzten Verdoppelungen 16, 65 und 60 Jahre; das entspricht für den letzten Verdoppelungszeitraum einer durchschnittlichen Zuwachsrate von 4,8 Prozent. Und es gibt Länder mit noch rascherem Fortschritt. So rechnet Japan, das in der jüngsten Vergangenheit Jahreszuwachsraten von 13 Prozent erreicht hat, mit einem langfristigen Zuwachs von 6 Prozent jährlich.

Das Resultat all dieser Entwicklungen ist eine ebenfalls revolutionäre Veränderung der Lebensverhältnisse nicht nur einer kleinen Minderheit, sondern der breiten Massen. Jules Michelet hat diese Veränderungen auf die einfache Formel gebracht, daß der Durchschnittsmensch, insbesondere der Arbeiter, Mensch geworden sei. Es geht für ihn nicht mehr um das nackte Überleben, um die Sicherung des Existenzminimums – nein: in das Bewußtsein des Durchschnittsmenschen treten in wachsendem Ausmaß Probleme, Sehnsüchte und Bedürfnisse, die früher einzig und allein die Privilegierten kannten. Diese Sehnsüchte und Bedürfnisse wandern von der Spitze der sozialen Pyramide immer mehr auf ihr Fundament zu. Konkret bedeutet das:

die Anzahl der Menschen steigt,

ihr Lebensstandard und damit ihre Bedürfnisse wachsen,

ihre Freizeit wächst in dem gleichen Maße, in dem ihre Arbeitszeit auf die berühmten 40.000 Stunden pro Menschenleben hin sinkt,

ihre Mobilität nimmt zu, und

ihr Wissens- und Bildungsstandard steigt.

Alles deutet darauf hin, daß diese Entwicklung in der nächsten Zukunft andauern, ja sich eher noch weiter beschleunigen wird. Und
noch etwas: Diese Entwicklung ist weltweit. Sie hat die kommunistischen Länder ebenso ergriffen wie die kapitalistischen, sie macht
vor Diktaturen ebenso wenig Halt wie vor oligarchischen oder feu-
dalen Strukturen. Sie trifft die fortgeschrittenen Industrienationen
ebenso wie die Entwicklungsländer. Und die Auffassungen des
Sowjetrussen Sacharow unterscheiden sich in dieser Hinsicht von
denen des Nordamerikaners Galbraith nur um Nuancen.

Welche Folgen hat diese Entwicklung für unsere Städte? Jeder
könnte darauf sicher eine Unzahl von Antworten geben, und in der
Tat sind die Konsequenzen Legion, wenn wir allein an die Fülle des
äußerlich Wahrnehmbaren denken; an die neuen Stadtteile, die aus
dem Boden schießen, an die Verkehrsstauungen und die Dunst-
glocken, an die Müllberge und die verschmutzten Flüsse, an den
Schichtunterricht und die überfüllten Krankenhausgänge, an die
Baugruben und an die nahe Verschuldungsgrenze. Der Versuch,
eine gewisse Ordnung in diese Flut der Erscheinungen zu bringen,
zeigt im Grunde drei wesentliche Konsequenzen:

die Einwohnerzahlen wachsen;

der Flächenbedarf pro Einwohner wächst;

die Inanspruchnahme der und damit die Abhängigkeit von
den kommunalen Gemeinschaftseinrichtungen wachsen.

In diesen drei Konsequenzen liegen die Ursachen für den unauf-
haltsamen und beispiellosen Wandel unserer Städte. Ob es uns ge-
fällt oder nicht.

Der Stadtbegriff dynamisiert sich mehr und mehr. Stadt ist

nicht länger mehr ein Zustand, sondern ein Prozeß. Über Jahrhunderte hinweg und bis in das 19. Jahrhundert hinein war die Stadt gerade in Mitteleuropa ein Sinnbild das Beständigen, Unveränderlichen, Kompakten. Man braucht nur die alten Stiche von Merian zu betrachten, um dies bestätigt zu finden. Veränderungen vollzogen sich unmerklich. An den großen Domen wurde jahrhundertelang gebaut. Der Mensch starb in der gleichen Stadt, in der er geboren wurde. Die soziologischen Strukturen – man denke nur an das Zunftwesen – waren verhärtet, die Mobilität gering. Reisen waren zum Beispiel das Vorrecht einiger weniger, Übersiedlungen von einer Stadt in die andere eine Seltenheit.

Heute verändern sich unsere Städte unaufhörlich. Alles ist mobil geworden. Hunderttausende wechseln alljährlich ihre Wohnorte. Kraftfahrzeug und Flugzeug tun ein übriges, um immer größere Menschenmassen über immer weitere Strecken in Bewegung zu setzen. Gleichzeitig ist die Produktions- und Investitionskraft so gewachsen, daß wir unsere Umwelt in immer rascherem Tempo verändern können. Die Umwelt ist machbar geworden.

Vereinfacht könnte man sagen: der Aggregatzustand der Städte, der ehedem fest war, hat sich verflüssigt.

Daß die Einwohnerzahlen der Städte überall auf der Welt wachsen, habe ich bereits dargetan. Gleichzeitig wächst aber auch der Flächenbedarf – Fläche hier im Sinne von Erdoberfläche, also Grund und Boden verstanden – und zwar nicht nur absolut entsprechend der Einwohnerzunahme, sondern auch relativ pro Einwohner. Denn jeder möchte heute infolge des höheren Lebensstandards eine Wohnung mit mehr Räumen haben als vor 30 und 40 Jahren. Und wie viele besitzen heute schon eine Zweitwohnung oder bemühen sich doch um sie? Aber es gibt noch mehr Faktoren, die den Flächenbedarf steigern, so etwa die Motorisierung. Jeder Stadtbewohner, der sich ein Auto anschafft und dieses an Stelle des Schienenverkehrsmittels für den Weg ins Büro benutzt, verfünfundzwanzigfacht schon während der Fahrt seinen Bedarf an öffentlicher Verkehrsfläche; die nötige Abstellfläche zu Hause und vor dem Büro kommt dann noch hinzu. Weitere Beispiele: Der wachsende Flugverkehr erfordert immer größere Flughäfen, die automatisierte Produktion benötigt ausgedehnte, ebenerdige Werkhallen, und die Freizeit- und Erholungseinrichtungen beanspruchen ebenfalls weite Flächen. 1930 rechnete man noch durchschnittlich mit einer Stadtfläche von 80 qm pro Einwohner, 1960 waren es bereits 140 qm. Das entspricht einer Steigerung um 75 Prozent in 30 Jahren.

Bleibt als dritte Folge die immer stärkere Inanspruchnahme kommunaler Gemeinschaftseinrichtungen. Auch sie steigt nicht proportional zur Einwohnerzahl, sondern in viel höherem Maße. So hat allein in München in den letzten 15 Jahren pro Einwohner zugenommen:

die Abwassermenge auf das 1,3fache
die Zahl der Schulplätze auf das 2,3fache
die Stromabnahme auf das 2,5fache
der Müllanfall auf das 3,4fache
die Gasabnahme auf das 3,2fache
die Ausleihziffer der städtischen Bibliotheken
auf das 4,7fache.

Und mit der quantitativen Steigerung der Ansprüche geht erfreulicherweise die qualitative einher. Der Schulplatz von 1968 ist nicht mehr der von 1950, der Operationssaal des Krankenhauses, das 1968 fertiggestellt wurde, nicht mehr der des Jahres 1955.

Das bedeutet aber, daß der Lebensstandard des Einzelnen heute nicht mehr allein von der Höhe seines individuellen Einkommens, sondern ganz wesentlich auch vom Vorhandensein und Funktionieren der kommunalen Gemeinschaftseinrichtungen abhängt. Der Bereich, in dem sich der Städter selbst versorgen kann, wird nicht nur infolge der fortschreitenden Arbeitsteilung, sondern auch wegen der zunehmenden Verdichtung, weil immer mehr Menschen auf immer engerem Raum zusammenleben, immer kleiner. Noch vor 100 Jahren sorgte die Gemeinschaft eigentlich nur für Gerichte, Polizei, Schulen und Straßen. Heute könnte der Bürger ohne die kommunalen Einrichtungen wie Strom, Gas, Kanalisation, Müllabfuhr, Krankenhaus und öffentliche Verkehrsmittel kaum einige Tage existieren. Morgen wird der Einzelne auch bei der Befriedigung weiterer elementarer Lebensbedürfnisse auf die Gemeinschaft angewiesen sein; so etwa bei der Deckung seines Bedarfs an sauberer Luft oder an Mußestunden in der freien Natur; Dingen, bei denen er sich heute noch selbst helfen kann. Alle diese Einrichtungen kann der Einzelne in aller Regel mit noch so großem Aufwand nicht selber schaffen. Er kann nur an ihnen teilhaben – vorausgesetzt, die Gemeinschaft hat sie errichtet und betreibt sie. Zugleich mit dem Lebensstandard, der Mobilität, der Freiheit des Einzelnen ist also seine Abhängigkeit gewachsen: ein bemerkenswertes Phänomen, dessen vorläufige Endphase – die von Arbeit befreite, im Überfluß lebende, aber von einer kaum mehr überschau- und kontrollierbaren Elektronenapparatur abhängige Gesellschaft – unser heutiges Vorstellungsvermögen noch weit übersteigt. Werden wir in unseren Städten mit diesen Folgeerscheinungen der naturwissenschaftlichen und technisch-ökonomischen Revolution fertig? Können wir die wachsenden Ansprüche befriedigen? Und vor allem: vermögen unsere Städte ihren Bewohnern noch das Gefühl der Geborgenheit, der Individualität, des Beheimatetseins, kurz, des Lebensraumes zu vermitteln, in dem man nicht nur mühsam sein Dasein fristet, sondern ein sinnvolles und zumindest halbwegs vernünftiges Leben lebt?

Ein einfaches Ja wäre als Antwort auf diese Fragen ebenso leichtfertig wie ein schlichtes Nein. Die Wahrheit ist wohl, daß wir mit der Entwicklung kaum mehr Schritt halten, daß die Spannung zwischen Bedarf und Erfüllung eher zu- als abnimmt und daß sie in einzelnen Städten, so etwa in den Vereinigten Staaten, bereits unerträglich zu werden droht. Da ist das uferlose, scheinbar durch nichts zu bremsende breiartige Auseinanderfließen der Stadtstrukturen. Da ist das Absterben der vom Individualverkehr lahmgelegten und erstickten Innenstädte, die ihre Funktionen an die Randzonen, an die Einkaufszentren auf der grünen Wiese abgeben und sich entweder in Slums oder in eine Ansammlung von Verwaltungsgebäuden verwandeln. Da ist der Mangel an reiner Luft, sauberem Wasser und an Ruhe. Da ist die öffentliche Armut, die in hartem Kontrast zum privaten Wohlstand steht und sich im Fehlen von Schulen, Krankenhäusern, modernen Schienenverkehrsmitteln und anderen Gemeinschaftseinrichtungen zeigt. Und da ist schließlich die Entpersönlichung der Städte, die immer farbloser und einander immer ähnlicher zu werden drohen.

Gewiß, das Bild ist nicht einheitlich. Es gibt auch erfolgreiche Anstrengungen, dem Trend zu begegnen. Es gibt Städte mit vorbildlichen Verkehrslösungen und neuen Stadtteilen, die von Leben erfüllt sind und sich in die vorhandene Stadtstruktur einfügen. Und natürlich gibt es auch Städte, die ihre Persönlichkeit und Individualität bewahren.

Aber der allgemeine Trend geht nach meiner Beurteilung eher zum Schlechteren. Ja, ich behaupte sogar, daß die Unruhen in den großen amerikanischen Städten nicht nur Rassenkonflikte, sondern auch Aufstände gegen die Lebensbedingungen in diesen Städten sind. Und wir sollten nicht zu sicher sein, daß nicht auch bei uns einzelne Gruppen eines Tages gegen die Lebensbedingungen in unseren Städten demonstrieren.

Was aber kann geschehen, um das zu verhindern? Wie können wir es bewerkstelligen, daß wir der Entwicklung nicht atemlos und in immer weiterem Abstand folgen, sondern mit ihr Schritt halten? Was müssen wir in und an unseren Städten verändern?

Ich fürchte, diese Fragen eilen unserer Bewußtseinslage weit voraus. Denn ehrlicherweise sollten wir zugeben, daß wir das Tempo, in dem die Naturwissenschaften und die Technik fortschreiten, die Produktionsverfahren sich ändern, die Produktivität steigt, die Freizeit wächst, die Lebensverhältnisse sich wandeln, die Wünsche und Bedürfnisse zunehmen, bis heute noch gar nicht realisiert haben. Sicher, wir sprechen über diese Dinge, geben uns auch beunruhigt, lassen uns von Zeit ist Zeit durch einen Weizsäcker, Butenandt oder auch einen Hillebrecht aufrütteln. Aber dann wenden wir uns wieder unseren Tagesgeschäften zu und beschwichtigen uns selbst mit der trügerischen Hoffnung, daß in 20 oder 30 Jahren im Grunde doch noch alles so sein wird, wie es heute ist, während sich in Wahrheit bis dahin mehr ändern wird, als sich seit Beginn dieses Jahrhunderts geändert hat.

Daher kommt es, daß sich unser Bewußtsein weit von der Realität entfernt hat, daß wir uns immer häufiger nicht mit der realen Wirklichkeit, sondern mit einer Scheinwirklichkeit beschäftigen., die aus Klischees, liebgewordenen Vorstellungen und unbewußten Ideologismen besteht. Dem entspricht, daß allzu viele immer wieder bewußt oder unbewußt als Verhaltensrichtlinie propagieren: Abwehren, Augen schließen, zurückdämmen, das Alte bewahren, nichts oder nur ganz wenig ändern. Die so denken oder auch nur fühlen, sind im Grunde der Auffassung, wir seien keine eigene Zeit oder Epoche, kein 20. Jahrhundert, sondern nur ein aus den Fugen gegangenes 19. Jahrhundert, das möglichst schnell wieder restauriert werden müsse. Und aus diesem Lager rekrutieren sich auch die grundsätzlichen Stadtgegner, die Entballungsfanatiker, die Dorfromantiker, die am liebsten alle Großstädte in eine Anzahl von Kleinstädten und Marktflecken zurückverwandeln würden.

Aber so kommen wir nicht weiter. Wir müssen die Augen öffnen, uns den Fragen und Herausforderungen stellen und gerade das angeblich Selbstverständliche immer wieder neu durchdenken.

Sicher gibt es keine Patentrezepte und keine perfekten Antworten auf diese Fragen. Eines wird jedenfalls nicht möglich sein: die Entwicklung als solche zu stoppen. Ein Forschungs- oder Mitteilungsverbot für Naturwissenschaftler wäre ebenso utopisch wie ein

Konstruktionsverbot für die Techniker, ein Produktionsverbot für die Manager oder ein Konsumverbot für die Verbraucher. Solche Verbote können sich nicht einmal Diktaturen leisten, geschweige denn demokratische Staatswesen.

Wir werden also weiter bauen müssen: Wohnungen, Produktionsstätten, Straßen, Schienenverkehrsmittel, Gemeinschaftseinrichtungen aller Art. Auch müssen wir vorhandene Stadtstrukturen erneuern. Hier, im Bautechnischen oder in der Stadtplanung im engeren Sinne, so wichtig sie auch sein mögen, liegt aber das eigentliche Problem gar nicht. Die Kernfrage scheint mir vielmehr zu sein, welche Voraussetzungen geschaffen werden müssen, damit sinnvoll geplant und gebaut werden kann, damit sich unsere Städte sinnvoll wandeln. Ich glaube, daß dafür vor allem folgende sechs Voraussetzungen erforderlich sind:

intensivere Stadtforschung,
durchdachte Leitbilder für die Stadtentwicklung,
ein neues Verständnis der Stadtplanung,
bessere Verwaltungs- und Steuerungstechniken,
eine bessere Bodenordnung,
mehr Geld für kommunale Investitionen und
eine bessere regionale Kooperation.

Die Stadtforschung nenne ich an erster Stelle, weil wir einfach noch zu wenig über die Stadt und auch über die Menschen wissen, die in ihr leben, ja, unsere Vorkehrungen reichen oft genug noch nicht einmal dazu aus, in Erfahrung zu bringen, ob und wie anderswo ein uns gerade interessierendes Problem bereits gelöst worden ist. Zu vieles, was exakt zu ermitteln wäre und dann als gesicherter Tatbestand den Entscheidungen zugrunde gelegt werden könnte, bleibt deshalb dem Zufall oder dem Fingerspitzengefühl überlassen. Das gilt auch für die Erarbeitung präziser Entwicklungsprognosen, ohne die vernünftige Investitionsentscheidungen eigentlich gar nicht mehr möglich sind. Auch hier tritt ein generelles Mißverhältnis zu Tage: Wir verwenden viel Kraft für die Unterhaltung des Vorhandenen, einige Kraft für die Schaffung einzelner neuer Gebäude und Einrichtungen, aber viel zu wenig Kraft für die Erforschung der Verhältnisse und Ansprüche, denen das, was wir heute bauen, morgen und übermorgen gerecht werden soll.

Diese intensivere Stadtforschung müßte auf zwei Ebenen geleistet werden: einmal überörtlich an den Universitäten und Hochschulen oder auch in einem Max-Planck-Institut, soweit es um Grundsatzfragen, allgemeine Probleme und die Erarbeitung von generellen Modellen und Programmen geht. Wer denkt zum Beispiel darüber nach, ob es richtig ist, daß wir noch immer Bauwerke mit einer Lebensdauer von 60, 80 und 100 Jahren errichten, obwohl wir wissen, daß sich die Lebensverhältnisse in dieser Zeit ein- oder zweimal grundlegend ändern werden? Wer zerbricht sich den Kopf darüber, ob nicht wirklich der Bandstadt die Zukunft gehört? Wer bemüht sich um die Fortentwicklung unserer städtischen Massenverkehrsmittel, etwa in Richtung auf den Vakuum-Röhrenzug oder die Luftkissenbahn oder auch in Richtung auf Systeme, die Elemente des Individual- und des Massenverkehrs miteinander mischen? Wer untersucht, ob nicht das, was ich vorhin über die agglomerierende Wirkung der Ausweitung des tertiären Sektors und des wachsenden Kommunikationsbedürfnisses gesagt habe, durch die allgemeine Einführung des Fernsehgesprächs und den Übergang zur elektronischen, das heißt aber, immateriellen Beförderung von Briefen, Nachrichten und Zeitungen noch in diesem Jahrhundert in wesentlichen Punkten modifiziert wird? Und wer arbeitet an einem EDV-Programm, mit dessen Hilfe sich die optimale Mischung der Funktionen und der Flächennutzungen in einer Innenstadt errechnen läßt?

Zum anderen muß Stadtforschung aber auch am Ort stattfinden, nicht so sehr in dem Sinne, daß künftig in den Rathäusern selbst geforscht wird, sondern mehr in dem Sinne, daß dort Daten gesammelt, die örtlich relevanten Fragen formuliert, die nötigen Aufträge gegeben und die Ergebnisse für die Umsetzung in konkrete Entscheidungen aufbereitet werden.

Wichtig ist dabei auf beiden Ebenen die interdisziplinäre Zusammenarbeit. Ein Fach allein wird gerade in der Stadtforschung bald an seine Grenzen stoßen. Nur das Zusammenwirken des Soziologen und des Volkswirts, des Mediziners und des Verkehrswissenschaftlers, des Statistikers und des Geographen und vielleicht auch des Theologen kann dem vielschichtigen Phänomen Stadt gerecht werden.

Als nächstes brauchen wir klarere Leitbilder für die anzustrebende städtebauliche und verkehrliche Ordnung unserer Städte. Diese Leitbilder – ich spreche bewußt in der Mehrzahl, weil es nicht ein Leitbild für eine abstrakte Stadt, sondern nur Leitbilder für konkrete Städte geben kann – lassen sich nicht einfach von elektronischen Robotern errechnen. Sie setzen Beurteilungsmaßstäbe voraus, die letzten Endes nur aus den Vorstellungen abgeleitet werden können, die der Beurteilende vom Wesen des Menschen, vom Sinn des menschlichen Daseins und von der richtigen Ordnung der menschlichen Gesellschaft besitzt. Man kann sich an diesen Fragen nicht vorbeizwängen oder sie ins Unterbewußte verdrängen und sich mit technischen quantitativen Antworten zufrieden geben. Städte sind steingewordene Gesellschaftspolitik.

Aus ihren Grundrissen, aus ihrer Struktur kann man Wertordnungen ablesen. Vielleicht nicht die, die zur Zeit ihrer Errichtung in den Verfassungsurkunden aufgeschrieben waren und in Feierstunden gepriesen wurden, aber jedenfalls die, die tatsächlich praktiziert worden sind.

Ich bin nicht sicher, was künftige Generationen aus dem Städtebau der letzten 20 Jahre ablesen werden. Aber für die Stadt des Jahres 1990 brauchen wir jetzt die Maßstäbe. Was soll Vorrang haben? Der Mensch und die Entwicklung seiner Persönlichkeit oder die Optimierung der Bodenrente? Die Vielfalt von Landschaft, Bebauung, privater und öffentlicher Funktion oder der einförmige Siedlungsbrei? Die flächenfressende Straße oder die flächensparende Schiene? Der dichte, hochzentralisierte Stadtkern oder das dezentralisierte entballte Mittelmaß? Die nach einem gemeinsamen Willen gestaltete Stadt oder die Addition vieler, in sich vielleicht sogar schlüssiger Zufälligkeiten? Die Stadt als Persönlichkeit oder die perfekte, aber anonyme und beliebig austauschbare Stadtmaschine?

Ich gebe zu, meine Fragen sind überspitzt. Aber hier liegt der Kern unserer Sache. Und hier müssen wir uns Rechenschaft über die Ziele ablegen, die unsere Gesellschaft nicht in Sonntagsreden oder bei Festakten, sondern in der Realität verfolgt. Manchmal hat es den Anschein, als ob unsere Gesellschaft, unser Industriesystem nur ein Ziel, einen einzigen Polarstern kenne, nämlich die Ausweitung der Produktion, die Steigerung des Konsums, die höhere Zuwachsrate und den technologischen Fortschritt, der zudem noch als ein Dahineilen auf einer konstant aufwärts gerichteten Geraden verstanden wird. Manchmal könnte es so scheinen, als wenn die Zuwachsrate zum Götzen unserer Zeit geworden ist, und zwar quer durch alle Länder, quer durch alle Ebenen der öffentlichen Verantwortung. Der bekannte amerikanische Soziologe und Nationalökonom Galbraith befürchtet das und belegt seine Befürchtung in seinem Buch »Die moderne Industriegesellschaft« mit durchaus diskutablen Argumenten.

Ist die Zuwachsrate nach dieser Auffassung der Götze unserer Zeit, so ist die Werbung sein Prophet. Denn sie weckt unablässig neue Bedürfnisse oder rückt alte in der Prioritätenskala nach oben, deren Befriedigung gar nicht in erster Linie dem Einzelnen, sondern dem System selbst dient. Ich denke da beispielsweise an die Werbung für immer neue und raffiniertere Autos, Waschmittel und Kosmetika, die der Einzelne oft nur deshalb begehrt, weil sie ihm mit allen psychologischen Tricks aufgeredet werden und er meint, er sei es seinem sozialen Status und Prestige schuldig, sie zu besitzen, die aber sein Leben und sein Dasein gar nicht bereichern und ihm auch rein materiell nicht nützen. Für das Industriesystem leuchtet hingegen der Nutzen dieses Verfahrens ohne weiteres ein. Zwingt es doch den Einzelnen, länger und angestrengter zu arbeiten, als er es ohne diese manipulierten Konsumbedürfnisse tun müßte und gewährleistet es dem System doch die konstant wachsende Nachfrage, die es für seine langfristigen Planungen braucht. Allerdings sollten wir einmal über diese Zusammenhänge nachdenken. Vielleicht auch über jenen, der zwischen dem Bedürfnis des Industriesystems nach langfristigen Abnahmegarantien, nach Planungssicherheit und Überwälzung des Entwicklungsrisikos einerseits und den Rüstungsaufträgen, der Sicherheitspolitik und den wirklichen und vermeintlichen äußeren Bedrohungen der Staaten andererseits besteht – übrigens in Ost und West.

Galbraith sieht aber auch eine Alternative. Er beschreibt sie so: »Wenn das Industriesystem andererseits nur einen Teil des Lebens ausmacht – einen im Verhältnis abnehmenden Teil –, dann besteht wenig Anlaß zur Sorge. Ästhetische Bestrebungen werden Ansehen genießen; wer ihnen dient, wird nicht den Erfordernissen des Industriesystems unterworfen sein; das Industriesystem selbst wird sich nach diesen Dimensionen des Lebens orientieren müssen. Intellektuelle Bildung wird als Selbstzweck und nicht nur zur Förderung des Industriesystems betrieben werden. Die Menschen werden nicht Gefangene der Überzeugung sein, daß es außer den Zielen des Industriesystems nichts Wichtiges im menschlichen Leben gebe.

Wenn das so kommt, dann werden wir mit der Zeit das Industriesystem wieder im richtigen Licht sehen – als eine im wesentlichen technische Einrichtung zur Lieferung der benötigten Waren und Dienstleistungen in ausreichender Menge. Auch die Spitzen der Bürokratie werden das erkennen. Entsprechend wird der Staat seine Konsequenzen ziehen, denn, wenn wirtschaftliche Ziele die einzigen Ziele einer Gesellschaft sind, dann ist es völlig in Ordnung, wenn das Industriesystem den Staat beherrscht und ihn seinen Zwecken dienstbar macht. Werden aber andere Ziele energisch genug verfochten, dann wird das Industriesystem wieder seinen natürlichen Platz als besonderer, autonomer Arm des Staates einnehmen, dann wird es sich nach den übergeordneten Zielsetzungen der Gesellschaft richten müssen.«

Ich meine, es lohnt sich, sich mit diesen Alternativen zu beschäftigen. Vielleicht entspringt sogar der Protest unserer Jugend, der Jugend fast aller Länder, bewußt oder unbewußt dem Wunsche, diese Alternative deutlich zu machen und sich für den zweiten Weg auszusprechen. Es wäre übrigens auch der Weg, den die Rangordnungen unseres Grundgesetzes vorzeichnen.

Wir brauchen ein neues Verständnis der Planung. Früher bedeutete Planung die geistige Vorwegnahme eines einzelnen Aktes, der dann in der Realität nachvollzogen wurde. Mit Hilfe des geplanten Aktes, etwa des Baues eines Hauses oder eines Palastes, wurde ein statischer Zustand durch den anderen ersetzt. Heute muß jedenfalls die Stadtplanung eine schier nicht mehr zu übersehende Fülle von Zusammenhängen bedenken und wird dabei selbst zum Prozeß. Sie muß sozusagen der tatsächlichen Stadtentwicklung in ihrer ganzen Breite in einem hinlänglichen Abstand vorauslaufen. Sie muß sich vor allem, und das ist der Hauptunterschied gegenüber früher, ständig anpassen und konkretisieren. Deshalb muß die Planung auch weitmaschig sein und sich für längere Zeiträume auf Entwicklungsprinzipien und Zielvorstellungen beschränken. Eine zu stark konkretisierte Planung für einen zu weit entfernt liegenden Zeitraum behindert uns selbst in unserer Entwicklung und in der Anpassung an die Bedürfnisse.

Wir brauchen weiter Formen der Kooperation und der stadtinternen Steuerung, die den Bedürfnissen der Gegenwart entsprechen. In dem Maße, in dem sich der Aggregatzustand unserer Städte verflüssigt, muß der Steuerungsmechanismus effektiver werden. So wie sich seinerzeit aus der Aufgabe der Baupolizei die Aufgabe der Bauleitplanung ausgesondert hat, sondert sich gegenwärtig aus der Aufgabe der Bauleitplanung die Aufgabe der Stadtentwicklung ab; das heißt, die Erarbeitung des konkreten Leitbildes, seine ständige Fortschreibung und die Bündelung der Investitionspläne nach Maßgabe dieses Leitbildes. Das aber ist eine Aufgabe der kommunalen Spitze, also eine Aufgabe des Rates und des leitenden Verwaltungsbeamten, die hierfür der Hilfe eines wie auch immer benannten Teams bedürfen. Diesem Team sollten Verwaltungsfachleute, Soziologen, Volkswirte und Bausachverständige ebenso angehören wie Systemanalytiker und EDV-Experten. Und neben hauptamtlichen Kräften sollten von Fall zu Fall auch freie Persönlichkeiten zur Mitarbeit in diesem Team herangezogen werden. Nur so werden wir unseren Räten auch Alternativen vorlegen und ihnen die Konsequenzen der einzelnen Alternativen darlegen können.

Aber auch in allen übrigen Aufgabenbereichen sind Reformen notwendig. An die Stelle der am hoheitlichen Denken orientierten Verwaltungshierarchie mit ihren schwerfälligen Referats- und Amtsgrenzen wird in vielen Fällen die Projektgruppe treten müssen. Verfahren, die sich in der Wirtschaft bewährt haben, wie etwa die Nutzen-Kostenrechnung, die Netzplantechnik und die sogenannte operation research, werden mit gewissen Modifikationen auch in unseren Verwaltungen Eingang finden. Und eines Tages wird auch die Frage zu diskutieren sein, ob unser öffentliches Dienstrecht mit seiner Unterscheidung zwischen Berufsbeamten und Angestellten noch den veränderten Verhältnissen entspricht.

Der Reform bedarf ebenso die Art und Weise, in der wir die Bürgerschaft an den Planungsentscheidungen beteiligen. Demokratie ist mehr als die Möglichkeit, daß die jeweiligen Machthaber alle vier oder sechs Jahre abgelöst und ausgewechselt werden können. Demokratie ist auch mehr, als daß die öffentliche Meinung Kritik üben und sagen kann, was ihr paßt oder nicht paßt. Demokratie besteht richtig verstanden in unserer Zeit, in der sich die Kenntnisse und die Einblicksmöglichkeiten der Menschen aus vielerlei Gründen erhöhen und ausweiten, darin, daß sie mitwirken können, daß sie in der Diskussion ihre Auffassungen äußern können und sich einbezogen fühlen. München hat in dieser Richtung mit der Gründung eines unabhängigen Entwicklungsforums einen Versuch unternommen, dessen Ergebnisse abzuwarten bleiben.

Ein weiteres ernstes Hindernis für die sinnvolle Wandlung unserer Städte ist unsere Bodenordnung. Denn noch immer bauen wir in vielen Fällen nicht da, wo es dem Allgemeinwohl am besten entspricht, sondern da, wo gerade ein Grundstück verfügbar oder billig zu erwerben ist. Und noch immer tun wir so, als ob der Grund und Boden eine beliebig reproduzierbare Ware sei. Das ist ein Anachronismus, den wir beispielsweise beim Wasser schon lange überwunden haben. Seine Erschließung, Entnahme und Verbrauch unterliegen strengen öffentlichen Kontrollen, seine Sozialbindung ist augenfällig. Keiner darf Trinkwasser zum Gegenstand spekulativer Manipulationen machen. Aber beim Grund und Boden ist nahezu alles erlaubt. Allein in München sind als Folge der – wie auch immer motivierten – Bodenpreissteigerung vom 1. Januar 1957 bis 31. Dezember 1966 rund 495 Millionen DM an Steuergeldern einer Handvoll privater Grundstückseigentümer zugeflossen und damit den öffentlichen Investitionen entzogen worden. Für die ganze Bundesrepublik ergeben sich Milliardenbeträge.

Ich glaube, die Zeit ist überreif, daß wir mit der Sozialbindung des Eigentums ernst machen und daß wir deutlicher zwischen dem aus dem Eigentum fließenden schutzwürdigen Recht zur Nutzung eines Grundstucks und der ebenfalls aus ihm abgeleiteten Handhabe unterscheiden, durch Veräußerung von Grundstücken Monopolprofite und gemeinschaftsschädliche Sondervorteile zu erzielen. Warum gilt beispielsweise die Stadtentwicklung von Stockholm weithin als vorbildlich? Weil dort ein sehr großer Teil des gesamten städtischen Territoriums der Stadt zu Eigentum gehört und Private an Grund und Boden nur ein befristetes Nutzungseigentum in Form eines Erbbaurechts erlangen können. Eine solche

Regelung sollte auch für die Bundesrepublik ernsthaft ins Auge gefaßt werden.

Schließlich brauchen wir mehr Geld für die öffentlichen Investitionen im allgemeinen und die kommunalen Investitionen im besonderen. Spätestens seit der Arbeit von John Kenneth Galbraith über die »Gesellschaft im Überfluß« wissen wir, daß sich die Schere zwischen privatem Wohlstand und öffentlicher Armut immer weiter öffnet und welch verheerende Folgen dieses Mißverhältnis vor allem in den hochentwickelten Industrienationen schon jetzt ausgelöst hat. Sein Bericht von der amerikanischen Familie, die am Wochenende ihr lilakirschrotes, automatisch geschaltetes, automatisch gebremstes, mit raffinierter Luftheizung und -kühlung ausgestattetes Auto aus der Garage holt, um einen Ausflug zu machen, gehört mit zum Anschaulichsten, was zu diesem Problem bisher gesagt worden ist. Es ist eine Reise durch Orte mit schlecht gepflasterten und ungereinigten Straßen, verfallenen Häusern, scheußlichen Reklameschildern und Hochspannungsmasten, deren Leitungen man längst schon unter die Erde hätte verlegen müssen, in eine Landschaft, die man vor lauter Werbe-»Kunst« einfach nicht mehr sieht. Sie führt an das Ufer eines verdreckten Flusses, wo man köstliche Konserven aus der transportablen Kühlbox genießt; und sie endet auf einem Parkgelände, das für Volksgesundheit und öffentliche Moral eine Gefahr ist und wo sich die Familie, kurz bevor sie auf ihren Luftmatratzen unter dem Dach ihres Nylonzeltes, umgeben von dem Gestank faulender Abfälle, einschlummert, vage Gedanken über den merkwürdigen Zwiespalt ihrer Welt macht.

Wer diese Fehlentwicklung steuern will, muß gerade die Investitionskraft, die Finanzkraft der Städte stärken. Denn von ihren Einrichtungen und Baumaßnahmen hängt die tägliche Wohlfahrt, das tägliche Wohlbefinden unserer Mitbürger in erster Linie ab. Ohne eine solche Stärkung der kommunalen Finanzkraft – die vom letzten Bundestag verabschiedete Finanzreform stellt einen ersten Schritt in diese Richtung dar – bleiben all unsere Pläne Makulatur, und wir ertrinken in der Papier-, Plastik- und Blechflut einer Wohlstandszivilisation. Übrigens ist die Stärkung der kommunalen Finanzen auch ein Gebot der wirtschaftlichen Vernunft. Denn kaum etwas stabilisiert die wirtschaftliche Entwicklung so sehr wie ein kontinuierlicher Strom kommunaler Investitionen – die kommunalen Investitionen machen rund ⅔ aller Investitionen der öffentlichen Hand aus – und kaum eine andere Investition trägt, gesamtwirtschaftlich gesehen, ähnlich hohe Zinsen wie der Schul- und Straßenbau und der Ausbau unserer Ver-und Entsorgungseinrichtungen. In jüngster Zeit ist das Wort von der sozialen Symmetrie in Schwung gekommen. Man sollte ihm das Wort von der Symmetrie der privaten und der öffentlichen Investitionen an die Seite stellen.

Auch die Städte werden sich allerdings ihrerseits Gedanken über neue Finanzierungsverfahren und auch über eine stärkere Rationalisierung ihres Bauwesens machen müssen. Generalvergaben, Serienaufträge und Erschließung privater Kapitalien durch rechtliche Verselbständigung einzelner Aufgaben sind diskutable Ansätze in dieser Richtung.

Endlich brauchen wir eine bessere regionale Kooperation. Denn – wie schon mehrfach betont: Viele der von mir soeben aufgezählten Probleme können in den Verdichtungsgebieten gar nicht mehr von einer Stadt allein, sondern nur von allen kommunalen Körperschaften gemeinsam gelöst werden.

Zur besseren Kooperation ist einmal ein starker Regionalverband nötig, in dem die Kernstadt und die Landkreise und Gemeinden der Region zu einer Körperschaft des Öffentlichen Rechts zusammengeschlossen sind. Dieser Körperschaft sollen die kommunalen Aufgaben übertragen werden, die sinnvoll nur noch für die ganze Region erledigt werden können. Also etwa die Regionalplanung, die Ausarbeitung von Entwürfen der Bauleitpläne für die angeschlossenen Gemeinden, die Sicherung und der Ausbau überörtlicher Erholungsflächen und eines Tages auch die Boden-

261

vorratswirtschaft, der regionale Straßenbau, die öffentliche Wohnungsbauförderung und vielleicht auch die Trägerschaft für die eine oder andere Versorgungs- und Entsorgungseinrichtung, so etwa für die Abwasserbeseitigung und die Müllvernichtung. Innerhalb des Verbandes sollen föderative Grundsätze gelten. Die Kernstadt wird also nicht ein Stimmenübergewicht beanspruchen können, und zwar auch dann nicht, wenn sie mehr als die Hälfte der finanziellen Lasten trägt.

Daneben wird es einer Fülle zweiseitiger Vereinbarungen zwischen der Kernstadt und den übrigen Gemeinden der Region bedürfen. Zum Beispiel solcher über die Mitbenutzung von weiterführenden Schulen oder anderer kommunaler Einrichtungen der Kernstadt. (…)

Auf längere Sicht wird sich zeigen, ob die Regionalverbände etwa dahin tendieren, sich zu Städten neuer Art – vielleicht könnte man von Flächen-Städten sprechen – zu entwickeln. Das wäre der Fall, wenn sie den vorhandenen Städten und Gemeinden Zuständigkeiten in einem solchen Maße entzögen, daß diese auf den Status von Stadtvierteln herabsänken. Ausgeschlossen erscheint mir das nach gewissen Erfahrungen in den Vereinigten Staaten und in Kanada keineswegs. In diesem Falle könnten sich zwischen der Kernstadt und den Gemeinden einerseits und dem Verband andererseits Probleme ergeben, wie sie uns aus dem Verhältnis zwischen Bund und Ländern bekannt sind.

Meine Ausführungen waren notgedrungen lückenhaft und da und dort sicher auch nicht konkret genug. Dennoch haben sie vielleicht eines deutlich gemacht: daß sich unsere Städte nie in ihrer Geschichte in einem stärkeren und intensiveren Umbruch befunden haben als gerade jetzt. Ja, ich halte die Frage für erlaubt, ob nicht gerade in unserer Generation die Quantität und die Schnelligkeit dieses Wandels in Qualität umschlägt und das herkömmliche Wesen der Stadt von Grund auf verändert. Wenn ich nun am Ende meines Referats auf diese Frage eine Antwort zu geben versuche, so kann sie nicht in einem einfachen Ja oder Nein bestehen. Ich glaube vielmehr, daß wir eine Chance haben, dem Trend zum Schlechteren zu begegnen und den Ansprüchen an die Stadt zu genügen. Wir könnten das Wesen der Stadt als Nährboden intensiverer geistiger und materieller Leistungen, als Ort gesteigerter Lebensintensität und eines höheren Lebensgefühls, kurzum als eine Institution bewahren, in der sich die Mannigfaltigkeit menschlicher Strebungen reich entfaltet und zu einer neuen Harmonie verbindet. Wir könnten das – so meine ich, wenn wir erkennen, daß auch diese Institution ihren Dienst nicht mehr mit der Selbstverständlichkeit eines Automaten leistet, sondern immer wieder neu durchdacht und neu konzipiert werden muß, wenn wir die Möglichkeiten, die uns zu Gebote stehen, entschieden nutzen und wenn wir vor allem dafür sorgen, daß unser Thema, das Thema »Stadt«, auf der Tagesordnung der nationalen und internationalen Politik endlich an eine zentrale Stelle rückt. Denn die Zukunft der Menschheit liegt nicht im Weltraum und nicht in der atomaren Auseinandersetzung mit interkontinentalen Raketen, sie liegt nicht in den Dschungeln, Meeren und Wüsten. Die Zukunft der Menschheit liegt in den Städten und Stadtregionen von morgen, und es wird nur in heilen Städten eine hoffnungsvolle Zukunft sein.

Matinée zum 25-jährigen Bestehen der Süddeutschen Zeitung
4. Oktober 1970

Mit einer Matinée im Herkulessaal der Residenz feiert die Süddeutsche Zeitung ihr 25-jähriges Bestehen. Bundeskanzler Willy Brandt, Ministerpräsident Alfons Goppel und Oberbürgermeister Hans-Jochen Vogel überbringen der renommierten überregionalen Tageszeitung ihre Glückwünsche. Nach der Matinée besichtigen die Gäste die neuesten technischen Anlagen der SZ. Bundeskanzler Brandt setzt eine neue Rotationsmaschine in Betrieb.

25 Jahre sind im Leben einer Stadt eine kurze Spanne. Nimmt man die Zeit seit der Gründung unserer Stadt als einen Tag, dann sind diese 25 Jahre seit dem 6. Oktober 1945 knapp eine dreiviertel Stunde. Aber was alles ist in dieser dreiviertel Stunde geschehen. 315.000 Menschen sind in dieser Zeit in München geboren worden, 308.000 sind gestorben. 2.123.000 sind hierher gezogen, 1.366.000 haben die Stadt wieder verlassen. 61.800 Gebäude sind aus dem Boden gewachsen. Und unsere Stadt hat in diesen 25 Jahren mehr an Herausforderungen, Gefahren und Veränderungen bestehen müssen als zuvor in 100 oder 200 Jahren.

Die Jubilarin hat jeden Tag dieser 25 Jahre begleitet. In mehr als 7.000 Ausgaben, in fast ebenso vielen Leitartikeln, in Zehntausenden von Kommentaren und annähernd einer Million Artikeln hat sie informiert, kritisiert, inspiriert, glossiert, polemisiert, meditiert, reflektiert, gelegentlich auch irritiert und manchmal einfach auch gut münchnerisch gegrantelt. Wir haben von Ihnen, Herr Bundeskanzler, und Ihnen, Herr Ministerpräsident, gehört, was all das für die Bundesrepublik und für Bayern bedeutet. Für München bedeutet es eher noch mehr, nach Innen und nach Außen.

Nach Innen: Vieles ist in München geschehen oder früher geschehen und ebenso vieles ist unterblieben, weil die Süddeutsche Zeitung Ansichten mit guten Argumenten vertrat oder ihnen doch ihre Spalten öffnete. Vom Viktualienmarkt über das Schienenschnellverkehrssystem bis zum Café Annast spannt sich hier der Bogen. Und vollends für das kulturelle München war die Süddeutsche Zeitung stets ein Resonanzboden, ohne den der volle Klang dieser Stadt nicht denkbar gewesen wäre. Übrigens war sich die Jubilarin auch nie zu gut, bei der Lösung dringender Münchner Probleme selbst mit anzupacken und dem Wort auch die Tat folgen zu lassen. Ich nenne als Beispiel nur den Adventskalender, die Dombau-Hilfe und die Aktion »Sicher zur Schule, sicher nach Hause«. Und nach Außen: Ich behaupte, das äußere Erscheinungsbild einer Stadt wird ganz wesentlich von ihren Zeitungen und von den Eindrücken bestimmt, die sie ihren Lesern draußen über diese Stadt vermitteln. Das gilt insbesondere für die Jubilarin, die ihren Lokalteil draußen genauso präsentiert wie in München und sich durchaus nicht geniert, alle Welt an den Maxima aber auch an den Minima Monacensia teilhaben zu lassen. König Ludwig I. hat einmal gesagt, daß keiner Deutschland kennt, der nicht München gesehen habe. Fast wäre man versucht zu sagen, daß keiner München kennt, der nicht seine Zeitungen, der nicht die Süddeutsche Zeitung gelesen hat.

Für all das möchte ich der Jubilarin danken. Und zwar allen, die an ihrer täglichen Wiedergeburt mitwirken. Den Herausgebern, der Redaktion, dem Verlag, der Druckerei und auch denen, die sie uns tagtäglich ins Haus bringen. Wenn ich drei Namen in diesem Zusammenhang nenne, dann geschieht das stellvertretend für alle, die der Jubilarin seit 1945 gedient haben und im Grunde nur deshalb, um die Spannweite dieser großen Zeitung noch einmal zu unterstreichen. Es sind die Namen zweier Männer, die – so verschieden sie auch waren – dem Blatt vor allem sein Profil gaben, nämlich:

Werner Friedmann
und
Hermann Proebst.

Und es ist der Name des Mannes, der geradezu zum Symbol der verlegerischen Kontinuität der Süddeutschen Zeitung geworden ist, der Name Hans Dürrmeier.

Dieser Dank ist nicht nur platonisch. München stattet ihn ab, indem seine Bürger die Zeitung abonnieren und in ihr inserieren. Und manches, was an der Jubilarin mit Recht gerühmt wird, konnte nur in der Münchner Atmosphäre wachsen und gedeihen. Es läßt sich eben nicht leugnen, daß die Jubilarin in der Sendlinger Straße zwischen Rathaus und Theresienwiese, zwischen Sendlinger-Tor-Platz und Frauenkirche zu Hause ist. Bei allem Respekt vor der Bundeshauptstadt: Am Bonner Talweg oder auch an der Hamburger Elbchaussee könnte diese Zeitung nicht geschrieben werden. Jefferson hat einmal gesagt: Wenn er zwischen einem Land ohne Regierung und einem Land ohne Zeitungen zu wählen hätte, würde er sich für das Land ohne Regierung entscheiden. Nun, ich kann nicht gut proklamieren, daß München einmal eine Stadt ohne Rathaus und Stadtverwaltung sein wird. Aber ich kann wünschen, daß es immer eine Stadt mit einer freien, liberalen, geistvollen und auch aggressiven Zeitung, daß es immer eine Stadt mit einer Süddeutschen Zeitung sein möge.

Eröffnung des Stachus-Bauwerks
26. November 1970

Das Stachus-Bauwerk, damals die größte Untergrundanlage Europas mit fünf Untergeschossen, wurde in vierjähriger Bauzeit von etwa 200 Firmen erstellt. Auch überirdisch ist der Stachus ein Platz der Superlative: er gilt als der verkehrsreichste Ort Europas. Die feierliche Eröffnung und Übergabe des Stachus-Bauwerks wird von einer kirchlichen Weihe durch Julius Kardinal Döpfner umrahmt. »Schon vor den ersten Eröffnungsstunden«, so der Münchner Stadtchronist, »glich es einem belagerten Fort, berühmte Gäste in den Läden und andere Überraschungen trugen nicht zuletzt dazu bei. In dem unterirdischen Bauwerk noch enthalten sind: Lagerräume, Parkgarage, ein S-Bahn-Hof. Auch an spätere U-Bahn-Kreuzungen ist gedacht.« Negative Schlagzeilen macht das Projekt wegen der enormen Kostenüberschreitung, für die der Oberbürgermeister die Verantwortung übernimmt und die als Stachusskandal in die Geschichte eingeht.

Das Bauwerk, zu dessen Eröffnung wir uns hier versammelt haben, ist nach seinen Dimensionen und seinem Volumen das größte, das bisher in der Geschichte Münchens zusammenhängend an einer Stelle errichtet worden ist. Es übertrifft in dieser Hinsicht Gebäude wie den Hauptbahnhof oder das Münchner Rathaus bei weitem und auch die gesamte Residenz ließe sich ohne weiteres in diesem Bauwerk unterbringen. Um ein nach Größe und Ausdehnung vergleichbares Bauwerk zu finden, muß man schon an die Cheopspyramide in Ägypten erinnern. (…) Ich sage das nicht aus Ruhmredigkeit oder aus naiver Freude an Superlativen. Aber gerade bei einem Bau, der unter der Erde liegt und den man deshalb nicht im

Ganzen ins Auge fassen kann, fehlt ohne solche Vergleiche einfach die Anschaulichkeit und die plastische Vorstellung seines Umfanges und seiner Masse. Der Entschluß, ein derartiges Bauwerk hier am Stachus zu errichten, entsprang nicht dem Mutwillen Einzelner. Niemand wollte sich hier ein Denkmal setzen. Vielmehr sah sich unsere Gemeinschaft gerade hier am Stachus zwei ganz konkreten Gefahren gegenüber:

der Platz selbst drohte im Oberflächenverkehr zu ersticken. Während der Hauptverkehrszeit benötigte ein Straßenbahnzug bis zu drei Minuten, um ihn zu überqueren,

unsere Altstadt drohte ihren Funktionen nicht mehr gerecht zu werden, ja, geradezu zu ersticken.

Außerdem mußte der Platz im Zuge des Ausbaus des neuen Münchner Schienenschnellverkehrssystems von der S-Bahn und U-Bahn unterfahren werden.

Der Bau ist eine Antwort auf diese drei Herausforderungen. Und seine Entstehungs- und Planungsgeschichte ist überdies ein deutlicher Hinweis für die sich immer mehr beschleunigende Entwicklung unserer Stadt. Eben deshalb mußte die Planung auch nach Baubeginn wiederholt und entscheidend geändert werden.

Ein endgültiges Urteil darüber, ob mit diesem Bauwerk richtige, zukunftsweisende Antworten gegeben worden sind, wird sich erst in einigen Jahren treffen lassen, wenn an die Stelle von Mutmaßungen und Spekulationen praktische Erfahrungen getreten sind. Äußerungen, die über das Bauwerk heute schon den Stab brechen und ihm rasche Verödung voraussagen, erscheinen mir deshalb genauso voreilig wie überschwengliches Lob. Mit aller Zurückhaltung wird man jedoch folgendes schon heute sagen können:

Eröffnung des Stachus-Bauwerks am 26. November 1970; unter den Ehren-
gästen (von rechts) Oberbürgermeister Hans-Jochen Vogel, Kardinal Julius
Döpfner, Regierungspräsident Dr. Adam Deinlein und Bürgermeister Hans
Steinkohl. (Foto: Rudi Dix)

1. Es war richtig, die große Lösung zu verwirklichen. Das
erste und das zweite Projekt wären heute schon zu klein und
durch die Entwicklung überholt. Dem damaligen Stadtbaurat
Luther gebührt das Verdienst, daß er die vom Ingenieurbüro
Dr. Obermeyer entwickelte großzügige Lösung gegen alle Widerstände und auch gegen mein anfängliches Zögern durchgesetzt und verantwortet hat.

2. Der Oberflächenverkehr läuft heute am Karlsplatz hervor-
ragend. Verkehrszusammenbrüche sind jedenfalls an dieser
Stelle eine seltene Ausnahme geworden.

3. Die Ladenfläche der Altstadt ist durch das Bauwerk um
9.000 qm gewachsen. Die Zahl der Einzelhandelsgeschäfte hat

um 42 zugenommen, das Sortiment der in der Altstadt verfügbaren Waren und Dienstleistungen hat sich fühlbar vermehrt.

4. Die 792 neuen Parkplätze steigern die Funktionsfähigkeit der unmittelbar angrenzenden Fußgängerzone und erschließen sie für den motorisierten Käufer- und Wirtschaftsverkehr.

Wie Herr Dr. Zimniok schon im Einzelnen dargelegt hat, ist das Bauwerk in einer Rekordzeit von knapp viereinhalb Jahren entstanden. Dabei sind modernste technische Verfahren angewendet worden. Es sind aber auch Fehler und Unzulänglichkeiten unterlaufen. Die Landeshauptstadt hat diese Fehler nicht bestritten. Sie hat sie anhand zweier Prüfungsberichte in aller Öffentlichkeit erörtert. Mit Zustimmung und auf Wunsch der Landeshauptstadt hat auch ein Ausschuß des Bayerischen Landtags die Vorgänge noch einmal untersucht. Ich stehe nicht an, zu bestätigen, daß der Ausschuß faire Arbeit geleistet hat, wenn auch die Stadt verständlicherweise in den strittig gebliebenen Punkten eher dem Minderheitsbericht zuneigt. Wahrscheinlich ist es in der Geschichte der parlamentarischen Untersuchungsausschüsse ein Novum. Aber ich freue mich, daß der Vorsitzende und mehrere Mitglieder des Ausschusses heute als Ehrengäste an der Eröffnung des von ihnen geprüften Bauwerks teilnehmen und danke ihnen ebenso wie den Angehörigen des städtischen Revisionsamtes und des Prüfungsverbandes öffentlicher Kassen. Eine offene, demokratische Gemeinschaft muß sich auch darin bewähren, wie sie mit Fehlern und krisenhaften Erscheinungen fertig wird. Daß es in diesem Fall gelang, ist nicht zuletzt das Verdienst der eben Genannten und auch der Presse. Und wirklich enttäuscht können eigentlich nur diejenigen sein, die den Stachus politisch mißbrauchen wollten.

Mir bleibt übrig, all denen zu danken, die – in welcher Eigenschaft auch immer – an diesem Bauwerk mitgearbeitet haben. Herr Dr. Zimniok hat die Beteiligten bereits einzeln aufgeführt. Ich

Im Café im Stachus-Untergeschoß, November 1970. (Foto: Rudi Dix)

möchte mich deshalb darauf beschränken, stellvertretend für alle anderen vier Persönlichkeiten noch einmal namentlich zu nennen, weil sie sich besondere Verdienste erworben haben. Ich danke

Georg Brauchle, weil er in der kritischen Phase des Bauwerks trotz aller Anfeindungen in besonderem Maße Loyalität geübt und damit die Konsolidierung entscheidend erleichtert hat; ich danke

Herrn Diplomingenieur Dr. Obermeyer als dem geistigen Vater des Bauwerks in seiner konkreten technischen Ausführung; ich danke

Herrn Stadtbaurat Luther für den Mut, mit dem er die großzügige Lösung verfochten hat; ich danke

Herrn Stadtrat Dr. Zimniok für die Umsicht und Zähigkeit,

mit der er das Bauwerk konsolidiert und zu einem guten Ende geführt hat; und ich danke nicht zuletzt

Herrn Kollegen Dr. Steinkohl, der die schwierigen dienstauf-sichtlichen Probleme in gerechter und fairer Weise gelöst und damit ebenfalls einen wichtigen Beitrag geleistet hat.

Mein Dank gilt darüber hinaus den Arbeitern, Angestellten und Ingenieuren, er gilt den Baufirmen, den Mitarbeitern des Ingeni-eurbüros und den Sonderfachleuten. Er gilt den Dienstkräften des Bau- und U-Bahn-Referates. Er gilt auch den Verkehrsteilnehmern und den Anliegern, die in den vergangenen vier Jahren soviel Ge-duld und Verständnis gezeigt haben. Ich danke den Zuschußge-bern und den drei Münchner Banken, die an der Finanzierung so maßgeblich mitgewirkt haben. Ich danke dem Einzelhandels-verband und der Neuen Heimat und ich danke nicht zuletzt den Münchner Bürgerinnen und Bürgern, in deren Auftrag und mit deren Geld wir alle hier gearbeitet haben. Übrigens werden Sie als Steuerzahler im Endergebnis zur Finanzierung allenfalls mit rund 43 Mio. DM herangezogen und wenn man die gesamte Lebenszeit des Bauwerks berücksichtigt, sogar erheblichen Nutzen aus dem Bauwerk ziehen. Schließlich danke ich Ihnen, Herr Kardinal, und Ihnen, Herr Oberkirchenrat. (…)

Meine sehr verehrten Anwesenden!

Der Karlsplatz ist für unsere Stadt historischer Boden. Schon 1318 lief die Stadtmauer am Ostrand des Platzes entlang. Die Barba-kane, die bei den Bauarbeiten freigelegt wurde, ist ein Zeuge jener Zeit. Seit etwa 1500 befand sich auf dem Platz der Schießplatz der Stachelschützen und seit etwa 1700 das Gasthaus des Eustachius Föderl. Im 19. und 20. Jahrhundert wanderte der Mittelpunkt der Stadt vom Marienplatz hierher; der Platz wurde zum verkehrsreichsten Münchens, vielleicht sogar der Bundesrepublik. Fast jeder Bürger oder Besucher der Stadt quert ihn einmal täglich. Er ist ein Stück München und daß alle ihn Stachus nennen, obwohl er amtlich Karlsplatz heißt, ist auch gut münchnerisch. Und ich weiß gar nicht recht, ob es nicht ein wenig perfektionistisch wäre, diese Ungereimtheit zu beseitigen. Mit dem heutigen Tag beginnt jedenfalls ein neuer Abschnitt in der Geschichte des Platzes. Möge es ein guter Abschnitt sein, möge sich der Bau in den Organismus unserer Stadt einfügen und möge er über viele Jahrzehnte den Menschen und München dienen.

In diesem Sinne übergebe ich das Stachusbauwerk seiner Bestimmung und öffne es für den allgemeinen Verkehr. Möge sich der Satz, daß sich Sorgenkinder am besten entwickeln, auch an ihm bewahrheiten.

Wiederaufstellung der Mariensäule
8. Dezember 1970

Wegen der Baumaßnahmen für die U- und S-Bahn unter dem Marienplatz hatte man die Mariensäule im Jahr 1966 vorübergehend entfernt. Jetzt kehrt sie an ihren angestammten Platz zurück. Die Figur war 1638 als Huldigung an die Muttergottes aufgestellt worden, nachdem schwedische Truppen München während des 30jährigen Krieges wider Erwarten verschont hatten. Tausende Münchner und zahlreiche Ehrengäste sind jetzt Zeugen der Wiederaufstellung der Mariensäule im Rahmen einer abendlichen Feierstunde. Julius Kardinal Döpfner erinnert an die einstige Funktion des Marienplatzes als Wallfahrtsort und kündigt Bemühungen an, »innerhalb neuer Formen diesen Platz weiterhin zur Stätte von gelegentlichen gottesdienstlichen Feiern zu machen«.

Wir haben uns heute abend hier im Herzen unserer Stadt versammelt, weil die Mariensäule, die vor über drei Jahren dem U- und S-Bahnbau weichen mußte, an ihren angestammten Platz zurückgekehrt ist, an den Platz, auf dem sie seit dem 7. November 1638, also seit mehr als 332 Jahren steht. Dieses Ereignis hat einen kirchlich-religiösen Aspekt. Ihn zu würdigen ist Sache des Bischofs, nicht Sache des Oberbürgermeisters. Des Oberbürgermeisters einer Stadt übrigens, die sich dem Gemeinschaftsverständnis unserer Verfassung und damit einer Toleranz verpflichtet weiß, die religiöse und ethische Überzeugungen und Bindungen nicht gleichgültig hinnimmt und als unerheblich gewähren läßt, sondern sie in ihrer Wertbezogenheit achtet und anerkennt. Und die vielleicht mehr denn je auf eben diese Werte angewiesen ist.

Das Ereignis hat aber auch stadtgeschichtliche Bedeutung. Und von ihr zu reden ist meines Amtes. Denn diese Säule ist wie kaum ein anderes Denkmal ein Zeichen der historischen Kontinuität unserer Stadt. Gerade in einer Zeit, die manchmal geradezu zukunftsbesessen erscheint, die alles oder doch fast alles für machbar und veränderbar hält, weil ihre technischen Kräfte ins Riesenhafte gewachsen sind, gerade in einer solchen Zeit ist es notwendig, sich auch der Vergangenheit zu erinnern, zu fragen, woher wir kommen und sich zu vergegenwärtigen, daß wir als Menschen und damit auch als örtliche Gemeinschaft, als Stadt immer unterwegs sind. Als diese Säule aufgestellt wurde, hatte München 22.000 Einwohner; auf weniger als einem Zwanzigstel der heutigen Stadtfläche erhoben sich 1.500 Gebäude. Die Pest hatte einige Jahre zuvor im Gefolge des Schwedeneinfalles an die 7.000 Menschen dahingerafft. Heute hat München 1.360.000 Einwohner und der weit ins Umland hinausgewachsene Burgfrieden umschließt nicht weniger als 120.000 Gebäude. Dazwischen liegen Höhen und Tiefen, Glanz und Elend, Zerstörung und Wiederaufbau, Stagnation und Wachstum und zuletzt die Jahre des großen Stadtumbaues.

Ist das München von heute noch mit dem München von 1638 identisch? Schaut die Frauengestalt auf der Spitze der Säule noch auf die gleiche Stadt? Vordergründig und materiell lautet die Antwort sicher nein. Elf Generationen sind seitdem ins Leben getreten und wieder gestorben. Von den Bauten, die damals den Platz umgaben, stehen nur noch einige, das Alte Rathaus zum Beispiel, die Frauenkirche, der Alte Peter, aber auch – wenn auch in gewandelter Form – der Donisl und das Onuphrius-Haus.

Und dennoch, trotz aller Veränderung, trotz allem Wechsel und Wandel: Die Kontinuität unserer Gemeinschaft ist in diesen drei Jahrhunderten nicht abgerissen. Nicht nur der Name, nicht nur die Lage auf der Hochebene vor dem Gebirge am Schnittpunkt der großen Verkehrsstraßen, auch Wesenszüge, die unser eigenes Leben heute noch beeinflussen, sind geblieben, sind von einer Generation zur anderen weitergegeben worden. Das Breitlebige und zu-

Wiederaufstellung der Mariensäule auf dem Marienplatz, 8. Dezember 1970.

gleich Weltoffene, die altbayerische Liberalität, die Verwurzelung im Diesseits, die sich ohne weiteres mit einem natürlichen und unbefangenen Verhältnis gegenüber Tod und Ewigkeit verbindet, der demokratische Instinkt und Gerechtigkeitssinn, der aller sogenannten Obrigkeit mit gesundem Mißtrauen begegnet, die derbe Abneigung gegen jedes Pathos und jedes gespreizte Gehabe, eine Einstellung, die echte Herzenswärme durchaus gelten läßt und auch die südländische Freude am Farbigen und Lauten miteinschließt – das alles, so meine ich, ist geblieben. Auf all das blickt die Patrona Bavariae wie vor 330 Jahren und sie ist sicherlich auch in unserer Zeit noch ein Ausdruck der Frömmigkeit und der Religiosität, die durch die Jahrzehnte hindurch zu den Wesensmerkmalen dieser Stadt gehören.

Übrigens ist auch das für München bemerkenswert: Daß diese Säule von Ihrem Stifter, dem Kurfürsten Maximilian, nicht in die kühle Absonderung eines höfischen oder sakralen Bereiches, nicht in einen Hof der Residenz, oder in eine stille Kirche, sondern mitten ins flutende Leben, eben in den Mittelpunkt der Stadt gestellt wurde. Und daß man mit praktischem altbayerischem Sinn die Kilometerzahlen aller bayerischen Straßen hier an dieser Stelle beginnen ließ, so als ob man sagen wollte: alle Straßen Bayerns führen nach München, führen zum Marienplatz. Er ist das Herz Bayerns. Und noch ein Drittes ist wohl in gutem Sinne münchnerisch: Daß nämlich ein Bürger unserer Stadt, ein ehrbarer Handwerksmeister, vor wenigen Tagen im Rathaus erschien und mir ohne viel Aufhebens einen Scheck über den Betrag in die Hand drückte, den die Erneuerung und Wiederaufstellung der Säule gekostet hat.

So möge die Mariensäule die Kontinuität, die geschichtliche, die geistige, die wesensmäßige Kontinuität unserer Stadt, auch in der Zukunft bezeugen. Möge sie deutlich machen, daß der große Stadtumbau der letzten 10 Jahre die historischen Fundamente unseres Gemeinwesens nicht zerstört und nicht verschüttet hat und möge sie vor allem für weitere Jahrzehnte und Jahrhunderte der Mittelpunkt unserer Münchner Stadt und des Bayernlandes bleiben. Mit diesem Wunsche heiße ich die Patrona Bavariae auf ihrem angestammten Platz willkommen.

Kundgebung demokratischer Organisationen gegen Rechtsradikalismus 3. April 1971

Auf dem Feilitzschplatz findet eine Kundgebung statt, deren Hintergrund bis heute von bedrückender Aktualität ist. Mehr als 2.000 Münchnerinnen und Münchner demonstrieren gegen Rechtsradikale und Neonazis. Anlass ist eine »Massenveranstaltung« der »Deutschen Volksunion« am selben Abend im Saal des Schwabingerbräu. Diese war Anfang des Jahres 1971 von dem rechtsextremen Münchner Verleger Gerhard Frey als Auffangbecken für ehemalige NPD-Mitglieder gegründet worden. Wie Oberbürgermeister Vogel fordern auch die anderen Redner, darunter der renommierte Publizist Ernst Müller-Meinigen jr., die Bevölkerung auf, den Anfängen jedes Radikalismus entschieden zu wehren. Vor dem von starken Polizeikräften hermetisch abgeriegelten Schwabingerbräu kommt es wiederholt zu direkten Auseinandersetzungen zwischen Polizei und Demonstranten.

Ich spreche hier und heute als Oberbürgermeister dieser Stadt. Auch den Aufruf zu dieser Kundgebung habe ich als Oberbürgermeister unterschrieben. Man hat gesagt, ich würde damit meine Pflicht zur Neutralität, meine Pflicht zur Überparteilichkeit verletzen. Man hat mich sogar als Rechtsbrecher beschimpft. Nun, ich meine

gegen Feinde der Demokratie gibt es keine Neutralität,

gegen Kräfte, die vergangenes Unheil von neuem herbeiführen, gibt es keine Überparteilichkeit.

Oberbürgermeister Hans-Jochen Vogel mit Alt-Ministerpräsident Wilhelm Hoegner und Ernst Müller-Meiningen jr. (l.) bei der Kundgebung demokratischer Organisationen gegen Rechtsradikalismus auf dem Feilitzschplatz, 3. April 1971. (Foto: Rudi Dix)

Hier gibt es nur eine Stellungnahme und sie lautet: München sagt NEIN zur Wiederbelebung des Rechtsradikalismus, wie es übrigens dem Radikalismus in all seinen Spielarten entgegentritt. Und das klar und vor aller Öffentlichkeit auszusprechen, ist als Oberbürgermeister nicht nur mein Recht, sondern meine Pflicht.

Gerade München hat allen Anlaß, seinen Abscheu vor diesen Bestrebungen und seine Entschlossenheit, diese Kräfte nie wieder mächtig werden zu lassen, laut und deutlich zu formulieren.

In München sind schon einmal demokratische Staatsmänner als Verzichtpolitiker und Volksverräter diffamiert worden
- das soll nicht noch einmal geschehen.

Der Feilitzschplatz während der Kundgebung gegen Rechtsradikalismus am 3. April 1971. (Foto: Rudi Dix)

In München sind schon einmal Gewalttaten rechtsextremer Fanatiker verherrlicht worden
- das soll sich nicht wiederholen.

In München ist ein Hitler groß geworden
- das genügt, wir wollen keinen zweiten.

In München hat das Unheil schon einmal von einem Bierkeller seinen Anfang genommen
- das soll und darf kein zweites Mal geschehen.

Wir wissen gerade in dieser Stadt, wie schnell aus radikalen Worten Wirklichkeit werden kann. Wie schnell aus der Sprache der Gewalt und der Drohung Konzentrationslager und Krieg, Verwüstung und Vertreibung, Trümmer und Tod werden können. Wir haben die Brand- und Bombenruinen noch in Erinnerung, die Schuttberge,

283

den Hunger und das Elend der Kriegs- und Nachkriegsjahre. Wir haben die Lehren der Geschichte nicht vergessen!

Deshalb wissen wir auch, daß sich solche Gefahren nicht durch Totschweigen bannen lassen. Daß man den Brand im Keim ersticken muß und nicht warten darf, bis die Flammen schon aus dem Hause schlagen.

Und für diese Wahrheit gibt es gerade in München Zeugen in großer Zahl, Zeugen, die am eigenen Leib die Grausamkeit der Diktatur erfahren haben. Ich nenne nur stellvertretend Professor Huber, die Geschwister Scholl, Hermann Frieb, Pater Rupert Mayer und von denen, die noch unter uns leben, Wilhelm Hoegner und Ludwig Koch.

Und noch etwas wissen wir: Niemand kann mit diesem Feuer spielen, niemand kann daran seine Suppe kochen. Diejenigen, die das in der Weimarer Zeit versucht haben, sind mitschuldig geworden oder selbst im Feuer ungekommen.

Daran sollen diejenigen denken, die mit den Neuradikalen der sogenannten Volksunion offen oder versteckt sympathisieren, weil sie ihre destruktiven Kräfte gegen die Politik der Bundesregierung wenden.

Deshalb rufe ich alle demokratischen Kräfte in unserer Stadt auf:

Vereinigt Euch im Protest gegen den Rechtsradikalismus!

Kämpft gegen alle Feinde der Demokratie!

Sorgt dafür, daß die alten Schatten nicht von neuem auf München fallen, sondern daß München das bleibt, was es durch die Anstrengung der gesamten Bürgerschaft geworden ist: Ein Hort des Fortschritts, der Freiheit und der Demokratie.

Fertigstellung des Mittleren Rings
17. September 1971

Der etwa 28 km lange Mittlere Ring ist die zentrale Verkehrsader des Münchner Straßennetzes. Die Ringstraße verbindet nicht nur die meisten Münchner Stadtviertel, sondern sorgt auch für die Anbindung an das überregionale Straßen- und Autobahnnetz. Die seinerzeit anvisierte Entlastungsfunktion konnte der Mittlere Ring nur kurze Zeit ausüben. Durch das vor allem in den 1960er und -70er Jahren rasant gestiegene Fahrzeugaufkommen kam der Mittlere Ring vor allem während der Hauptverkehrszeiten an die Grenzen seiner Kapazitäten. An neuralgischen Stellen waren und sind Staus und stockender Verkehr an der Tagesordnung.

Die Arbeiten am Mittleren Ring haben am 28. Januar 1953 begonnen. Heute finden sie ihren vorläufigen Abschluß. In den rund 20 Jahren, die zwischen damals und heute liegen, wurden in dieses Projekt nahezu 300 Mio. DM investiert. Natürlich steht an einem solchen Tage die Freude über das Geschaffene, über die Leistung der Ingenieure, Arbeiter, Techniker, Unternehmer, Verwaltungsexperten im Vordergrund. Und diese Freude ist durchaus berechtigt. Denn mit der Schließung des Ringes, hier nahe dem Olympiastadion, steht eine fast 28 km lange durchgehende und über weite Abschnitte auch schnelle Verkehrsverbindung um das Innenstadtgebiet zur Verfügung. Die verkehrliche Kommunikation zwischen den einzelnen Stadtteilen wurde Zug um Zug verbessert. Der Schienen- und Straßenverkehrsausbau in der Innenstadt wäre ohne den stetig gewachsenen Mittleren Ring undenkbar gewesen.

Aber an einem solchen Tag drängen sich auch Fragen auf. Die Frage zum Beispiel, ob die Antwort, die hier auf die Herausforderung des Verkehrs gegeben worden ist, auch der Prüfung unter heutigen Maßstäben standhält. Denn wir alle wissen, wie stark sich diese Maßstäbe in den letzten Jahren gewandelt haben und wie sehr Auto, Individualverkehr und Straße ins Kreuzfeuer der Kritik geraten sind. Ich selbst habe einmal gesagt, daß jede Milliarde, die in den Straßenbau investiert wird, eine Stadt ihrem Tode näherführt. Ist etwa auch der Mittlere Ring ein solcher Schritt zum Tode? Ich glaube: Nein!

Keiner kann und will das Auto verteufeln. Sicher, wir halten es nicht für eine heilige Kuh und wir wollen uns nicht von ihm beherrschen lassen. Aber mit Vernunft verwendet und in den Grenzen gehalten, die andere Werte höheren Ranges ziehen, ist es sicherlich auch in den Städten ein Mittel zur Steigerung der Lebensqualität. Deshalb müssen wir dem Individualverkehr eine Grundausstattung anbieten, die einen sinnvollen Gebrauch des Autos ermöglicht. Als Verbindung der Stadtteile und Zusammenfassung einer Vielzahl von Tangenten gehört der Mittlere Ring zu dieser Grundausstattung. Deshalb ist es auch richtig, die Engpässe des Ringes zu beseitigen und so den optimalen Nutzen aus der Gesamtinvestition zu ziehen.

Bei allen künftigen Maßnahmen wird jedoch kritisch zu prüfen sein, ob sie unter den Begriff der Grundausstattung fallen oder ob sie etwa der Utopie der autogerechten Stadt dienen. Und die Feststellung, der Autoverkehr benötige diese oder jene Straße, wird sicherlich allein keine Entscheidung mehr tragen. Vielmehr werden jeweils die Bedürfnisse des Individualverkehrs mit denen des Umweltschutzes, der Stadtgestaltung und der Urbanität abzuwägen sein.

Ein Projekt, Herr Bundesminister, gehört jedoch auch bei schärfster Prüfung zur Grundausstattung der Region München und das ist der Äußere Ring, insbesondere die Spange zwischen der Nürnberger und der Salzburger Autobahn. Wir wissen, daß Sie sich persönlich sehr um dieses Projekt angenommen, seinen Be-

Bundesverkehrsminister Georg Leber bei der Freigabe der letzten Teilstücke des Mittleren Rings, hier am Kreuzungsbauwerk auf dem Olympiagelände, dem Zusammenschluss von Georg-Brauchle-Ring und Landshuter Allee, 17. September 1971. (Foto: Kaspar Angermaier)

ginn beschleunigt und gerade in letzter Zeit Sperren und Verzögerungen von ihm ferngehalten haben. Wir bitten Sie sehr, das auch künftig zu tun. Denn der Mittlere Ring kann seine Funktion als Stadtteilverbindung nur befriedigend erfüllen, wenn er so bald als möglich vom überörtlichen Durchgangsverkehr befreit wird. Umgekehrt können Sie, Herr Bundesminister, bei Ihrem Kampf um die Erhöhung der Mincralölsteuer jederzeit mit unserer Unterstützung rechnen.

Es bleibt mir übrig, allen Beteiligten zu danken. Ich tue das pauschal und ohne Namensnennung. Unser Dank gebührt denen, die Straßen, Brücken und Unterführungen geplant und gebaut haben. Er gebührt den Gremien und Persönlichkeiten, die die Entscheidungen getroffen und die Verantwortung getragen haben. Er gebührt Bund und Land und unseren eigenen Steuerzahlern als

Geldgebern. Und er gebührt denen, die durch die Bauarbeiten belästigt und behindert worden sind.

In diesem Sinne wünsche ich allen, die den Mittleren Ring benützen, gute Fahrt.

Glück auf.

Inbetriebnahme der Nord-Süd-U-Bahn
19. Oktober 1971

In München beginnt das U-Bahn-Zeitalter. 1.600 Ehrengäste sind zur feierlichen Eröffnung der ersten Münchner U-Bahn-Linie zwischen Goetheplatz und Freimann geladen. Die rund 10 Kilometer lange Strecke kann nun in 17 Minuten bewältigt werden. Als Attraktion für die Fahrgäste kann die U-Bahn ein halbes Jahr lang zu Trambahnpreisen benutzt werden. Dann wird das einheitliche Tarifsystem des Münchner Verkehrs- und Tarifverbundes (MVV) in Kraft treten.

Sechs Jahre und acht Monate und 18 Tage nach dem Beginn der Bauarbeiten können wir heute zwei Ereignisse festlich begehen, nämlich

die Fertigstellung der Nord-Süd-U-Bahn
und
ihre Inbetriebnahme für den öffentlichen Verkehr.

Auch wer gegen starke Worte und unangebrachte Superlative eine gesunde Abneigung hat, wird diesen Ereignissen und damit dem heutigen Tag stadtgeschichtliche Bedeutung zuerkennen müssen. Nicht so sehr, weil München heute nach Berlin, Hamburg und Frankfurt als vierte Stadt in den Kreis der deutschen und als 38. Stadt in den Kreis der Welt-U-Bahn-Städte eintritt. Das hat eher statistische Bedeutung. Nein deshalb, weil damit ein entscheidender Schritt zur Verbesserung der Verkehrsverhältnisse und damit zur Erhaltung der Lebensqualität in München getan wird. Denn das ist ja das eigentliche Ziel unserer gemeinschaftlichen Anstrengungen: Nicht das noch Mehr, noch schneller, noch gewinnträch-

Inbetriebnahme der ersten Münchner U-Bahn-Linie am Marienplatz; das Münchner Kindl präsentiert die Schere zum Durchschneiden des Bandes, 19. Oktober 1971.

tiger, nicht die immer bedingungslosere Unterwerfung unter einen außer Kontrolle geratenden seelenlosen Mechanismus, sondern die Erhaltung und Förderung des Humanen, des Menschlichen, des dem Menschen gemäßen. Und wenn mit Hilfe dieser U-Bahn jährlich 10 Menschen ihr Leben behalten, die sonst im Straßenverkehr getötet worden wären, wenn 100 nicht bei Verkehrsunfällen

In der Fahrerkabine der neuen U-Bahn Ministerpräsident Alfons Goppel, Bundesverkehrsminister Georg Leber und Oberbürgermeister Hans-Jochen Vogel, 19. Oktober 1971.

verletzt und verstümmelt werden, wenn Zehntausende täglich im Durchschnitt 40 Minuten länger zu Hause bleiben und ohne physische und psychische Anspannung den Weg von der Wohnung zur Arbeitsstätte und zurück bewältigen können, wenn überdies möglichst viele entlang der Strecke ihr Auto zu Hause lassen und damit zur Luftverbesserung beitragen – dann hat sich diese Anstrengung durchaus gelohnt.

Ich will meinerseits nicht mit langen Zahlenkolonnen aufwarten. Nur die Kosten möchte ich noch einmal nennen. Sie betragen 491 Mio. DM für den Bau und 55 Mio. DM für die Beschaffung der Züge, insgesamt also 546 Mio. DM. Davon hat das Land 18 Prozent oder 100 Mio. DM, der Bund 35 Prozent oder 192 Mio. DM und die Stadt 47 Prozent oder 254 Mio. DM aufgebracht. Eine enorme Summe, gewiß. Aber in der gleichen Zeit würden allein in München für den Erwerb neuer Kraftfahrzeuge 3,5 Mrd. DM und für

Rauchwaren und Spirituosen über 2,0 Mrd. DM ausgegeben. Die Zahlen reizen zu mannigfaltigen Betrachtungen. Sie zeigen insbesondere, wie sehr wir unsere Lebensbedingungen schon durch eine geringfügige Verschiebung der Verteilung unseres Sozialprodukts vom Konsum zur Finanzierung von Gemeinschaftseinrichtungen verbessern könnten.

Mir bleibt übrig zu danken. Ich tue das pauschal und ohne Namensnennung. Unser Dank gebührt denen, die die Strecke gebaut, die Züge produziert und den Betrieb vorbereitet haben. Er gebührt den Gremien und Persönlichkeiten, die die Entscheidungen getroffen und die Verantwortung getragen haben. Er gebührt Bund und Land und unseren eigenen Steuerzahlern als Geldgebern, und er gebührt auch denen, die durch die Bauarbeiten belästigt und behindert worden sind. Und wenn ich doch Namen nenne, dann die der fünf Männer, die während des Baus durch tragische Unfälle ihr Leben verloren haben. Es waren dies:

Karl Alzenauer
Rudolf Alzenauer
Dominiko Caposano
Heinrich Israel
Albert Steiner

Wir wollen ihrer auch am heutigen Tag gedenken.

Ich leugne gar nicht, daß mich der heutige Tag auch persönlich mit Befriedigung erfüllt. Es ist die Befriedigung, die sich einstellt, wenn nach einer Zeit voller Sorge, Mühe, Anstrengung und auch Ärger ein großes Werk vollendet, ein Ziel glücklich erreicht worden ist. Ich meine, wir alle, die ganze Stadt, darf sich heute diesem Gefühl hingeben und daraus neue Kraft schöpfen für die Bewältigung dessen, was noch vor uns liegt. In diesem Sinn viel Glück für die Münchner U-Bahn. Und allzeit Glück für unsere geliebte Münchnerstadt.

Bericht über die Tätigkeit des Stadtrats und der Stadtverwaltung für die Amtsperiode 1966–1972
17. Mai 1972

> Es ist eine gute kommunalpolitische Tradition, dass der Oberbürgermeister zum Ende seiner Amtszeit in der Vollversammlung des Stadtrats eine kritische Bilanz jener Jahre zieht, die Leistungen der Stadtverwaltung würdigt und die wichtigen Ereignisse und Entwicklungen der vergangenen Jahre Revue passieren lässt. Zu den herausragenden Eckpunkten dieser Jahre zählen zweifellos die erfolgreiche Olympia-Bewerbung Münchens und die damit verbundene Optimierung der städtischen Infrastruktur, insbesondere des öffentlichen Personennahverkehrs.

Am Ende der letzten Amtsperiode des Stadtrats habe ich Ihnen einen Rechenschaftsbericht über die Tätigkeit des Stadtrats und der Stadtverwaltung vorgelegt, der die bedeutendsten Entscheidungen und Leistungen in allen Aufgabenbereichen der Landeshauptstadt München während der vergangenen sechs Jahre aufzeigte. Mit Zustimmung des Ältestenrates habe ich in gleicher Weise für die nunmehr ablaufende Amtsperiode des Stadtrats vom Verwaltungsamt aufgrund von Angaben der Referate und Ämter einen entsprechenden Bericht erstellen lassen, den ich Ihnen hiermit unterbreite. Der Bericht enthält sich der politischen Wertung und nimmt auch zu den allgemeinen Fragen der Stadtentwicklung, wie ich sie etwa in meinem Referat vor der Vollversammlung des Deutschen Städtetages behandelt habe, keine Stellung. Diese Wertung und die kritische Auseinandersetzung mit solchen Fragen ist vielmehr Gegenstand des Wahlkampfes. Gerade deshalb erscheint mir aber ein Bericht der vorliegenden Art zusammen mit einer Übersicht über die wichtigsten Beschlüsse des Stadtrats in dieser Amtsperiode und einer Zusammenstellung der aus der Mitte des Stadtrats gestellten Anträge zur Unterrichtung der Münchner Bürgerschaft besonders geeignet. (…)

Der Bericht über die Tätigkeit des Stadtrats und der Stadtverwaltung der Landeshauptstadt München über einen Zeitraum von mehr als sechs Jahren kann wegen der Vielfältigkeit und des Umfangs der zu bewältigenden Aufgaben nur in großen Zügen die gestellten Ziele und die erreichten Fortschritte anführen. Die mit Zahlen und Tatsachen aufgezeigten Leistungen sollen das Bemühen des Stadtrats und der Stadtverwaltung um eine kontinuierliche Entwicklung der Millionenstadt München in allen Bereichen des öffentlichen Lebens und um die Befriedigung der Bedürfnisse ihrer Einwohner erkennen lassen, sie sollen darüber hinaus aber nicht den Eindruck erwecken, daß alle wünschenswerten oder auch nur notwendigen Maßnahmen durchgeführt werden konnten.

Die Aufgaben, die in Angriff genommen, fortgeführt oder vollendet werden mußten, sind maßgebend bestimmt von der stetigen Zunahme der Einwohnerzahl in und um München und dem Anwachsen des Verkehrs. In der Zeit vom 1. Januar 1966 bis zum 31. Dezember 1971 stieg die Einwohnerzahl Münchens von 1.192.000 um 148.000 oder 12 Prozent auf 1.340.000; der Anteil der Ausländer betrug im Jahr 1966 9,7 Prozent, im Jahr 1971 14,6 Prozent. Die Einwohnerzahl in der mit München zu einer soziologischen Einheit verbundenen Gesamtregion, die außer der Kernstadt acht Landkreise und die Stadt Freising umfaßt, erhöhte sich von rund 1.853.000 um rund 286.000 auf rund 2.139.000. Die Zahl der Kraftfahrzeuge in München stieg von 287.000 um 116.000 oder 40 Prozent auf 403.000; die Verhältniszahl Kraftfahrzeug / Einwohner veränderte sich damit von 1 : 4,2 auf 1 : 3,3.

Neben den genannten Faktoren hat insbesondere die Vorbereitung der Olympischen Spiele 1972 den Stadtrat vor neue weittragende Entscheidungen gestellt und die Anspannung aller Kräfte im Zusammenwirken mit Bund und Land erfordert.

A. Planung und Durchführung zentraler Aufgaben

Die grundsätzlichen Festlegungen, die der Stadtrat in der vorangegangenen Amtsperiode für langfristig vorauszuplanende Maßnahmen getroffen hat (Stadtentwicklungs- und Gesamtverkehrsplan, Flächennutzungsplan, Schulentwicklungsplan, Plan über die Reihenfolge der neuen Siedlungsvorhaben, Mehrjahresinvestitionsprogramme), haben sich weitgehend bewährt. Zu den zentralen Aufgaben, die auf der Grundlage dieser richtungweisenden Entscheidungen durchzuführen waren und die sich darüber hinaus infolge der fortschreitenden Entwicklung neu ergeben haben, ist zu berichten:

Der Stadtrat hat den Fragen der Stadt- und Regionalentwicklung besondere Bedeutung zugemessen und mit der Bildung eines Referats für Stadtforschung und Stadtentwicklung mit Beschluß vom 3. Dezember 1969 die Voraussetzung für eine konzentrierte und koordinierte Bearbeitung der einschlägigen Aufgabengebiete geschaffen. Dem Referat wurde außer den Zuständigkeiten des bisherigen Investitionsplanungs- und Olympiaamtes die Fortschreibung des Stadtentwicklungsplanes aufgetragen. Besonders bemerkenswert ist, daß es sich hierbei um die erste Einrichtung dieser Art im Bundesgebiet handelt. Der Aufgabenkatalog spannt sich von der Stadtforschung, die die sozialen, wissenschaftlichen, kulturellen und technologischen Prozesse in Verdichtungsräumen vor dem Hintergrund der allgemeinen gesellschaftlichen Entwicklung beobachtet, analysiert und daraus Prognosen ableitet, über die Koordinierung der Fachplanungen im städtischen und überörtlichen Bereich bis hin zur Investitionsplanung und -kontrolle und umfaßt die Pflege der zahlreichen Regionalkontakte.

Neue Wege wurden mit der Gründung des Münchner Diskussionsforums für Entwicklungsfragen beschritten. Durch diesen Verein sollte nicht etwa eine Plattform für Public-Relations-Arbeit der Stadt gebildet werden. Es ist vielmehr ein Versuch, durch öffentliche Diskussion künftiger, aber auch verwirklichter Planungen die Erkenntnisgrundlagen nach Möglichkeit zu verbreitern und daraus Nutzen zu ziehen.

Von den veröffentlichten Untersuchungen des Referats seien nur die Studie »Originalitätsverlust der Landeshauptstadt München«, der Maßnahmenkatalog in der Studie »Kommunalpolitische Aspekte des Umweltschutzes in München« sowie das Arbeitspapier »Kommunalpolitische Aspekte des Wanderungsgewinns in München« und die Untersuchungen zum Geburtenrückgang in München erwähnt. Eine Studie über das Problem der ausländischen Arbeitnehmer in Deutschland wird vorbereitet.

Das Hauptaugenmerk des Referats wird in der nächsten Zeit auf Fortführung der zahlreichen Maßnahmen, wie z. B. die Untersuchung des Wohnungsmarktes, gerichtet sein, durch die eine rechtzeitige Fortschreibung des Stadtentwicklungsplanes im Jahr 1973 gewährleistet werden kann. (...)

2. Grundstückswesen, Wohnungsbau, Ausbau der Grünflächen

a) Grundstückswesen

Einer der wesentlichsten Faktoren für eine erfolgreiche Stadtentwicklung liegt im Grundstücksbereich. Die Situation auf diesem Gebiet, die sich in den vergangenen Jahren laufend verschlechtert hat, erfüllt die Stadt mit wachsender Sorge. Seit 1966 sind die Grundstückspreise in München im Durchschnitt um 90 Prozent gestiegen. In dieser Prozentzahl sind die Wertsteigerungen nicht ausgedrückt, die immer dann eintreten, wenn durch die Festsetzungen in Bebauungsplänen den Grundstücken überhaupt erst

Baurecht verliehen oder ihre Ausnutzbarkeit erhöht wird oder sich durch Maßnahmen der Infrastruktur die Attraktivität der Grundstücke steigert. Für die Stadt ist es äußerst schwierig geworden, die notwendigen Grundstücksflächen für die Durchführung der Planungen zu erwerben. So konnten nur unter großen Anstrengungen Teilflächen des neuen Südfriedhofes in das Eigentum der Stadt gebracht und die gebietsrechtlichen Voraussetzungen für den neuen Friedhof im Norden der Stadt geschaffen werden.

Eine vom Stadtrat gebildete Kommission hat 1971 die Hintergründe und Zusammenhänge der Bodenpreissteigerungen untersucht und Vorschläge für eine Neuordnung des Bodenrechts unterbreitet, die sich die Vollversammlung am 8. März 1972 zu eigen gemacht hat. Das erarbeitete Material ist als »Initiative der Landeshauptstadt München für eine Neuordnung des Bodenrechts« inzwischen der Bundesregierung, den Abgeordneten sowie den kommunalen Spitzenverbänden zugegangen mit der Bitte, mit allem Nachdruck gesetzliche Regelungen im Sinne dieser Münchener Vorschläge zu fordern bzw. einzuleiten.

b) Wohnungsbau

Der soziale Wohnungsbau wurde weiterhin tatkräftig vorangetrieben. Trotz steigender Baukosten und der damit einhergehenden Finanzierungsschwierigkeiten konnten in den Jahren 1966 mit 1971 25.901 Sozialwohnungen finanziert werden, wovon 4.967 Wohnungen auf den Außenraum entfielen. Zur Finanzierung dieser Wohnungsbauleistung standen Bundes- und Landesmittel in Höhe von 495.250.000 DM zur Verfügung; einen weiteren Betrag von 105.200.000 DM hat die Stadt aus ihrem eigenen Haushalt zu dieser Wohnungsbauförderung beigetragen.

In einem zweiten Förderungsweg hat die Stadt außerhalb des sozialen Wohnungsbaues im gleichen Zeitraum Grundsteuervergünstigungen zum Bau von rd. 65.000 Wohnungen ausgesprochen.

Hervorzuheben ist das Entstehen des Stadtteils Neuperlach, wo derzeit bereits 7.216 Wohnungen bezogen und rd. weitere 2.000 Wohnungen in der Bauausführung begriffen sind. Etwa die Hälfte dieser Wohnungen ist im Rahmen des sozialen Wohnungsbaues finanziert worden.

Der Stadtrat hat im Anschluß an den 1. Münchener Plan zur Behebung der Wohnungsnot, der Ende 1968 nach zweijähriger Verzögerung mit dem Bau von über 48.000 Sozialwohnungen abschloß, einen 2. Münchener Plan aufgelegt, der in den Jahren 1969–1973 weitere 25.000 Sozialwohnungen erbringen soll. Wegen der in den letzten Jahren jäh ansteigenden Grundstücks- und Baukosten konnte das Programmziel in den zurückliegenden 3 Jahren (1969 mit 1971) mit der Förderung von 13.427 Wohnungen nicht voll erreicht werden.

c) Ausbau der Grünflächen

Nicht nur für das Bild der Stadt, sondern vor allem auch für das Wohlergehen ihrer Bürger sind von besonderer Bedeutung Grünflächen und, für die kleinen Münchner, Spielplätze. In dieser Erkenntnis wurde der Ausbau der Grünflächen im Stadtgebiet mit Erfolg weitergeführt. Dabei wurde besonderer Wert auf den Ausbau von Kinderspielplätzen sowie von Freizeit-und Erholungszentren gelegt.

Die Grünflächen haben einen Zuwachs von 270 ha erfahren und umfassen nach dem Stand vom 31. Dezember 1971 1.890 ha, die Zahl der Kinderspielplätze konnte um 80 auf nunmehr 324 Plätze erhöht werden. Der Grünflächenausbau umfaßte insbesondere den Hirschgarten (Ausbau zu einem Freizeit- und Erholungszentrum mit Spielaktivitäten für jung und alt), einen Teil des Ostparks mit 15 ha, Erholungs- und Freizeitzentren bei den großen Siedlungen (Fideliopark, Aubing-Ost und -West, Fürstenried-West, Feldmochinger Anger, Lerchenauer See), den 60 ha großen Sendlinger Wald, die Vergrößerung des Pasinger Stadtparkes auf fast 30 ha, Freizeit- und Erholungszentren in Altbaugebieten (Maßmann-

platz, Elsässer Straße), Stadtranderholungsgebiete, sowie die Grünflächen auf dem Olympiagelände, insbesondere die Gestaltung des
Schuttberges zu Freizeit- und Erholungsflächen (ca. 100 ha). (…)

3. Verkehrsausbau; Massenverkehrsanlagen U-Bahn, S-Bahn; Fußgängerzone und Stachusbauwerk; Straßen, Verkehrseinrichtungen

Zu den großen und ständig wachsenden Aufgaben zählt, für alle
sichtbar und spürbar, die Bewältigung des Verkehrs. In der Ver-
kehrspolitik der Stadt hat sich in den letzten Jahren mehr und
mehr die Erkenntnis durchgesetzt, daß die Einschränkung des Individualverkehrs zugunsten der öffentlichen Massenverkehrsmittel
notwendig ist und daß die Priorität der öffentlichen Massenverkehrsmittel Richtschnur für die Schaffung und den Ausbau der
Verkehrseinrichtungen sein muß.

a) U-Bahn und S-Bahn
Die Entwicklung und der Ausbau der unterirdischen Massenverkehrsanlagen und des öffentlichen Nahverkehrs hat sich im Berichtszeitraum sehr positiv gestaltet. Der Gesichtspunkt der Erhaltung der Lebensfähigkeit der Innenstadt und die Forderungen des
Umweltschutzes haben dabei einen nicht unbedeutenden Einfluß
ausgeübt. Die folgenden Ausführungen geben die wesentlichsten
organisatorischen Maßnahmen und Ergebnisse wieder:
Die administrativen Voraussetzungen zur Bewältigung der
einschlägigen Aufgaben wurden durch die Umwandlung des ursprünglich dem Direktorium angegliederten U-Bahn-Amtes in ein
selbständiges U-Bahn-Referat am 4. Mai 1966 geschaffen.
Ein wichtiges Ereignis und zugleich die Grundlage für die Finanzierung der U-Bahn sowie der S-Bahn war am 25. August 1966
der Beitritt der Bundesrepublik Deutschland und der Deutschen
Bundesbahn zur Münchner Tunnel-Gesellschaft mbH, die bis zu

diesem Zeitpunkt aus den Gesellschaftern Freistaat Bayern und Landeshauptstadt München bestand. Die Gesellschaft hat unter dem Vorsitz des Oberbürgermeisters im Aufsichtsrat die großen Vorhaben U-Bahn und S-Bahn finanziert.

Die Nord-Süd-U-Bahnlinie zwischen Kieferngarten und Goetheplatz einschließlich des großen Betriebshofes in Freimann, deren Bau am 1. Februar 1965 begonnen hatte, konnte trotz aller technischen Schwierigkeiten am 19. Oktober 1971 mit einer Gesamtlänge von 12 km dem öffentlichen Betrieb übergeben werden. Die Zahl von 60.000 Fahrgästen pro Tag und Richtung spricht dafür, daß öffentliche Nahverkehrsmittel in der heutigen Zeit attraktiv sind, wenn sie schnell und pünktlich verkehren und bequem sind. Das Anschlußstück zwischen Goetheplatz und Harras mit einer Länge von 2,7 km ist voll im Bau.

Der Bau der 4 km langen U-Bahn-Olympialinie von der Münchener Freiheit zum Olympiagelände wurde am 10. Mai 1967 begonnen. Diese Linie, ohne die ein reibungsloser Ablauf der Olympischen Sommerspiele und die zukünftige Nutzung der Sportstätten nicht denkbar wäre, wurde am 8. Mai 1972 fertiggestellt und in Betrieb genommen.

Am 18. Juni 1971 wurde der Bau der U-Bahn-Linie 8/1 von Perlach in Richtung Stadtzentrum begonnen und damit ein wichtiger Schritt zum weiteren Ausbau des U-Bahn-Netzes getan.

Von besonderer Bedeutung für die Landeshauptstadt München und ihre Region war der Beginn des Baues der S-Bahn am 15. Juni 1966, zu deren Verwirklichung die Landeshauptstadt München einen angemessenen Beitrag geleistet hat. Die Deutsche Bundesbahn hatte 4,2 km Tunnel zu errichten und ein Eisenbahnnetz von rd. 400 km dem S-Bahn-Betrieb anzupassen. Die S-Bahn wird auch nach ihrer Eröffnung am 28. April 1972 entsprechend den Verkehrsbedürfnissen fortentwickelt werden.

Ein Meilenstein in Richtung auf die Schaffung eines attraktiven und leistungsfähigen öffentlichen Nahverkehrsmittels im Bereich der Landeshauptstadt und der Region war die Gründung der Münchner Verkehrs- und Tarifverbund GmbH am 5. April 1971 zwischen den Partnern Stadt, Bundesrepublik, Freistaat Bayern und Bundesbahn. Hiermit wurden die Voraussetzungen für eine einheitliche Planung des Verkehrsangebotes, eine einheitliche Tarifgestaltung und eine integrierte Verkehrsbedienung im Großraum München geschaffen.

Schließlich sind in diesem Zusammenhang zu erwähnen die verstärkten Bemühungen, durch Ausdehnung des Straßenbahn- und Busnetzes neue Siedlungsgebiete zu erschließen und die öffentlichen Nahverkehrsmittel dem Fahrgast näherzubringen. So wurden im Berichtszeitraum 3 Straßenbahnstrecken um insgesamt 5,350 km in neue Siedlungsgebiete verlängert; die Zahl der ständig betriebenen Omnibuslinien stieg von 47 im Jahre 1966 auf 58 im Jahre 1971. Der Erfolg dieser Bemühungen zeigt sich im Ansteigen der Fahrgastzahlen im letzten Jahr um 6,46 Prozent auf 288,7 Millionen.

Die intensive Förderung der übrigen öffentlichen Verkehrsmittel durch verkehrsaufsichtliche und straßenbauliche Maßnahmen wurde in vier weiteren Beschleunigungsprogrammen fortgesetzt.

b) Fußgängerzone und Stachusbauwerk

Im Zuge der verkehrlichen Sanierung der Innenstadt konnte die Fußgängerzone Kaufinger- Neuhauser Straße – Marienplatz verwirklicht werden. Sie hat bei der Bevölkerung großen Anklang gefunden. Mit der Fußgängerzone wurde ein besonderer städtebaulicher Akzent gesetzt, der in bedeutendem Maße zur Erhaltung der Attraktivität der Innenstadt beiträgt. Durch die Herausnahme des Kraftfahrzeugverkehrs aus diesem Bereich würde darüber hinaus ein wertvoller Beitrag zur Urbanisierung und zum Umweltschutz geleistet.

Im Rahmen der Bemühungen, die Verkehrsverhältnisse der Innenstadt zu verbessern, ist vor allem das im Januar 1966 begonnene und am 26. November 1970 seiner Bestimmung übergebene Stachusbauwerk zu erwähnen. Es erfüllt die verkehrliche Aufgabe, die Fußgängerzone mit den öffentlichen Massenverkehrsmitteln nahtlos zu verbinden, und stellt darüber hinaus mit dem unterirdischen Ladengeschoß eine besondere Attraktivität des modernen Münchens dar. Die während der Bauausführung bekannt gewordenen erheblichen Überschreitungen der ursprünglich veranschlagten Baukosten wurden in der Öffentlichkeit heftig diskutiert und sind aufgrund der seinerzeitigen ausführlichen Presseverlautbarungen hinreichend bekannt. Die Stadtverwaltung hat durch die Offenlegung des umfangreichen Prüfungsberichtes des städtischen Revisionsamtes mit den darin festgestellten Fehlern eine erschöpfende Unterrichtung des Stadtrats und der Münchener Bürger ermöglicht und danach unverzüglich die erforderlichen Konsequenzen daraus gezogen. Der Bayerische Prüfungsverband öffentlicher Kassen hat in seinem Prüfungsbericht im wesentlichen die vom städtischen Revisionsamt getroffenen Feststellungen bestätigt. Auch der Bayerische Landtag hat sich von einem eigenen Untersuchungsausschuß über die Vorgänge berichten lassen und ist ebenso wie die rechtsaufsichtlich tätig gewordene Regierung von Oberbayern zu keinen anderweitigen Erkenntnissen gekommen.

Jetzt, eineinhalb Jahre nach Inbetriebnahme, kann zur Wirtschaftlichkeit des Stachusbauwerks bereits eine durchaus positive Aussage gemacht werden. Es ist dabei allerdings zu berücksichtigen, daß sich das Bauwerk in einen seiner Natur nach unrentierlichen Verkehrsteil (einschließlich Tiefgarage) und in einen von Anfang an rentierlichen Teil des Ladenzentrums gliedert. Insgesamt gesehen wird sich das Bauwerk wohl auch in der nächsten Zeit noch nicht selbst tragen können. Es steht jedoch mit größter Wahrscheinlichkeit zu erwarten, daß sich die Kostenlücke allmählich verringert. (…)

4. Das Wohnungsproblem

Die Forderungen und Bemühungen des Stadtrates zur Behebung der Wohnungsnot, die in einem grundlegenden Beschluß vom 24. September 1969 ihren Ausdruck fanden, wurden von Münchener Bundestagsabgeordneten und einer Reihe weiterer Persönlichkeiten in dankenswerter Weise unterstützt. Durch die inzwischen erlassenen Gesetze und Rechtsverordnungen, die zum Teil speziell für die Münchener (und Hamburger) Verhältnisse erlassen wurden, hat die Wohnungssituation in München eine fühlbare Verbesserung erfahren. Sie im Einzelnen aufzuführen würde den Rahmen dieses Berichts überschreiten. Es sei jedoch erwähnt, daß der Forderung des Stadtrats nach Beibehaltung des sogen. »Grauen Kreises« für weitere zwei Jahre entsprochen wurde, daß der Mieterschutz verbessert wurde, die Zweckentfremdung von Wohnraum erschwert und für Mietwucher verschärfte Strafbestimmungen erlassen wurden. Der Stadtrat hat mit Beschluß vom 22. März 1972 neuerdings Initiativen zur weiteren Aufrechterhaltung des zeitlich befristeten verbesserten Mieterschutzes eingeleitet.

Die große Bedeutung des Wohnungsproblems für viele Mitbürger drückt sich statistisch in der Tätigkeit des Amts für soziale Wohnungsfragen aus. Das Amt hat in den abgelaufenen sechs Jahren rd. 40.000 Wohnungen, darunter über die Hälfte in Neubauten, vergeben. Die Zahl der Wohnungsvormerkungen beträgt gegenwärtig 13.698, wovon 2.595 akute, 6.264 sonstige Notstandsfälle sind.

5. Kommunale Gemeinschaftseinrichtungen

Die Sorge für die kommunalen Gemeinschaftseinrichtungen, die für das tägliche Leben der Bürger von entscheidender Bedeutung sind, ist nach wie vor eines der Hauptanliegen des Stadtrats gewesen.

a) Schulwesen

Die Weiterentwicklung des Schulwesens war besonders durch zunehmende Schülerzahlen aufgrund der allgemeinen Bevölkerungsentwicklung der Stadt, aber auch durch die Tatsache, daß immer mehr Kinder immer länger in die Schule gehen, gekennzeichnet. In diesem Zusammenhang verdienen die Einführung des 9. Schuljahres und die Errichtung der integrierten Gesamtschule München-Nord eine besondere Erwähnung.

Die aufgrund dieser Entwicklung und infolge des vorhandenen Nachholbedarfs notwendig gewordene Bauleistung auf dem Schulsektor konnte im Vergleich zu dem vorangegangenen Sechsjahresabschnitt neuerdings gesteigert werden. Sie zeigt sich in folgenden Zahlen: Vom 1. Januar 1966 bis zum 31. Dezember 1971 sind insgesamt 93 neue Schulen oder Schulerweiterungsbauten mit 1.083 Klaßräumen, 437 Fachlehrsälen, 63 Turn- und Gymnastikhallen und drei Lehrschwimmbecken sowie ein Schullandheim errichtet worden. Ferner wurden 25 neue Schulspielplätze gebaut und 24 Umbaumaßnahmen an Schulspielplätzen durchgeführt. Für Großinstandsetzungen von Schulgebäuden wurden von 1966–1971 13.660.000,- DM ausgegeben. Für 1972 steht eine runde Million DM für den gleichen Zweck zur Verfügung. In diesem Jahre befinden sich zehn neue Schulen bzw. Schulerweiterungen mit 389 Klaßräumen, 176 Fachlehrsälen, 20 Turn- und Gymnastikhallen sowie drei Lehrschwimmbecken im Bau.

In der Schulpolitik der Landeshauptstadt München wurde der Fortentwicklung des modernen Schulwesens ein besonderes Gewicht beigemessen. Im Bereich der vorschulischen Erziehung und der Volksschulen ist besonders auf den Versuch Frühförderung in Kindergärten, die Einrichtung von Vorschulgruppen, den Schulversuch »Hauptschule – Modell München« und den Kooperationsversuch zwischen Hauptschule und Realschule hinzuweisen. Außerdem ist die Einrichtung von drei weiteren Tagesheimschulen hervorzuheben. Im Bereich der Realschulen und Gymnasien (acht bzw. vier wurden neu errichtet) sind die Einrichtung von Sport- und Ballettrealschulklassen, von bilingualem Unterricht und von Übergangsklassen an Realschulen sowie die Versuche mit programmiertem Unterricht an Gymnasien und die Vorbereitung für ein integriertes deutsch-französisches Gymnasium besonders zu erwähnen.

Bei den berufsbildenden Schulen wurden mit der Einrichtung von Vollzeitklassen und mit Blockbeschulung teilweise neue Wege zur Optimierung des Ausbildungserfolges beschritten. Dieser Bereich wurde durch weiterführende Schultypen vervollständigt, z. B. durch Fachoberschule, Berufsfachschule, den Ausbau der Oberstufe an den Meisterschulen. Als neues Schulträgermodell ist der Zweckverband Meisterschulen im Handwerkerhof anzusprechen. Einer besonderen Bedeutung kommt die Überführung der städtischen Höheren Fachschulen in den Fachhochschulbereich des Staates zu.

Durch die Gründung des Pädagogischen Instituts wurde eine organische Unterbringung der bisherigen Pädagogischen Arbeitsstätte, der Fachberatung für politische Bildung sowie verschiedener pädagogischer Ergänzungen erreicht. Das Pädagogische Institut war wesentlich mitbeteiligt an der Vorbereitung des Schulversuchs der integrierten Gesamtschule München-Nord, der Beschulung von Kindern ausländischer Arbeitnehmer, der Betreuung von Legasthenikern und des Arbeitskreises Gesamtschuloberstufe.

b) Sportanlagen, Förderung des Sports

Im Jahr der Olympischen Spiele in München werden die Aufwendungen und Leistungen der Landeshauptstadt auf dem Gebiet des Sports besonderes Interesse finden. Das Ausbauprogramm für Bezirkssportanlagen wurde fortgesetzt und vier neue Anlagen an der Westpreußenstraße, an der Demleitnerstraße, in Perlach-Ost und an der Grohmannstraße errichtet. Der Mangel an Sporthallen konnte durch die Errichtung von vier Hallen schrittweise abgebaut werden. Das am 21. Dezember 1960 nach Vorberatung im Sportausschuß von der Vollversammlung beschlossene »Sportliche Freizeit- und Erholungsprogramm für die Münchner Bevölkerung« fand regen Anklang und hat sich zu einem wichtigen und festen Bestandteil des Münchener Sportlebens entwickelt. Die Förderung des Breiten- und Vereinssportes wurde durch Bereitstellung von städtischen Grundstücken im Erbbaurecht und Gewährung von Zuschüssen zum Bau von vereinseigenen Sportstätten fortgesetzt. Mit den jährlichen Zuschüssen zum Unterhalt vereinseigener Sportanlagen sowie zu den Personalkosten von Übungsleitern in Münchener Turn- und Sportvereinen hat der Vereinssport eine weitere Förderung erhalten, deren Wert unbestritten ist und allseits Anerkennung findet. Den Schwimmvereinen und den Eislaufvereinen wurden mit Zuschüssen die Benützung der städtischen Bäder bzw. der Kunsteisbahnen für Trainingszwecke ermöglicht. Für Kindergartenkinder wurde die Aktion »Frühschwimmer« eingeführt; in den Lehrschwimmbecken der Schulen wurden in Zusammenarbeit mit der Interessengemeinschaft der Münchner Schwimmvereine weiterführende Schwimmkurse eingerichtet.

Die Teilnahme Münchner Sportler an Meisterschaften und die Durchführung von repräsentativen Sportveranstaltungen in München wurden durch städtische Zuschüsse im Rahmen des Möglichen gefördert.

c) Krankenhauswesen

Nach mehr als einjähriger Vorarbeit hat dieser Stadtrat die grundlegende Reform des städtischen Krankenhauswesens beschlossen. Ziel der Reformbestrebungen war, organisatorische und personelle Voraussetzungen zu schaffen, um die Patienten umfassend ärztlich zu behandeln und für wesentliche Aufgaben im Krankenhausbereich das Prinzip einer demokratischen Mitverwaltung einzuführen. In kleinen Krankenabteilungen (bis 100 Betten), die in konservative und chirurgische Zentren zusammengefaßt sind, wird die

Behandlung der Patienten durch Spezialisten der einzelnen Fachbereiche sichergestellt. Für diese konsiliarische Versorgung mußten 62 Arztstellen neu geschaffen werden. Durch die Einführung von Krankenhaus-Pools wird ein finanzieller Anreiz geboten, damit die qualifizierten Mitarbeiter dem Hause länger als bisher erhalten bleiben. Nach den bis jetzt gewonnenen Erfahrungen kann festgestellt werden, daß die gesetzten Ziele dieser Reform erreicht werden.

Der Mangel an Krankenbetten im Bereich der Landeshauptstadt, der sich insbesondere in den städtischen Krankenhäusern durch eine nahezu ständige Überbelegung bemerkbar machte, zwang zu einer Forcierung des Krankenhausbaues. Durch die Erstellung eines weiteren Bettenbaues auf dem Gelände des Krankenhauses Harlaching und den Bau der Kinderchirurgie beim Krankenhaus Schwabing konnten rund 340 Krankenbetten neu gewonnen werden. Der Neubau des Krankenhauses Neuperlach, der in einer für ein solches Projekt außerordentlich, kurzen Bauzeit von nur drei Jahren erstellt wird, steht kurz vor der Vollendung. Mit der Inbetriebnahme dieses Krankenhauses im Juli dieses Jahres erhöht sich der Bestand an Krankenbetten im Bereich der städtischen Krankenhäuser um weitere 700 Betten. In der nunmehr ablaufenden Amtsperiode des Stadtrats konnten damit insgesamt 1.040 Krankenbetten mit einem Kostenaufwand von rund 110 Millionen DM, das sind pro Krankenbett 105.000 DM, neu geschaffen und die Gesamtzahl der städtischen Krankenbetten während dieses Zeitraums somit um rund 25 Prozent auf 5.070 erhöht werden. Nicht enthalten sind in dieser Zahl der Bettenbestand des Krankenhauses rechts der Isar und ein Teil des Krankenhauses am Biederstein (rund 1.500 Betten), die dem Freistaat Bayern 1967 zur Verbesserung der medizinischen Ausbildung überlassen wurden.

In den städtischen Krankenhäusern sind 9.181.000 Pflegetage geleistet worden. Mit städtischen Bauzuschüssen von 7,5 Millionen DM wurde die Schaffung von über 500 Krankenbetten durch nichtstädtische Krankenhausträger gefördert. Durch das Gesetz zur wirtschaftlichen Sicherung der Krankenhäuser und zur Regelung der Krankenhauspflegesätze ist eine Belebung der Bautätigkeit auf diesem Gebiet zu erhoffen.

An wichtigen Vorhaben, deren Planungsphase in diese Amtsperiode fällt, ist der Neubau eines Schwerpunktkrankenhauses in Bogenhausen mit rund 1.300 Betten, sowie der Bau von Nachsorgekrankenhäusern im Bereich der Krankenhäuser Neuperlach und Harlaching mit rund 400 Betten zu nennen. (…)

e) Sonstige Gemeinschaftseinrichtungen

An Gemeinschaftseinrichtungen, die neu geschaffen, ausgebaut oder in Angriff genommen wurden, sind hervorzuheben das fertiggestellte Bauwerker-Altenwohnheim Karl-Rudolf-Schulte-Haus mit 104 Betten, das ebenfalls fertiggestellte Altenwohnheim Margarete-von-Siemens-Haus mit 105 Betten sowie das noch in Bau befindliche Altenheim an der Tauernstraße, das in einer Gehfähigenabteilung 151 und in einer Pflegeabteilung 114 Betten umfassen wird. Mit einem Altenplan, der gegenwärtig erarbeitet wird, werden für den weiteren Ausbau der offenen und geschlossenen Altenhilfe Zielvorstellungen für die mittel- und langfristige Planung entwickelt. Im sozialen Bereich kommen hinzu das Jugendheim Pasing, eine Säuglings- und Kleinkinderkrippe in der Meißener Straße, der Erweiterungsbau für das Hänsel- und Gretlheim in Oberammergau, sowie Umbau-, Erweiterungs- und Modernisierungsmaßnahmen für Alten- und Altenwohnheime, Kinderheime und die Sozialen Küchenbetriebe sowie die Einrichtung von Säuglings- und Kleinkinderkrippen. Ferner sind zu nennen die weitere Modernisierung des Schlacht- und Viehhofs, der sich damit zum süddeutschen Vieh- und Fleisch-Zentrum entwickelt hat; die Fertigstellung des 2. Bauabschnitts des Gesundheitshauses, der Feuerwache 2 mit Feuerwehrschule und Übungshalle an der Aidenbachstraße, die Feuerwache 4 an der Nordendstraße und die Planung der Feuerwache 9 in Perlach bis zur Baureife; der Bau von 306,4 km Kanäle und der Endausbau des Klärwerkes Großlappen.

6. Vorbereitung der Olympischen Spiele 1972

Das Internationale Olympische Komitee übertrug am 26. April 1966 der Landeshauptstadt München die Ausrichtung der Olympischen Spiele 1972. Zur Koordinierung der dadurch im städtischen Bereich anfallenden Aufgaben wurde mit Beschluß vom 28. September 1966 das Investitionsplanungs- und Olympiaamt geschaffen, dessen Aufgaben später auf das Stadtentwicklungsreferat übergingen.

Von den Vorbereitungsmaßnahmen sind in kurzer Zusammenfassung folgende wichtigste Ereignisse zu nennen:

Zur Vorbereitung und Ausrichtung der Olympischen Spiele wurde am 3. Juli 1966 das Organisationskomitee für die Spiele der XX. Olympiade München 1972 e. V. mit Sitz in München gegründet. Mit Beschluß vom 29. Juni 1966 hatte der Stadtrat dem Beitritt der Landeshauptstadt zugestimmt.

Am 1. Februar 1967 war der Beginn der Ausschreibung des Architektenwettbewerbs, der schließlich mit der Wahl des von Professor Behnisch vorgelegten Entwurfs endete.

In Bonn wurde am 10. Juli 1967 zwischen der Bundesrepublik Deutschland, dem Freistaat Bayern und der Landeshauptstadt München der Konsortialvertrag über den Bau und die Finanzierung der Sportanlagen und Einrichtungen für die Olympischen Spiele geschlossen. Die Konsorten vereinbarten, die Finanzierungskosten zu je einem Drittel zu tragen. Gleichzeitig wurde die Olympiabaugesellschaft gegründet, der die Planung, der Bau und die Finanzierung der Sportstätten und Einrichtungen auf dem Oberwiesenfeld und außerhalb davon übertragen wurde. Der Stadtrat stimmte diesem Vertragswerk am 12. Juli 1967 zu.

Nach eingehenden Verhandlungen wurde am 17. Dezember

1969 der Zahlungsschlüssel zwischen den Konsorten auf 50 : 25 : 25 umgestellt. Dadurch konnte erreicht werden, daß der ursprüngliche städtische Finanzierungsanteil von rd. 173 Millionen DM trotz der Kostensteigerung von 520 Millionen DM auf rd. 1,9 Milliarden DM unverändert blieb.

Bereits 1970 wurde die Münchner Olympiapark GmbH geschaffen, deren vornehmliche Aufgabe es ist, eine optimale Ausnützung der Sportstätten auch nach den Olympischen Spielen zu gewährleisten.

Die Öffentlichkeit wurde mit fünf Sachstandsberichten über den Fortgang der Olympiavorbereitungen unterrichtet. Der Abschlußbericht, in dem insbesonders nähere Einzelheiten über die Verteilung der Folgelasten mitgeteilt werden, wird zur Zeit noch vorbereitet.

B. Aktivitäten und Dienste der Stadt

Neben den für jedermann sichtbaren großen Investitionen sind die laufenden Aktivitäten und Dienste der Stadt zwar oft weniger augenfällig, doch deshalb nicht minder von Bedeutung. Es seien deshalb an dieser Stelle mit die wesentlichsten angeführt.

1. Förderung der Münchner Wirtschaft, Fremdenverkehr

Ein besonderes Anliegen der Landeshauptstadt München in den vergangenen sechs Jahren war es, die gesunde Mischstruktur der Münchner Wirtschaft, die sich gerade in der Zeit allgemeiner wirtschaftlicher Stagnation als besonders krisenfest bewährte, zu erhalten und womöglich weiter auszubauen und dabei die Interessen der ortsansässigen Unternehmen angemessen zu berücksichtigen. Diese Art der Wirtschaftsförderung steht in Einklang mit den Bemühungen des Stadtrates um ein gebremstes Wachstum in München. Eine Aufgabe der Zukunft wird es sein, die bisher noch nicht zufriedenstellend gelösten Probleme der City- Entlastung durch die Errichtung von integrierten Einkaufszentren in den Stadtrandgebieten, der Verlegung von Großhandelsbetrieben aus der Innenstadt sowie der Versorgung von Neubaugebieten mit Handwerksbetrieben im Rahmen des Möglichen einer Lösung zuzuführen. (…)

Auf dem Gebiet des Fremdenverkehrs behauptet München seine Vorrangstellung weiterhin mit Erfolg: 1971 kam München bei den Fremdenübernachtungen erstmals nahe an die Viermillionengrenze heran (Zunahme seit 1966 11,3 Prozent) und liegt damit vor allen anderen westdeutschen Großstädten. München nimmt auch im Welttourismus eine führende Position ein. Als Stadt der Olympischen Sommerspiele 1972 kann es seinen internationalen Rang weiter festigen.

Münchens Beliebtheit als Stadt internationaler und nationaler Begegnungen nahm ständig zu. Die Zahl der Veranstaltungen auf dem Kongreß- und Tagungssektor, mit denen das Fremdenverkehrsamt befaßt war, erhöhte sich von 497 im Jahre 1966 auf 836 Veranstaltungen (davon 101 internationale) im Jahre 1971. (…)

2. Kulturelle Einrichtungen

Das kulturelle Leben Münchens erfuhr durch die städtischen Kunst- und Kulturinstitute vielfache Bereicherung und wertvolle Anregung. Die Münchner Kammerspiele im Schauspielhaus, dessen Zuschauerraum renoviert und in den ursprünglichen Zustand eines echten Jugendstiltheaters zurückgeführt wurde, blieben trotz zeitbedingter Krisen, die in unserer Gesellschaftssituation begründet sind, eine der führenden Bühnen des deutschen Sprachraums. In ihrem Bereich wurde 1969 das bis dahin private Theater der Jugend übernommen und als Ausbildungsinstitut der Otto-Falckenberg-Schauspielschule angeschlossen. Die Münchner Philharmoniker konnten ihren Rang als Orchester von internationaler Bedeutung weiter ausbauen. Der Erweiterungsbau der Städtischen Galerie an der Richard-Wagner-Straße konnte endlich in Angriff genommen werden; seine Durchführung ist so weit fortgeschritten, daß er in den nächsten Monaten der Öffentlichkeit übergeben werden kann. Dem Münchner Stadtmuseum wurde durch den Erwerb des Kostümforschungsarchivs von Parish (über 1 Million graphische Blätter, Fachbibliothek von 25.000 Bänden) eine weitere wertvolle Sammlung eingegliedert. Die Städtischen Büchereien konnten die Zahl ihrer Leser von 95.000 auf 130.000, ihre Jahresausleihe von 3,2 Millionen auf 4,6 Millionen Bände und ihren Buchbestand von 500.000 auf 900.000 Exemplare erhöhen. Fünf Stadtteilbüchereien wurden neu errichtet (Obergiesing, Perlach, Solln-Forstenried, Neuaubing-West und Milbertshofen), womit sich die Zahl der stationären Stadtbüchereien auf 25 erhöhte. Der Stadtrat würdigte die besondere volksbildnerische Bedeutung und Funktion eines kommunalen Bibliothekswesens mit der Zustimmung zu einem neuen, langfristigen und wegweisenden Bibliotheksentwicklungsplan sowie mit dein Beschluß über die Gebührenfreiheit für die Benutzung der städtischen Bibliotheken und Büchereien.

Zu den hervorstechendsten Planungsentscheidungen gehört der Stadtratsbeschluß über die Errichtung eines kulturellen Zentrums am Gasteig. Auf dem ca. 2,5 ha umfassenden Gelände zwischen Rosenheimer Straße, Gasteig und Kellerstraße sollen das Kulturreferat, die Stadtbibliothek mit zentralen Dienststellen der Stadtbüchereien, ein Konzertsaal der Münchner Philharmoniker, das städtische Richard-Strauss-Konservatorium, die Münchner Volkshochschule sowie einige kleinere nichtstädtische Institute und Verbände gut und zweckmäßig untergebracht werden. Auf dem sicherlich langen Weg bis zur Vollendung dieses großen Projekts war die erste große Etappe zurückgelegt, als im Januar 1972 das vom Stadtrat berufene Preisgericht über die 40 zum Ideenwettbewerb eingereichten Arbeiten entschieden hatte.

3. Umweltschutz

Aus dem weiten Gebiet der Daseinsvorsorge, das praktisch alle Lebensbereiche umfaßt und dem fast alle städtischen Dienststellen und Einrichtungen in irgendeiner Weise dienen, sind in den letzten Jahren in zunehmendem Maße die Probleme des Umweltschutzes besonders hervorgetreten. Die Landeshauptstadt hat die technische Abteilung des Kreisverwaltungsreferats, die sich um die Erkenntnis der Schadstoffe in der Luft bemüht und vorbeugende Maßnahmen zur Verhinderung der schädlichen Wirkungen der Emissionen vorschlägt und die schließlich den Beschwerden der Bürger nachgeht und Abhilfe im Rahmen des gesetzlich Möglichen schafft, weiter ausgebaut. Die Tätigkeit dieser Abteilung ist als beispielhafte Initiative einer Stadt im Bundesgebiet anerkannt.

Mit der Errichtung des Bayerischen Landesamtes für Umweltschutz wurde die Meßtätigkeit und die dazugehörige Auswertung an das Landesamt übertragen. Die Ergebnisse der Feststellung der Schadstoffe und ihre Nutzanwendung im Verwaltungshandeln sind einerseits Anlaß, mit Befriedigung festzustellen, daß der Gehalt an Schwefeldioxyd in München seit 1964 stetig abnimmt; andererseits zeigte sich, daß der Anstieg der Schadstoffe aus dem Kraftfahrzeugverkehr so fühlbar ist, daß gefordert werden muß, durch geeignete Maßnahmen dieser Luftverunreinigung nachhaltig entgegenzuwirken. Während eine Besserung bei den Heizungsabgasen im Zusammenwirken mit den Stadtwerken durch die intensive Auslegung der technischen Anleitung zur Reinhaltung der Luft, insbesondere durch die Kaminhöhenberechnungen, erzielt werden konnte und im übrigen auf dem Hausbrandsektor der Trend zur bequemeren automatischen Heizung ebenfalls einen Fortschritt in diesem Sinne bewirkt, kann die Stadt bei den Verkehrsabgasen nur mittelbar für eine Verbesserung tätig werden, indem sie mit erheblichem finanziellen Aufwand alle technischen Möglichkeiten zur Verkehrsverflüssigung einsetzt oder die Bebauung von den Hauptstraßen abrückt.

In diesem Zusammenhang ist von Interesse, daß sich der Müllanfall im Berichtszeitraum verdoppelt hat. Die Kapazität der städtischen Müllkraftwerke reicht aus, um den gesamten Müll zu verbrennen. (...)

C. Öffentliche Sicherheit; Verstaatlichung der Stadtpolizei

Dieser Bericht über das wesentlichste Geschehen in der Millionenstadt München über einen Zeitraum von sechs Jahren wäre unvollständig, würde er nicht auch wenigstens durch globale Ausführungen die öffentliche Sicherheit und das Problem der Verstaatlichung der Stadtpolizei ansprechen.

1. Öffentliche Sicherheit

Ein Vergleich der Kriminalstatistik der Jahre 1966 und 1971 ergibt einen Anstieg der Gesamtkriminalität um 30,2 Prozent, also um beinahe ein Drittel. Dabei ist zu beobachten, daß die Eigentumsdelikte immer mehr dominieren. Ihr Anteil an der Gesamtkriminalität hat sich von 58 Prozent im Jahre 1966 auf 64,4 Prozent im Jahre 1971 erhöht. Besonders auffällig ist gleichfalls die Zunahme der Rauschgiftkriminalität. Ihr Anteil an den Gesamtstraftaten betrug 1966 noch 0,1 Prozent, 1971 dagegen bereits 0,7 Prozent. Zu bemerken ist hier in letzter Zeit besonders ein Übergehen auf harte Drogen.

Im Bereich der Gewaltkriminalität ist vor allem besorgniserregend die Zunahme von Gewissenlosigkeit und Brutalität, mit der bestimmte Straftaten begangen werden. Insbesondere bei der Begehung von Raub und Erpressungsdelikten verstärkt sich die kriminelle Energie. (...)

Zusammenfassend kann festgestellt werden, daß die Sicherheit des Bürgers im Berichtszeitraum noch gewährleistet war. Erschwerend für die Polizeiarbeit war die in den letzten Jahren festzustellende teilweise Verlagerung der politischen Auseinandersetzung auf die Straße in Form von Demonstrationen, da hierdurch zusätzliche führungsmäßige und personelle Belastungen der Polizei eingetreten sind. Daß es trotz der erwähnten erschwerenden Fakten bisher noch immer gelang, im Verhältnis zu anderen vergleichbaren Polizeien zufriedenstellende Ergebnisse zu erzielen, darf als Bestätigung für eine gute Arbeit der Münchener Stadtpolizei gewertet werden.

2. Verstaatlichung der Stadtpolizei München

Angesichts der eingetretenen Verschlechterung der finanziellen Situation der Stadt, gepaart mit der politischen Entscheidung des Bayerischen Landtags nach den Landtagswahlen vom 22. November 1970, sämtliche Kommunalpolizeien Zug um Zug zu verstaatlichen, entschloß sich auch der Stadtrat der Landeshauptstadt München, unter Protest Antrag auf Verstaatlichung der Stadtpolizei zu stellen. Die Übernahme der seit 1945 wieder kommunalen Polizei in München durch den Freistaat Bayern ist nach dem bisher vom Bayerischen Staatsministerium des Innern bekanntgegebenen Stufenplan zum 1. Oktober 1975 vorgesehen. Durch diesen späten Verstaatlichungszeitpunkt entstehen der Landeshauptstadt München ganz erhebliche finanzielle Nachteile, da sie die Kosten für die Polizei weitgehend selbst aufbringen muß. Sie unternimmt daher alle Anstrengungen, um eine Verkürzung dieses – im übrigen auch aus vielerlei anderen Gründen unerquicklichen – Übergangszustands zu erreichen.

D. Grundlagen zur Bewältigung der städtischen Aufgaben

Die einer Stadt von der Größenordnung Münchens gestellten Aufgaben erfordern zu ihrer Bewältigung das Engagement und die Mitarbeit ehrenamtlich tätiger Bürger und den vollen Einsatz der hauptberuflichen Mitarbeiter der Stadt. Eine weitere Grundlage für die ordnungsgemäße Durchführung der Aufgaben sind die der Stadt zur Verfügung stehenden Mittel, die durch Steuern und Gebühren von den Bürgern aufgebracht werden müssen und ferner in beträchtlichem Maße von Bund und Land gegeben werden. Eine weitere Voraussetzung für ein erfolgreiches Wirken ist die Ausnutzung aller modernen Organisationsmittel und nicht zuletzt die Öffentlichkeitsarbeit der Stadt, die den Bürgern die Probleme nahebringt und Verständnis für einschneidende Maßnahmen weckt und damit die Durchführung vieler Aufgaben überhaupt erst möglich macht. (…)

Eine besondere Bedeutung kommt der Mitarbeit der über 7.000 Münchener Bürgerinnen und Bürger zu, die sich in den Bezirksausschüssen, bei der Freiwilligen Feuerwehr, den Katastrophenschutzorganisationen, den Wohlfahrtsverbänden und in zahlreichen anderen Gremien außerhalb des Stadtrats ehrenamtlich für ihre Mitbürger einsetzten. Die Bezirksausschüsse haben gemäß ihrer Aufgabenstellung, Anliegen und Anregungen der Stadtbezirke gegenüber der Stadt zu vertreten, mehr als 1.600 Anträge gestellt, über welche seit der entsprechenden Änderung der Gemeindeordnung von 1970, die Zuständigkeit des Stadtrats vorausgesetzt, nur die Vollversammlung oder ein beschließender Ausschuß entscheiden konnte. In 90 Bürgerversammlungen mit rund 25.500 Teilnehmern haben ca. 1.450 Bürger das Wort ergriffen, wobei sie in den meisten Fällen jeweils mehrere Wünsche vortrugen.

Ein voller Einsatz wurde von den städtischen Dienstkräften erwartet und geleistet. Ihre Zahl stieg vom 1. Januar 1966 bis 31. Dezember 1971 von 35.675 auf 38.270 (einschl. Stadtwerke und Stadtsparkasse), also um 7,27 Prozent. Dieser Mehrung steht im gleichen Zeitraum eine Zunahme der Einwohnerzahl um 12 Prozent gegenüber. Bemerkenswert ist, daß die Stellenzahl bei der allgemeinen Verwaltung trotz dieser Bevölkerungszunahme um insgesamt 5,7 Prozent abgenommen hat. Der Schwerpunkt der

Personalzunahme lag eindeutig bei den Zweigen der Stadtverwaltung, die als Dienstleistungsbereiche anzusehen sind. So haben vom 1. Januar 1966 bis 31. Dezember 1971 die Personalstärken der Polizei um 613, der Feuerwehr um 260, des ärztlichen und hilfsärztlichen Dienstes um 378 und des Lehrdienstes um 485 Dienstkräfte zugenommen. Im Berichtszeitraum mußten 23 städtische Dienstkräfte aufgrund eines Arbeits- oder Dienstunfalles ihr Leben lassen; ferner waren 12.291 Dienst- und Arbeitsunfälle oder Berufserkrankungen zu verzeichnen. Rund 2.000 Dienstkräfte mußten aus gesundheitlichen Gründen vorzeitig in den Ruhestand versetzt werden.

2. Die Finanzlage der Stadt

Die Finanzlage der Stadt hat sich in den vergangenen sechs Jahren trotz steigender Steuereinnahmen zunehmend verschlechtert. Lediglich durch die ab 1. Januar 1970 in Kraft getretene 1. Stufe der Gemeindefinanzreform ist eine vorübergehende Besserung eingetreten. So hat sich die Investitionskraft des ordentlichen Haushalts von 113,1 Millionen DM im Jahre 1966 auf 43,2 Millionen DM im Jahre 1969 vermindert. Mit der Gemeindefinanzreform ist sie im Jahre 1970 auf 155,5 Millionen DM gestiegen, um im Jahre 1972 wieder auf 83,1 Millionen DM abzusinken. Dabei sind die im Berichtszeitraum vorgenommenen Steuererhöhungen, nämlich die Erhöhung der Hebesätze für die Grundsteuer und Gewerbesteuer, bereits berücksichtigt.

Die hauptsächlichsten Ursachen für die äußerst angespannte Haushaltslage liegen vor allem in dem in den letzten Jahren eingetretenen beträchtlichen Lohn-und Preisanstieg sowie in den laufend steigenden Aufwendungen für den Schuldendienst, für die Bezirksumlage und für die Verlustabdeckung der Verkehrsbetriebe. Hinzu kommen die zu geringen Polizei- und Schulkostenzuschüsse, die unzulänglichen Krankenhauspflegesätze und die ungenügende

Hilfe durch Bund und Land bei der Finanzierung des Schul- und Krankenhausbaues. Infolge dieser wenig erfreulichen Entwicklung war die Stadt gezwungen, ihre Investitionen (ohne Werke) im Jahre 1971 zu insgesamt rund 46 Prozent durch Schuldaufnahmen zu finanzieren. (...)

Die Gesamtverschuldung der Landeshauptstadt erhöhte sich im gleichen Zeitraum von 1.588 Millionen DM um 795 Millionen DM auf 2.383 Millionen DM. Davon entfallen auf die Stadtwerke 1.031 Millionen DM und auf den Hoheitshaushalt 1.352 Millionen DM. Von letzterem Betrag waren 793 Millionen DM rentierlich angelegt, während 559 Millionen DM die allgemeinen Deckungsmittel belasteten. Der Zunahme der Verschuldung stand eine Zunahme des Reinvermögens von 1.636 Millionen DM (Stand Ende 1964) um 1.315 Millionen DM auf 2.951 Millionen DM (Stand Ende 1970) gegenüber.

3. Elektronische Datenverarbeitung

Wie in der Privatwirtschaft machen auch im öffentlichen Dienst die immer größer werdenden Anforderungen an die Verwaltung den Einsatz modernster Organisationsmittel notwendig. Mit der Anfang 1968 von der Hoheitsverwaltung in Betrieb genommenen elektronischen Datenverarbeitungsanlage konnte dank sorgfältiger Vorbereitung sofort eine Reihe von Aufgaben in die EDV übernommen und ein sichtbarer wirtschaftlicher Erfolg erzielt werden. Gegenwärtig werden mehr als 50 Aufgaben mit Hilfe der EDV abgewickelt, womit die Arbeitsleistung von ca. 300 Dienstkräften auf die EDV verlagert wurde. Dabei sind aus fast allen Referaten Einzelbereiche einbezogen worden, wobei insbesondere die Berechnung der Löhne, Vergütungen und Gehälter einschließlich der Versorgungsbezüge, das Ausländerwesen, die Begabten- bzw. Ausbildungsförderung, das Wohngeld, die Täterfahndung und Kriminalstatistik zu erwähnen sind. Mit der Übernahme der Aufgaben der Kraftfahrzeugzulassungsstelle findet erstmals die Direktzugriffstechnik Anwendung. Sie ermöglicht es, daß in Zukunft die für Informationszwecke und zur Vorbereitung von Entscheidungshilfen für die Verwaltungsspitze und die politischen Entscheidungsgremien notwendigen Arbeiten mehr in den Vordergrund treten können.

4. Öffentlichkeitsarbeit

In einer Zeit so bedeutsamer Entwicklungen, wie sie im Berichtszeitraum vor sich gegangen sind, sind unmittelbare wechselseitige Beziehungen zwischen Stadtrat und Verwaltung einerseits und den Bürgern andererseits eine unerläßliche Voraussetzung für eine gedeihliche Arbeit. Insbesondere wird die ständige Unterrichtung der Öffentlichkeit über alle das städtische Gemeinwesen betreffenden bedeutsamen Angelegenheiten als eine echte Aufgabe betrachtet. Diese zu erfüllen sind im Rahmen der Öffentlichkeitsarbeit vielerlei Wege beschritten worden. So unterhält das Presse- und Informationsamt engen Kontakt mit einer großen Anzahl Berichterstatter Münchener und auswärtiger Zeitungen, gibt in der »Münchner Rathaus-Umschau« tägliche Mitteilungen an die Presse, den Rundfunk und das Fernsehen, veranstaltet Pressekonferenzen, Informationsgespräche, Besichtigungen und Führungen. Mit der Herausgabe von Publikationen verschiedener Art, so vor allem mit dem »Handbuch des Münchener Bürgers«, das inzwischen eine Gesamtauflage von 51.000 Exemplaren erreicht hat, durch die Mitwirkung an Informationsfilmen über städtische Angelegenheiten und Einrichtungen (Olympia-Bewerbungsfilm, Erholungsflächenfilm, Informationsfilm »U-Bahn für München«) und durch Meinungsbefragungen wurde ebenfalls ein Beitrag in diesem Sinne geleistet. Der bei der Bevölkerung überaus beliebte »Tag der offenen Tür« wurde während dieser Amtsperiode fünfmal veranstaltet, wobei insgesamt 666.600 Besucher gezählt wurden. Die Ausstellung »München plant und baut« im Stadtmuseum hat weiterhin ein beachtliches Interesse gefunden; die Besucherzahl beträgt seit der Eröffnung im Jahre 1961 bereits 1,4 Millionen. (…)

E. Abschließende Bemerkungen

Der hiermit erstattete Bericht ist eine nüchterne Darstellung der Arbeit des Stadtrats und der Stadtverwaltung in der nunmehr ablaufenden Amtsperiode des Stadtrats. Er wird daher bewußt nicht mit einem Ausblick auf die in der Zukunft zu bewältigenden Aufgaben und Planungen abgeschlossen. Er geht auch nicht ein auf noch ungelöste Probleme der Gegenwart. Er soll ausschließlich der Unterrichtung der Münchner Bürger über die im Berichtszeitraum erbrachten Leistungen dienen.

Eröffnung des Münchner Verkehrs- und Tarifverbunds (MVV) auf dem Marienplatz 26. Mai 1972

Mit der Eröffnungsfeier für die S-Bahn beginnt am 26. Mai 1972 ein neuer Abschnitt in der Münchner Verkehrsgeschichte. Unter weiß-blauen Rautenfahnen und den Klängen einer Trambahnkapelle wird das Ereignis auf dem Marienplatz zelebriert. Neben Bundesverkehrsminister Georg Leber und dem bayerischen Wirtschaftsminister Anton Jaumann nehmen auch hohe kirchliche Würdenträger an der Feier teil. Offiziell treten die Zuständigkeiten des MVV für das gesamte Netz, für Fahrplangestaltung und einheitliches Tarifsystem am 28. Mai 1972 in Kraft. Im Vorfeld hatten schwierige finanzielle Fragen geklärt werden müssen. Die beiden Betreiber des Verbunds – der Bund für die S-Bahn und die Stadt für die Verkehrsbetriebe – mussten sich über eine gerechte Verteilung der Einnahmen und die Zuständigkeit bei der Deckung von Betriebsdefiziten einigen. Auch die Gestaltung eines attraktiven aber gleichermaßen kostendeckenden MVV-Tarifs hatte kontroverse Fragen aufgeworfen.

Als Vorsitzender des Aufsichtsrats der Münchner Verkehrs- und Tarifverbund-Gesellschaft, aber auch als Oberbürgermeister der bayerischen Landeshauptstadt heiße ich Sie alle, die Sie sich zur feierlichen Eröffnung des Verbundbetriebes hier auf dem Münchner Marienplatz eingefunden haben, herzlich willkommen. Mein Gruß gilt dabei den Ehrengästen, darunter Ihnen, Herr Bundesverkehrsminister, und Ihnen, Herr Dr. Vaerst als dem neuberufenen Ersten Präsidenten der Deutschen Bundesbahn – ebenso wie den Mitgliedern der gesetzgebenden Körperschaften, den Vertretern der beiden Konfessionen, die nachher die kirchliche Weihe vornehmen werden, den Landräten und Bürgermeistern der Region und nicht zuletzt allen Regions- und Stadtmünchnern, die in so großer Zahl hier zusammengekommen sind.

München hat in den letzten Monaten viele Eröffnungsfeiern erlebt. Und bis zum Beginn der Olympischen Spiele werden noch eine Anzahl weiterer Eröffnungen stattfinden. So heute nachmittag die des Olympia-Stadions, am 29. Juni die aller olympischen Anlagen auf dem Oberwiesenfeld und am. 30. Juni die unseres großen Fußgängerbereichs, der ja von den Münchnern schon längst in Besitz genommen worden ist. Aus dieser Eröffnungsreihe ragt aber das heutige Ereignis deutlich heraus; ja bei aller Zurückhaltung und aller Abneigung gegen große Worte wird man die Eröffnung des Verbundbetriebes getrost als ein Ereignis von stadtgeschichtlicher Bedeutung bezeichnen können.

Dabei denke ich gar nicht in erster Linie an die gewaltige Summe von 2,17 Milliarden DM, die für den Bau neuer Strecken, den Umbau der vorhandenen Linien und die Beschaffung des Wagenmaterials aufgewendet werden mußte und an die Rekordzeit von knapp sieben Jahren, in der dies alles geschaffen wurde. Sicher ist auch dies ein Novum in der Münchner Geschichte und der höchste Betrag, der je für ein einzelnes Vorhaben ausgegeben worden ist. Denn wichtiger noch als dieser quantitative Gesichtspunkt erscheinen mir zwei qualitative Aspekte.

Zum Ersten: Mit Schienenschnellverkehrsstrecken von 396 km Ausdehnung (nur U- und S-Bahn) und den ergänzenden Straßenbahn- und Buslinien von weiteren 942 km Länge verfügt München nunmehr über ein öffentliches Verkehrssystem, das sicher noch des weiteren Ausbaues bedarf, das aber erstmals eine wirkliche Alternative zum Individualverkehr darstellt. Das ist ein entscheidender Schritt zur Verbesserung der Lebensqualität im Münchner Bereich. Und das ist ja auch das eigentliche Ziel unserer gemeinschaftlichen Anstrengungen: Nicht das noch Mehr, noch Schneller,

Feier zur Eröffnung der S-Bahn für München auf dem Marienplatz, 26. Mai 1972. (Foto: Rudi Dix)

noch Gewinnträchtiger, sondern die Erhaltung und Förderung des Humanen, des Menschlichen, des dem Menschen gemäßen. Und wenn mit Hilfe dieses Verbundsystems künftig pro Jahr auch nur einige Menschen ihr Leben behalten, die sonst im Straßenverkehr getötet worden wären, wenn Hunderte nicht bei Verkehrsunfällen verletzt und verstümmelt werden, wenn Hunderttausende täglich eine halbe Stunde oder sogar 45 und 60 Minuten länger zu Hause bleiben und ohne physische und psychische Anspannung 1972 den Weg von der Wohnung zur Arbeitsstätte und zurück bewältigen können, wenn überdies möglichst viele entlang den Strecken ihr Auto zu Hause lassen und damit zur Luftverbesserung beitragen – dann hat sich diese Anstrengung durchaus gelohnt.

Zum Zweiten: Dies ist heute die Geburtsstunde der Region. Oder besser noch, es ist die Stunde, in der uns die Existenz der Region als einer Lebenswirklichkeit und als einer lebendigen, eng verflochtenen Gemeinschaft schlagartig ins Bewußtsein tritt. Freising

und Tutzing, Holzkirchen und Dachau, Ebersberg und Fürstenfeldbruck sind dem Marienplatz durch den Verbund nähergerückt
als manche Münchner Stadtteile, die noch nicht durch die U- oder
S-Bahn erschlossen sind. Der Verbund wird uns noch deutlicher
vor Augen führen, daß die herkömmliche Organisation unserer
Region nicht mehr ausreicht. Schon immer war der Verkehr der
Schrittmacher neuer Entwicklungen. So wird es auch hier sein. Der
Verbund wird Schrittmacher und Wegbereiter des Verbandes sein
– eines starken, leistungsfähigen Regionalverbandes, der die Selb-
ständigkeit seiner Glieder achtet, aber die gemeinsamen Probleme
der Region gemeinsam bewältigt.

Der Weg, der uns heute an ein vorläufiges Ziel geführt hat, war
nicht einfach. Objektive und subjektive Hindernisse mußten überwunden, Traditionen und Tabus gebrochen werden. Nur so konnten Bundesbahn und Verkehrsbetriebe zusammenfinden, Prestige-
standpunkte abgebaut, Milliardenbeträge mobilisiert, Bauten in der
Hälfte der normalen Zeit abgewickelt, Züge innerhalb kürzester
Fristen beschafft, als unumstößlich geltende Prinzipien des Nahverkehrs vernünftig verändert und schließlich auch die Tarife so
gestaltet werden, daß sie mit einer Kostendeckung von nur 45 Prozent zu den attraktivsten der ganzen Bundesrepublik gehören.

Allen, die daran mitgewirkt haben, danke ich im Namen der
Münchner Bürgerschaft und des Münchner Stadtrats. Wenn ich
keine einzelnen Namen nenne, so deshalb, weil dieser Verbund
ein Gemeinschaftswerk ist, an dem Zehntausende beteiligt waren:
Arbeiter, Steuerzahler, Ingenieure, Juristen, Tarifspezialisten Jour-
nalisten, Parlamentarier, Stadträte, Minister und auch die Bürger,
die jahrelang die Belästigungen der Bauzeit geduldig hingenom-
men haben. Indes: Zwei Ausnahmen seien mir gestattet, zwei Persönlichkeiten möchte ich doch namentlich erwähnen. Und zwar
Heinz Maria Oeftering, der in den maßgebenden Jahren Präsident
der Deutschen Bundesbahn war, und Georg Brauchle, den Zweiten
Bürgermeister der Jahre 1960 bis 1968. Ohne diese beiden Männer

*Bundesverkehrsminister Georg Leber und der bayerische Wirtschafts- und
Verkehrsminister Anton Jaumann (rechts und links von Oberbürgermeister
Vogel) mit Modellen der neuen S-Bahn-Züge, 26. Mai 1972. (Foto: Rudi Dix)*

wären die grundlegenden Entscheidungen in den frühen sechziger
Jahren, die uns zur heutigen großen Lösung geführt haben – so etwa
die im berühmten Trassenstreit – kaum zustande gekommen.

Ich will nicht verhehlen, daß mich der heutige Tag auch persönlich mit Befriedigung erfüllt. Es ist die Befriedigung, die sich
einstellt, wenn nach Jahren voller Sorge, Mühe, Anstrengung und
auch Ärger, in denen ich fast täglich mit irgendeinem Verbund
problem zu tun hatte, ein großes Werk vollendet, ein Ziel glücklich
erreicht worden ist. Ich meine, wir alle, die ganze Region und die
ganze Stadt, dürfen sich heute diesem Gefühl hingeben und daraus neue Kraft schöpfen für die Bewältigung dessen, was noch vor
uns liegt. Und wir dürfen im heutigen Tag auch einen Beweis dafür sehen, daß unsere Gemeinschaft bei allen Unzulänglichkeiten
unserer Gesellschaftsordnung doch zu ihrer friedlichen Fortent-

wicklung, zu realen Reformen und zu Leistungen imstande ist, die keinen Vergleich zu scheuen brauchen.

In diesem Sinne wünsche ich gute und unfallfreie Fahrt auf allen Strecken des Münchner Verkehrsverbundes. Möge er die in ihn gesetzten Erwartungen erfüllen – und vor allem: Möge er München menschlicher machen!

Übergabe der Olympiabauten
29. Juni 1972

Im Rahmen einer symbolischen Schlüsselübergabe und in Anwesenheit hoher bundespolitischer Prominenz werden die fertigen Olympiabauten dem Nationalen Olympischen Komitee zur Durchführung der Sommerspiele 1972 zur Verfügung gestellt. Aus Bonn sind Bundeskanzler Willy Brandt, Vizekanzler Walter Scheel sowie Innenminister Hans-Dietrich Genscher angereist. Der bayerische Ministerpräsident Alfons Goppel spricht von einem Höhepunkt der jüngsten Münchner Baugeschichte. Die harmonisch gestalteten Bauwerke auf dem Oberwiesenfeld entwickeln sich binnen kürzester Zeit zu einer architektonischen Ikone der bayerischen Landeshauptstadt.

Am 14. Juli 1969 wurde der Grundstein für die Olympiabauten gelegt, am 23. Juli 1970 haben wir das Richtfest gefeiert, heute am 29. Juni 1972 werden uns die fertigen Anlagen übergeben. Diese drei Daten umschließen eine Zeitspanne, in der sich das Genie des Architekten, der Fleiß der Arbeiter und Ingenieure, die Beharrlichkeit der Bauherren und ihrer Repräsentanten, die Erfahrung vieler Behörden, der Sachverstand zahlloser Experten und die finanziellen Leistungen von Millionen Steuerzahlern, Lotteriespielern und Münzsammlern zu einer gewaltigen Anstrengung vereinigt haben, zu einer Anstrengung, in die auch der kritische Rat derer miteingegangen ist, die das Unternehmen in der öffentlichen Diskussion als Freunde, skeptische Beobachter oder als Gegner begleitet haben.

Nun steht das Ergebnis dieser Anstrengung in all seinen Teilen vollendet vor uns. Meine Vorredner haben es vor allem im Hinblick auf die 16 Tage der Olympischen Spiele gewürdigt. Für den Bürger-

Symbolische Schlüsselübergabe für die Olympiasportstätten durch die Olympia-Baugesellschaft, hier vertreten durch den Aufsichtsrats-Vorsitzenden Konrad Pöhner (l.) und den Präsidenten Carl Mertz, 29. Juni 1972. (Foto: Maria Penz)

meister hat ein anderer Aspekt gleichen oder noch höheren Rang: Der nämlich, daß diese Bauten München auf die Dauer, nicht nur für Tage und Wochen, sondern Jahrzehnte reicher, lebenswerter und menschlicher machen.

Diese Bauten – so insbesondere das Stadion, die Halle, die Schwimmhalle, das Radstadion und die zentrale Hochschulsportanlage – bieten für den Sport neue, zum Teil lang entbehrte Möglichkeiten. Sie haben das öde Oberwiesenfeld in eine große Erholungslandschaft verwandelt und dadurch den viele Jahre vernachlässigten Münchner Norden fühlbar aufgewertet. Und sie haben München ein architektonisches Gesamtkunstwerk geschenkt, das sich neben den entsprechenden Werken anderer Generationen behaupten wird. Das gilt vor allem für das Dach, das die einzelnen Bauwerke überhaupt erst zu diesem Gesamtkunstwerk verbindet. Lassen Sie es mich ganz offen aussprechen: Dieses Dach ist teuer.

Bundeskanzler Willy Brandt bei seiner Ansprache in der Olympiahalle bei der Übergabe der Sportstätten, 29. Juni 1972. (Foto: Maria Penz)

Es ist teurer als wir es seinerzeit vorausgesehen haben. Mit dem gleichen Betrag hätte anderes, vordergründig nützlicheres gebaut werden können. Aber ich meine: Eine Gesellschaft muß auch einmal die Kraft aufbringen, einen großen Geldbetrag für ein im engen Sinn zweckfreies Vorhaben, für ein architektonisches Kunstwerk aufzuwenden. Es muß Freiräume geben, die von den ökonomischen Prinzipien und den landläufigen Nützlichkeitserwägungen ausgenommen sind. Viele Bauten der Vergangenheit, die für uns zu unverzichtbaren Bestandteilen der menschlichen Kultur geworden sind, wären ohne solche Durchbrechungen des ökonomischen Prinzips und auch fiskalischer Gesichtspunkte nie und nimmer entstanden. Und die Menschheit wäre an schierer Nützlichkeit erstickt. Gerade München ist reich an derartigen Beispielen.

Für all das schuldet München denen, die ich schon nannte, die diese Bauwerke ersonnen, geplant, gebaut, bezahlt und verantwortet haben, aufrichtigen und tiefen Dank. In den Dank mischt sich

Der erste Tag der Offenen Tür auf dem Olympiagelände für die Münchnerinnen und Münchner, 28. Juni 1972

die Genugtuung darüber, daß unsere sicher unzulängliche und verbesserungsbedürftige Gesellschaftsordnung zu einer solchen Leistung im Stande war; deswegen im Stande war – wie ich glaube –, weil Technik und Ökonomie hier nicht geherrscht, sondern gedient, dem Schönen, Ästhetischen, Spielerischen gedient haben. Und natürlich beherrscht uns auch das Gefühl der Freude, die Freude darüber, daß diese Bauwerke nicht irgendwo, sondern daß sie gerade hier in München stehen.

Mögen diese Bauten den olympischen Spielen einen würdigen Rahmen geben, mögen sie danach für die Bürger und die Besucher Münchens auf Jahrzehnte hinaus Stätten der Freude, der Entspannung und der Erholung sein und mögen sie nie durch Menschenhand zerstört werden.

Das ist der Wunsch, mit dem ich die Bauten für die Zeit nach den Spielen in die Obhut der Münchner Stadt übernehme.

Eröffnung der Fußgängerzone
30. Juni 1972

> Die Eröffnung der Fußgängerzone ist die letzte Amtshandlung des scheidenden Oberbürgermeisters Vogel. Die anfänglich durchaus auch umstrittene Maßnahme zur Verbannung des Fahrzeugverkehrs aus Teilen der City setzt nach Auffassung des Münchner Stadtchronisten »einen Markstein in der Entwicklung zur umweltfreundlichen Innenstadt, frei von Verkehr und Abgasen. Eine Feier mit Volksfest-Charakter würdigt die Bedeutung dieses Schrittes«. Die vollständig verkehrsberuhigte Flanierzone in der Münchner Innenstadt ist wegweisend und entwickelt Vorbildcharakter für ähnliche Maßnahmen in vielen anderen deutschen Städten.

Dies ist eine merkwürdige Eröffnungsfeier. Wir eröffnen nämlich eine Einrichtung, die von den Münchnern schon lange in Besitz genommen worden ist. Aber die letzten Details – so etwa die Brunnen am Karlstor-Rondell und am Dom sowie die Vitrinen – sind erst jetzt fertig geworden, und niemand soll später einmal sagen können, alles und jedes habe die Stadt feierlich eröffnet, nur beim Fußgängerbereich habe man darauf vergessen.

Nun, daß sich die Münchner des Fußgängerbereichs bereits auf eigene Faust bemächtigt haben, ja, daß diese Neuerung schon fast zu einer Selbstverständlichkeit geworden ist, hat einen guten Grund. Und der liegt darin, daß hier eigentlich gar nichts Neues geschaffen wurde, sondern daß die Stadt in ihre eigene Geschichte, daß sie zu sich selbst zurückgekehrt ist. München hat sich durch die Einrichtung dieses Bereichs gegen die Übermotorisierung und damit gegen die Auswüchse des ökonomischen Prinzips erfolgreich zur Wehr gesetzt, es hat die richtige Rangordnung der Nutzungen wieder hergestellt und die Menschlichkeit und Urbanität, die in Blechschlangen, Motorenlärm und Abgaswolken zu ersticken drohten, in das Herz der Stadt zurückgeholt.

Ich glaube, jeder empfindet das so; jeder atmet auf, jeder freut sich, daß man hier schlendern, gehen, verweilen, daß man die Maßstäblichkeit der Gebäude und Plätze und das bunte Leben und Treiben in aller Vielfalt wieder Genießen kann. Und auch das ist gut: Daß sich die Bürgerinnen und Bürger wie in früheren Jahrhunderten wieder vor dem Rathaus versammeln können, daß unsere Gemeinschaft wieder eine räumliche Mitte hat.

Ich sagte, unsere Stadt sei hier in ihrem Herzen zu sich selbst zurückgekehrt. Das gilt äußerlich. Die Stiche und Bilder, die uns aus dem 16. und 17. Jahrhundert von dem damaligen Schrannenplatz, vom Bereich vor der Alten Akademie und der Michaelskirche und aus dem 19. Jahrhundert vom Karlstor überliefert sind, stimmen wieder. Es gilt aber auch in einem tieferen Sinne. Denn allem Wechsel und Wandel zum Trotz, allen Gefährdungen und modischen Gezeiten zuwider ist die Kontinuität unserer Gemeinschaft im Laufe der Jahrhunderte nicht abgerissen. Nicht nur der Name, nicht nur die Lage auf der Hochebene vor dem Gebirge am Schnittpunkt der großen Verkehrsstraßen, auch Wesenszüge, die unser eigenes Leben heute noch beeinflussen, sind geblieben, sind von einer Generation zur anderen weitergegeben werden. Das Breitlebige und zugleich Weltoffene, die altbayerische Liberalität, die Verwurzelung im Diesseits, die sich ohne weiteres mit einem natürlichen und unbefangenen Verhältnis gegenüber Tod und Ewigkeit verbindet, der demokratische Instinkt und Gerechtigkeitssinn, der aller sogenannten Obrigkeit mit gesundem Mißtrauen begegnet, die derbe Abneigung gegen jedes Pathos und jedes gespreizte Gehabe, eine Einstellung, die echte Herzenswärme durchaus gelten läßt und auch die südländische Freude am Farbigen und Lauten mit einschließt – das alles, so meine ich, ist geblieben. Auf all das blickt die Patrona Bavariae wie vor 330 Jahren.

Redemanuskript von Hans-Jochen Vogel zur Eröffnung der Fußgängerzone, 30. Juni 1972

Mir bleibt übrig, denen zu danken, die das alles möglich gemacht haben. Dieser Dank gilt Professor Herbert Jensen als dem

Moriskentänzer bei der feierlichen Eröffnung der Fußgängerzone auf dem Marienplatz, 30. Juni 1972.

geistigen Vater des Fußgängerbereichs. Zu seinen Ehren wollen wir gleich im Anschluß an der Innenseite des Karlstores eine Ge-

Oberbürgermeister Hans-Jochen Vogel mit Münchner Bürgerinnen und Bürgern anlässlich der Eröffnung der Fußgängerzone, seiner letzten Amtshandlung, 30. Juni 1972. (Foto: Rudi Dix)

denktafel enthüllen. Er gilt den architektonischen Gestaltern, den Herren Bernhard Winkler und Siegfried Meschederu. Er gilt den Arbeitern, Ingenieuren, Firmen und Verwaltungsstellen, dem Baureferat und der Stadtgartendirektion, die aus den Ideen und Plänen der Architekten Wirklichkeit werden ließen. Und er gilt gerade in diesem Falle dem Stadtrat, der gegen alle Kleinmut und Kritik im Jahre 1966 einen mutigen Beschluß gefaßt hat. (…)

Dies ist heute der letzte Amtstag des im Jahre 1966 gewählten Stadtrats und der beiden aus seiner Mitte berufenen Bürgermeister Dr. Steinkohl und Albert Bayerle. Und auch für mich ist diese Eröffnung die letzte Amtshandlung als Oberbürgermeister. Ich wüßte keine bessere Gelegenheit, mich von der Münchner Bürgerschaft zu verabschieden. Ich tue es hier und jetzt, indem ich Ihnen allen für Ihr Vertrauen und für die Sympathie danke, mit der Sie meine Arbeit nicht nur in hellen Tagen, sondern auch in dunklen und kritischen Stunden begleitet haben. Ich weiß, nicht alles ist gelungen, was wir unternommen, nicht alles vollendet, was wir begonnen haben. Aber ich scheide mit dem Gefühl, daß unsere gemeinsamen Anstrengungen nicht sinnlos waren und daß München auch in den vergangenen zwölf Jahren unter einem guten Stern stand. Und ich bin glücklich, daß ich dieser Stadt in der langen Kette ihrer Bürgermeister als Nachfolger eines Thomas Wimmer und als Vorgänger eines Georg Kronawitter dienen durfte.

In diesem Sinne übergebe ich jetzt diesen Fußgängerbereich in aller Form seiner Bestimmung.

Möge er weiter wachsen und durch den Wiederaufbau des historischen Turms das Alten Rathauses seine Vervollständigung finden.

Möge er Bürgern und Gästen unserer Stadt das Gefühl der Geborgenheit und des Beheimatetseins vermitteln und

möge er für alle Zeit das lebendige Herz unserer geliebten Münchner Stadt bleiben.

Das Ende der zweiten Amtszeit und die Verleihung des Ehrenbürgerrechts. Festliche Abschlusssitzung des Münchner Stadtrats 30. Juni 1972

Am 14. Juni 1972 fasst der Stadtrat einstimmig den Beschluss, dem scheidenden Oberbürgermeister Vogel das Ehrenbürgerrecht zu verleihen. Diese höchste städtische Auszeichnung wurde erstmals im Jahre 1820 vergeben. Unter den Geehrten befinden sich Wissenschaftler, Staatsmänner und Künstler, aber auch verdiente Stadtoberhäupter wie etwa Vogels Amtsvorgänger Thomas Wimmer. Im Antrag des Stadtrats ist zu lesen:

»Herr Oberbürgermeister Dr. Vogel hat der Entwicklung der Landeshauptstadt München in seiner zwölfjährigen Amtszeit entscheidende Impulse gegeben und hervorragende Leistungen vollbracht. Nach dem durch seine Vorgänger vollzogenen Wiederaufbau leitete er die Geschicke der Stadt mit Phantasie, Umsicht und Tatkraft und erkannte frühzeitig, daß Städte in einer Zeit neuer wissenschaftlicher Erkenntnisse und rascher technischer Entwicklung nicht einfach eine Addition von Menschen, Gebäuden und Dienstleistungen sind, sondern gesellschaftliche Faktoren, die im weitestgehenden Sinn politisch gestaltet und nicht nur verwaltet werden müssen. Herr Oberbürgermeister Dr. Vogel erkannte jedoch auch die Gefahren, die für den einzelnen Menschen und für die Gesamtheit in dieser Entwicklung begründet sind. Er wies nicht nur auf diese Gefahren hin und unterbreitete Vorschläge, sondern leitete auch konkrete Maßnahmen und Reformen im Rahmen der gesetzlichen und finanziellen Möglichkeiten ein, um diesen Gefahren zu begegnen.«

Die Festansprache hält Golo Mann.

Herr Bürgermeister! Meine Herren Ministerpräsidenten! Herr Regierungspräsident! Sehr verehrte Ehrengäste! Liebe Kolleginnen und Kollegen!

In vielen festlichen Sitzungen habe ich in diesem Saal in Ihrem Namen Gäste willkommen geheißen und im Auftrag der Stadt Persönlichkeiten geehrt, die sich um München verdient gemacht haben. Heute sind die Rollen vertauscht. Heute sitze ich auf der Seite dieses Raumes, die sonst den Gästen vorbehalten ist. Das ist für mich ungewohnt. Noch ungewohnter ist es mir, selbst eine Ehrung entgegenzunehmen. Eine solche haben Sie mir soeben in einem Maß und in einer Form zuteil werden lassen, die mich zugleich berührt und bewegt.

Als dem 39. Bürger seit der Wiederherstellung unserer Selbstverwaltung im Jahre 1818, als dem vierten Bürgermeister der Stadt nach Wilhelm von Borscht, Eduard Schmid und Thomas Wimmer und als dem Zweitjüngsten in der Reihe der 39 haben Sie mir das Ehrenbürgerrecht verliehen. Ich danke Ihnen für diese hohe Auszeichnung und nehme sie stellvertretend für alle entgegen, die in den vergangenen zwölf Jahren mit mir zusammen für das Wohl der Stadt gearbeitet haben; für die 146 ehrenamtlichen und die 18 berufsmäßigen Kollegen, die seit 1960 dem Münchner Rat angehört haben und noch angehören, aber auch für alle Angestellten, Arbeiter und Beamten, die in der gleichen Zeit für unsere Gemeinschaft tätig waren.

Ohne sie hätte ich nichts vermocht. Und wo ich bei glanzvollen Gelegenheiten im Licht der öffentlichen Aufmerksamkeit stand, haben sie oft genug zuvor im Schatten die eigentliche Arbeit geleistet. Deshalb betrachte ich mich auch in diesem Augenblick als das, was ich nach der Gemeindeordnung zwölf Jahre lang gewesen bin: Nämlich als der gesetzliche Vertreter der Stadt, der für die Gemeinschaft zu sprechen und sie in dunklen Tagen ebenso zu repräsentieren hat wie in hellen und freudigen Stunden.

Mein eigener Beitrag in den jetzt zu Ende gehenden zwölf Jah-

Verleihung des Ehrenbürgerrechtes an Oberbürgermeister Hans-Jochen Vogel, Urkundenübergabe im Kleinen Sitzungssaal des Rathauses durch Bürgermeister Albert Bayerle, 30. Juni 1972. (Foto: Kaspar Angermaier)

Golo Mann bei seiner Festrede zur Verabschiedung von Oberbürgermeister Hans-Jochen Vogel, 30. Juni 1972. (Foto: Angermaier)

ren entsprach dem Maß meiner Kräfte. Er bestand aus gutem Willen und der Bereitschaft, mich nicht zu schonen, sondern meine ganze Energie ohne Rast in den Dienst der Stadt zu stellen. Aber das ist im Grunde nur eine Selbstverständlichkeit und kaum der Rede wert. Vielleicht ist es mir darüber hinaus gelungen, manchmal ein Stück weiter in die Zukunft zu sehen, Gefahren gelegentlich etwas früher zu erkennen und Widerstände zu überwinden, die in partikularen Interessen oder in längst Vergangenem wurzelten. Auch habe ich mich stets bemüht, das Gemeinsame höher zu veranschlagen als das Trennende und die kontinuierliche Entwicklung höher als den radikalen Bruch mit dem Gewordenen. Denn das ist mir in den Jahren seit 1960 immer bewußter geworden: Wir sind wie Glieder einer Kette, nur Stufen einer großen Treppe, und gerade die gewaltigen Herausforderungen unserer Zeit werden wir nur bestehen, wenn wir uns unserer Herkunft und unserer Ausgangspunkte erinnern und Maß und Mitte bewahren. Wenn Sie diese schlichte Einsicht, die auch das Wissen um die eigene Unzulänglichkeit und die eigenen Fehler einschließt, als Verdienst gelten lassen wollen, so muß ich mich damit abfinden.

Ich will mir alle Mühe geben, dieser Stadt, der ich von Herzen zugetan bin, auch auf meinem weiteren Weg zu helfen, wo und wann immer sich dazu eine Gelegenheit bietet. Und ich werde nie meinen Stolz darauf verleugnen, nun durch Ihren Beschluß in unanfechtbarer Weise das geworden zu sein, was mir kraft Geburt zu sein der Zufall verwehrt hat: Nämlich ein Münchner Bürger!

Hans-Jochen Vogel – Lebenslauf

3. Februar 1926	geboren in Göttingen
1932–1943	Schulbesuch in Göttingen, Abitur
1943–1945	Kriegsdienst, Verwundung, Kriegsgefangenschaft
1946–1948	Studium in Marburg: Rechtswissenschaften
1948	1. Juristische Staatsprüfung
1950	Promotion an der juristischen Fakultät der Ludwig-Maximilians-Universität München
1951	Große Juristische Staatsprüfung
1952–1954	Assessor und Regierungsrat im Bayerischen Staatsministerium der Justiz
1954	Amtsgerichtsrat in Traunstein
1955	Berufung in die Bayerische Staatskanzlei durch den damaligen Ministerpräsident Dr. Wilhelm Hoegner
	Leiter des Arbeitskreises für die Sammlung des bayerischen Landesrechts
1958–1960	Berufsmäßiger Stadtrat der Landeshauptstadt München; Leiter des Rechtsreferates
1960–1972	Oberbürgermeister der Landeshauptstadt München
1966–1972	Vizepräsident des Organisationskomitees für die Olympischen Spiele 1972 in München und stellvertretender Vorsitzender des Aufsichtsrats der Olympia-Baugesellschaft
1970–1991	Mitglied des SPD-Bundesvorstandes
1971–1972	Präsident des Deutschen Städtetages
1972–1977	Landesvorsitzender der bayerischen SPD
1972–1981; 1983–1994	Abgeordneter des Deutschen Bundestags

1972–1974	Bundesminister für Raumordnung, Bauwesen und Städtebau
1974–1981	Bundesminister der Justiz
1981–1983	Mitglied des Berliner Abgeordnetenhauses
1981	kurzzeitig Regierender Bürgermeister von Berlin; anschließend Vorsitzender der SPD-Fraktion im Abgeordnetenhaus von Berlin
1983	Kanzlerkandidat der SPD
1983–1991	Vorsitzender der SPD-Fraktion im Deutschen Bundestag
1987–1991	Vorsitzender der SPD
1992–1994	Obmann der SPD in der Gemeinsamen Verfassungskommission von Bundestag und Bundesrat
1993–2000	Mitbegründer und Vorsitzender der Vereinigung »Gegen Vergessen – Für Demokratie«
seit 1994	Nichtberufliches Mitglied des Bayerischen Verfassungsgerichtshofes
1995–2004	Mitglied des Beirats der vom Bundespräsidenten berufenen Parteienfinanzierungskommission
1995–2008	Mitglied des Kuratoriums der Stiftung zur Wiederherstellung der Frauenkirche Dresden
1996–2006	Mitglied des Kuratoriums des Dokumentationszentrums Reichsparteitagsgelände in Nürnberg
1999–2008	Mitglied des Kuratoriums der Ludwig-Maximilians-Universität München
2000–2001	Mitglied und Stellvertretender Vorsitzender der Unabhängigen Zuwanderungskommission
2001–2005	Mitglied des Nationalen Ethikrates
seit 2005	Mitglied und Stellvertretender Vorsitzender des Kuratoriums für ein NS-Dokumentationszentrum in München

Nachweis der Reden

Amtsübernahme als Oberbürgermeister
Stadtarchiv München, Ratssitzungsprotokolle

Grundsteinlegung für die Großsiedlung am Hasenbergl
Stadtarchiv München, Bürgermeister und Rat 2934

Verleihung des kulturellen Ehrenpreises 1959 an Generalmusikdirektor
Bruno Walter
Stadtarchiv München, Bürgermeister und Rat 2932

Verleihung des kulturellen Ehrenpreises 1960 an Martin Buber
Stadtarchiv München, Bürgermeister und Rat 2932

Empfang zu Ehren des päpstlichen Legaten Testa im Alten Rathaussaal
anlässlich des 37. Eucharistischen Weltkongress in München
Stadtarchiv München, Bürgermeister und Rat 3152

Trauerfeier für die Opfer der Münchner Flugzeugkatastrophe
Archiv der sozialen Demokratie Bonn, Depositum H.-J. Vogel

Münchens europäische Aufgabe. Rede vor der Delegiertenversammlung
des Rats der Gemeinden Europas
Stadtarchiv München, Bürgermeister und Rat 2927

Veranstaltung »75 Jahre Automobil«
Stadtarchiv München, Bürgermeister und Rat 2935

Kundgebung des Kuratoriums »Unteilbares Deutschland« auf dem Münchner Marienplatz
Stadtarchiv München, Bürgermeister und Rat 2929

Enthüllung des Berliner Bären an der Autobahneinfahrt München-Freimann
Stadtarchiv München, Bürgermeister und Rat 2935

Schwabinger Krawalle – Stellungnahme im Stadtrat
Stadtarchiv München, Ratssitzungsprotokolle

Evakuiertentag im Salvatorkeller
Stadtarchiv München, Bürgermeister und Rat 2928

Eintragung des französischen Staatspräsidenten Charles de Gaulle
in das Goldene Buch der Stadt München
Stadtarchiv München, Bürgermeister und Rat 2932

Rede zum Stadtentwicklungs- und Gesamtverkehrsplan der Landeshauptstadt München, öffentliche Sitzung des Stadtplanungsausschusses
Stadtarchiv München, Ratssitzungsprotokolle

Vertragsunterzeichnung zum U-Bahn-Projekt in München
Stadtarchiv München, Bürgermeister und Rat 2935

Trauerfeier für Altoberbürgermeister und Ehrenbürger Thomas Wimmer
im Kongress-Saal des Deutschen Museums
Archiv der sozialen Demokratie Bonn, Depositum H.-J. Vogel

Bericht über die Israel-Reise (19. bis 31. März 1964) vor dem Stadtrat
Stadtarchiv München, Bürgermeister und Rat 2833

Gedenkstunde für die Opfer des 20. Juli 1944
Archiv der sozialen Demokratie Bonn, Depositum H.-J. Vogel

Ansprache anlässlich des Volkstrauertages 1964
Stadtarchiv München, Bürgermeister und Rat 2929

Abendessen der Landeshauptstadt München zu Ehren der Münchner
Nobelpreisträger
Archiv der sozialen Demokratie Bonn, Depositum H.-J. Vogel

Ansprache anlässlich der 20. Wiederkehr des Tages, an dem für München
der Krieg und die Gewaltherrschaft zu Ende ging
Stadtarchiv München, Bürgermeister und Rat 2929

Besuch Ihrer Majestät Königin Elizabeth II. von England und Seiner
Königlichen Hoheit, Prinz Philipp, Herzog von Edinburgh
Archiv der sozialen Demokratie Bonn, Depositum H.-J. Vogel

Trauerfeier für Peter Paul Althaus im Nordfriedhof
Stadtarchiv München, Bürgermeister und Rat 2932

Enthüllung des Gedenksteins für die Opfer des Nationalsozialismus
Stadtarchiv München, Bürgermeister und Rat 2929

Empfang der Landeshauptstadt anlässlich der Verleihung des Ehrenbürgerrechts an Herrn Ministerpräsident Dr. h. c. Alfons Goppel
Stadtarchiv München, Bürgermeister und Rat 2932

Vortrag im Stadtrat anlässlich der Olympia-Bewerbung
Stadtarchiv München, Ratssitzungsprotokolle

Bewerbungsrede um die Austragung der Olympischen Sommerspiele
1972 vor dem IOC in Rom
Hans-Jochen Vogel

Die Zukunft des sozialen Wohnungsbaues
Stadtarchiv München, Bürgermeister und Rat 2940

Weihnachtsfeier für Kinder im Schauspielhaus
Stadtarchiv München, Bürgermeister und Rat 2928

Eröffnung des XVIII. Sudetendeutschen Tages
Hans-Jochen Vogel

Festsitzung des Stadtrats der Landeshauptstadt München zu Ehren
des 80. Geburtstages des Alt-Ministerpräsidenten und Ehrenbürgers
Dr. Wilhelm Hoegner
Stadtarchiv München, Bürgermeister und Rat 2932

Studentenunruhen
Archiv der sozialen Demokratie Bonn, Depositum H.-J. Vogel

Trauerfeier für Bürgermeister Georg Brauchle
Stadtarchiv München, Bürgermeister und Rat 2932

Stadtempfang auf den Terrassen des Olympiaturms
Stadtarchiv München, Bürgermeister und Rat 2930

Beisetzung der Urne Oskar Maria Grafs auf dem Bogenhauser Friedhof
Stadtarchiv München, Bürgermeister und Rat 2932

Die Stadtregion als Lebensraum
Archiv der sozialen Demokratie Bonn, Depositum H.-J. Vogel

Matinée zum 25-jährigen Bestehen der Süddeutschen Zeitung
Die Amtskette, München 1972

Eröffnung des Stachus-Bauwerks
Archiv der sozialen Demokratie Bonn, Depositum H.-J. Vogel

Wiederaufstellung der Mariensäule
Hans-Jochen Vogel

Kundgebung demokratischer Organisationen gegen Rechtsradikalismus
Hans-Jochen Vogel

Fertigstellung des Mittleren Rings
Hans-Jochen Vogel

Inbetriebnahme der Nord-Süd-U-Bahn
  Archiv der sozialen Demokratie Bonn, Depositum H.-J. Vogel

Bericht über die Tätigkeit des Stadtrats und der Stadtverwaltung
für die Amtsperiode 1966–1972
  Stadtarchiv München, Ratssitzungsprotokolle

Eröffnung des Münchner Verkehrs- und Tarifverbunds (MVV)
auf dem Marienplatz
  Archiv der sozialen Demokratie Bonn, Depositum H.-J. Vogel

Übergabe der Olympiabauten
  Stadtarchiv München, Abg. Dir 3/16 Nr. 184

Eröffnung der Fußgängerzone
  Hans-Jochen Vogel

Das Ende der zweiten Amtszeit und die Verleihung des Ehrenbürgerrechts.
Festliche Abschlusssitzung des Münchner Stadtrats
  Stadtarchiv München, Ratssitzungsprotokolle

Bildnachweis

Danksagung

Fotoarbeiten

Anett Baumann
Inga Fesl

Textrecherche

Gisela M. Krause, Friedrich-Ebert-Stiftung
Archiv der sozialen Demokratie Bonn

Texterstellung / Korrektorat

Ralph Lämmel
Achim Milkau
Dr. Margret Szymanski-Schikora